OEUVRES CHOISIES

DE

BOILEAU DESPRÉAUX

A L'USAGE DE LA JEUNESSE

NOUVELLE ÉDITION

Collationnée sur les textes les plus purs, avec des notes
explicatives et la citation de tous les passages des auteurs anciens imités
ou traduits par Boileau ;

PAR UN PROFESSEUR AGRÉGÉ DE L'UNIVERSITÉ.

PARIS
JACQUES LECOFFRE ET Cie, LIBRAIRES
RUE DU VIEUX-COLOMBIER, 29

OEUVRES CHOISIES

DE

BOILEAU DESPRÉAUX

PROPRIÉTÉ.

PARIS. — IMP. SIMON RAÇON ET COMP., RUE D'ERFURTH. 1.

OEUVRES CHOISIES

DE

BOILEAU DESPRÉAUX

A L'USAGE DE LA JEUNESSE

NOUVELLE ÉDITION

Collationnée sur les textes les plus purs, avec des notes explicatives et la citation de tous les passages des auteurs anciens imités ou traduits par Boileau

PAR UN PROFESSEUR AGRÉGÉ DE L'UNIVERSITÉ

PARIS

JACQUES LECOFFRE ET Cie, LIBRAIRES

RUE DU VIEUX-COLOMBIER, 29

1856

VIE

ABRÉGÉE

DE BOILEAU DESPRÉAUX.

Nicolas Boileau, sieur Despréaux (1), naquit, le 1ᵉʳ novembre 1636, et fut le quinzième des enfants de Gilles Boileau, greffier de la grand'chambre du parlement de Paris, homme célèbre par sa probité et par son expérience dans les affaires. Il fit ses premières études au collége d'Harcourt, et il y achevait sa quatrième lorsqu'il fut attaqué de la pierre. Il fallut le tailler, et l'opération, quoique faite en apparence avec beaucoup de succès, lui laissa cependant pour tout le reste de sa vie une très-grande incommodité. Dès qu'il fut en état de reprendre ses exercices, il alla en troisième au collège de Beauvais, sous M. Sevin, habile homme qui régentait cette classe depuis près de cinquante ans, et qui passait pour l'homme du monde qui jugeait le mieux de l'esprit des jeunes gens. Il fut le premier qui reconnut dans son nouveau disciple un talent extraordinaire pour les vers, et qui crut pouvoir assurer, sans restriction, qu'il se ferait un nom fameux en ce genre d'écrire. La lecture continuelle des poëtes et des romans décela son goût pour la poésie. On le surprenait quelquefois au milieu de la nuit sur ces livres favoris, et l'on était souvent obligé de l'avertir aux heures des repas. Mais cette lecture, que lui-même appelait une fureur, loin de lui gâter l'esprit, comme il arrive ordinairement, par un amas confus d'idées bizarres et toutes

---

(1) A Crône, petit village près de Villeneuve-Saint-George, où son père avait une maison de campagne. Un petit *pré*, situé au bout du jardin, le fit surnommer *Despréaux*, pour le distinguer de ses frères Gilles et Jacques Boileau.

fausses, ne servit qu'à lui inspirer une critique plus exacte, et des traits plus vifs contre le ridicule en général, et contre celui des auteurs en particulier : aussi, les ouvrages qu'il lisait avec le plus de goût et de plaisir étaient-ils ceux où il trouvait une satire fine et judicieuse.

Quand il eut fini son cours de philosophie, il étudia en droit, et se fit recevoir avocat. Nul état ne paraissait mieux lui convenir : il avait une mémoire heureuse, beaucoup de vivacité et de pénétration, un jugement sûr, une élocution facile; mais l'inclination, le premier de tous les talents, lui manquait. Les détours de la chicane ne convenaient point à sa candeur naturelle. Il ne put s'accommoder d'une science où l'on se trouve souvent obligé de revêtir le mensonge des caractères de la vérité. Il résolut donc de prendre un autre parti, et se détermina pour la théologie. Il commença un cours ; mais bientôt il renonça à la Sorbonne, et se livra à son génie poétique, que la mort de son père lui laissait d'ailleurs toute liberté de suivre.

Il y avait alors en France un grand nombre de poëtes qui, quoique très-médiocres, ne laissaient pas de faire du bruit : il s'en trouvait même quelques-uns de ce rang, que l'on osait vanter comme des modèles. Boileau ne put souffrir que ce mauvais goût triomphât, et qu'on se laissât tromper par des auteurs sans génie, et qui semblaient écrire en dépit du bon sens et de la poésie. Il crut devoir venger l'un et l'autre, et ce noble dessein lui arracha quelques satires qui, en lui acquérant une grande réputation, lui attirèrent en même temps la haine et le ressentiment de tous ceux qu'il attaquait ou qu'il laissait au-dessous de lui.

Il se contentait, au commencement, de lire ses pièces à ses amis ; et, quelque applaudissement qu'il en reçût, on ne pouvait l'obliger à les rendre publiques. Il souffrit même assez longtemps les mauvaises copies que l'on en répandait dans le monde; mais sa constance l'abandonna enfin, à la vue d'une édition pleine de fautes, et dans laquelle on avait de plus mis sous son nom quelques pièces supposées, et indignes de sa plume. Ces enfants défigurés réveillèrent la tendresse de leur père, et l'obligèrent à donner lui-même ses Satires, d'abord séparément, et ensuite dans un recueil qui en comprenait huit. Cette édition parut en 1666. Elle excita de grands mouvements sur le Parnasse français. Les auteurs qu'on attaquait dans cet ouvrage, irrités de se voir tourner en ridicule après avoir joui d'une réputation qu'ils croyaient mériter, s'en vengèrent par des critiques et des libelles sans nombre. Les écrivains d'un ordre supérieur, que Boileau estimait, ne laissèrent pas de redouter sa plume ; et si, dans le fond, ils pensaient comme lui, sa manière d'écrire, et la liberté qu'il se donnait de nommer les personnes, leur parurent une espèce de crime qu'ils condamnèrent avec vivacité. Boileau, tranquille au milieu de ces attaques, crut cependant être obligé de se défendre; il le fit, mais avec sa modération ordinaire. Il allégua en sa faveur l'exemple de Lucilius, celui d'Horace, de Perse, de Juvénal et du sage Virgile. Ce fut dans la même vue qu'il commença sa neuvième satire, où, sous l'ingénieuse apparence d'une réprimande sévère à son esprit, il prouve de cent manières que, sans blesser l'État ni sa conscience, on peut trouver de méchants vers méchants, s'ennuyer à la lecture de certains livres, et divulguer même les raisons de son ennui et de son dégoût.

Après cette justification, qui fut bien reçue de tous ceux que la prévention ne dominait point, il n'opposa plus à ceux qu'il n'avait pu persuader que le mépris qu'ils méritaient. Il s'avisa seulement d'un moyen assez singulier pour les rendre ridicules : ce fut de recueillir les pièces qu'ils publiaient contre lui, et de les envoyer à ses amis, qui, las enfin de ces rapsodies, l'accusèrent presque d'en avoir fait lui-même une partie, pour rendre l'autre plus méprisable, à l'exemple de l'abbé Cotin et de quelques autres, qui croyaient avoir trouvé le secret de décrier entièrement ses satires en lui attribuant les leurs.

La réputation naissante de Boileau ne fut pas la seule chose qui le dédommagea de la haine de quelques auteurs. Ces satires mêmes, source de tant de plaintes, lui firent des amis, et des amis illustres. Il compta parmi eux les beaux génies de son temps, les Rapin, les Commire, les Bourdaloue, les Fléchier, et quantité d'autres dont le mérite est universellement connu, et qu'il serait trop long de nommer ici. Le premier président de Lamoignon l'honora d'une estime particulière. Ce sage et savant magistrat, dont l'amitié était la meilleure de toutes les apologies, loin d'être effrayé du nom de satire que portaient les ouvrages de Boileau, et où en effet il n'y avait guère que des vers et des livres attaqués, fut charmé d'y trouver ce sel, ce goût précieux des anciens, et n'estima pas moins son attention à distinguer toujours dans la même personne l'honnête homme d'avec le mauvais auteur.

Nous n'entrerons point dans le détail des Satires de Boileau. Elles furent à peine rendues publiques, qu'elles firent les délices de toutes les personnes judicieuses et de bon goût; et ceux qui étaient intéressés à les décrier étaient forcés d'y admirer, au moins en secret, cette justesse d'esprit, cette élégance et cette facilité de versification, ce naturel et cette force d'expressions, que le temps ne leur ôtera point, et qui ont fait de chacune un ouvrage immortel. Devenues l'appui ou la ressource de la plupart des conversations, combien de maximes, de proverbes ou de bons mots ont-elles fait naître dans notre langue! et de la nôtre, combien en ont-elles fait passer dans celles des étrangers!

L'Art poétique succéda aux Satires. Il était juste qu'après avoir fait sentir le ridicule ou le faux de tant d'ouvrages, Boileau donnât des règles et des préceptes pour éviter l'un et l'autre; qu'il s'occupât à perfectionner la poésie, et qu'il montrât la voie qu'il fallait suivre pour tenir sur le Parnasse cette place distinguée qui mérite seule de faire considérer ceux qui ont assez d'industrie, de talent, de génie et de goût pour y arriver. Plus il était difficile de monter à ce sommet au-dessous duquel on ne fait presque que ramper, plus il y avait de difficultés à entreprendre d'être ce guide sûr, ce guide éclairé qui pouvait y conduire. Il est souvent plus facile de découvrir les fautes des autres que de les surpasser soi-même. Tel qui juge excellemment des ouvrages d'autrui n'en fait lui-même que de médiocres, quand il entreprend de courir la même carrière. Il semble qu'il était réservé à Boileau de réunir en lui ces divers talents, d'être un critique judicieux et un auteur excellent, de faire connaître toutes les qualités qui sont nécessaires à un grand poëte, et d'être lui-même un poëte d'un rang supérieur. Horace avait réuni ces qualités : rien de mieux dicté et de plus sensé que sa Poétique. Mais il ne suffisait pas de répéter sous un tour nouveau et dans une autre langue les préceptes qu'il a donnés : notre poésie, beaucoup plus variée que celle des Latins, a pris différentes formes qui lui étaient inconnues; il fallait les bien connaître toutes pour en parler avec justesse, et tout le monde sait combien Boileau y a réussi. Son Art poétique, amas aussi prodigieux que bien choisi de règles et d'exemples, est lui-même un poëme excellent, un poëme agréable, et si intéressant, que, quoiqu'il renferme une infinité de choses qui sont particulières à la langue, à la nation et à la poésie française, il a trouvé des admirateurs dans toutes les nations où il s'est trouvé de justes estimateurs d'un ouvrage excellent.

L'Art poétique parut pour la première fois dans la nouvelle édition que Boileau donna de ses ouvrages en 1673. Il y joignit le traité *du Sublime ou du Merveilleux dans le discours*, qu'il avait traduit du grec de Longin. Dans la préface, le traducteur donne d'abord un abrégé de la vie de Longin; il fait ensuite l'éloge du *Sublime*, qui est le seul, de plusieurs ouvrages que cet habile rhéteur avait composés, qui soit passé jusqu'à nous. Après avoir parlé de quelques-unes des traductions latines qui en avaient été faites, il marque la méthode qu'il a suivie dans la sienne, et les difficultés qu'il a rencontrées; et il fait suivre cet ouvrage de quelques remarques où il explique le texte de Longin, et rend un compte plus particulier de sa traduction. On trouve dans cette édition une chose trop singulière et trop glorieuse à Boileau pour ne pas la rapporter ici. Louis XIV, qui a toujours été attentif à faire fleurir les sciences et les belles-lettres dans son royaume, s'était fait lire les ouvrages de notre auteur, à mesure qu'il les composait; mais, peu content de l'approbation qu'il leur donnait en particulier, il voulut rendre public ce témoignage de son bon goût et de son estime : il ordonna que l'on ferait connaître, dans le privilége que Boileau demandait pour faire réimprimer ses premières pièces et en publier de nouvelles, le plaisir qu'il avait pris à la lecture de ces ouvrages ; distinction glorieuse, très-louable dans celui qui la donnait, et infiniment honorable à celui qui la recevait.

L'Art poétique avait déjà porté la réputation de son auteur dans les pays les plus éloignés, lorsque M. le président de Lamoignon engagea Boileau dans un ouvrage d'une autre espèce. Un *pupitre* placé et déplacé avait extrêmement brouillé le chantre et le trésorier de la Sainte-Chapelle, située au Palais, à Paris ; et cette bagatelle commençait à devenir la matière d'un procès fort sérieux, lorsque M. de Lamoignon, qui sentait mieux que tout autre le ridicule de cette affaire, demanda à Boileau s'il pourrait bien faire un poëme sur ce sujet. Tout est facile aux grands génies. La seule proposition du magistrat fit naître au poëte une foule d'idées ingénieuses, et il ne lui fut pas plus difficile de les arranger qu'il ne le lui avait été de les concevoir. Il dressa un plan, et il y ajouta un début de trente à quarante vers, comme un gage plus certain de la facilité de l'exécution. M. de Lamoignon, surpris, feignit de ne pas être convaincu ; et c'est à cette feinte obstination que l'on est redevable des six chants qui composent le poëme intitulé *le Lutrin*. De tous les ouvrages de Boileau, il n'y en a point où il ait mieux fait voir la fécondité de son génie ; et il serait étonnant, si la supériorité de son esprit n'était pas aussi connue que ses ouvrages, qu'il ait su faire naître une si grande variété d'incidents d'un sujet aussi stérile.

La rapidité des conquêtes de Louis XIV, les glorieuses actions de ce grand prince, ont aussi plusieurs fois été chantées par Boileau, soit dans ses Épîtres, soit dans quelques Odes particulières ; et dans toutes ces pièces on ne trouve pas seulement le grand poëte, mais aussi l'historien fidèle, le zélé citoyen, et l'ami de la patrie. Louis XIV en était si convaincu, qu'il ne se contenta pas de donner à l'auteur des éloges stériles, quoique toujours flatteurs ; il lui donna une pension considérable, et voulut qu'il s'appliquât à écrire l'histoire de son règne ; et les Académies française et des belles-lettres, attachées à la gloire de ce prince, se firent un honneur d'admettre dans leur sein un homme qui, avec tous les talents dignes de ces deux sociétés, avait la faveur et la bienveillance de son roi.

Boileau avait toujours eu une santé fort délicate; mais au commencement de 1706 l'altération s'en fit sentir d'une manière à faire douter que le siècle dût le posséder encore longtemps. Une surdité se joignit à cet affaiblissement : il sentit sa situation, et le reste de sa vie ne fut plus, à proprement parler, qu'une retraite, dont la ville et la campagne partagèrent le loisir. Peu répandu dans le grand monde, qu'il n'avait jamais trop aimé, et content d'un certain nombre d'amis dont il faisait toujours les délices, il attendit tranquillement la mort, que lui annonçaient chaque jour des douleurs aiguës, des évanouissements, et une fièvre presque habituelle. Elle l'emporta le 13 mars 1711, âgé de 75 ans et quelques mois. Tout ce qui caractérise la mort des justes accompagna celle de Boileau : une piété sincère, une foi vive, et une charité si grande qu'elle ne lui a presque fait reconnaitre d'autres héritiers que les pauvres. Une fin exemplaire a été dans lui, comme il arrive ordinairement, la suite presque naturelle, quoique toujours gratuite de la part de Dieu, d'une vie toujours sage et toujours chrétienne.

Jamais homme ne fut plus pénétré que lui de cette crainte salutaire que l'on ne connait presque plus que sous le nom de délicatesse de conscience. En voici une preuve que M. de Boze rapporte dans l'éloge qu'il a fait de Boileau, et qui se trouve dans le tome troisième de l'Histoire et des Mémoires de l'Académie des inscriptions et belles-lettres. Dans le temps que l'aversion du Palais tourna Boileau du côté de la Sorbonne, on lui conféra un bénéfice; il en jouit pendant huit à neuf ans. Au bout de ce temps-là, comme il se sentait tous les jours moins de disposition à l'état ecclésiastique, il quitta le bénéfice, qui était un prieuré simple; et, poussant le désintéressement au point de ne pas vouloir s'en faire un ami dans le monde, il le remit entre les mains du collateur. Il fit plus, il supputa à quoi se montait tout ce qu'il avait reçu, et l'employa en différentes œuvres de piété, et principalement au soulagement des pauvres du lieu. Loin que les devoirs du christianisme passassent dans son esprit pour des œuvres de surérogation, ou dont il fallait renvoyer la pratique dans les cloîtres, il les aimait; et sa fidélité à les remplir était un exemple qu'il donnait continuellement à ses amis, à son domestique et au public. Il a porté ce respect pour Dieu et pour la religion jusque dans ses satires mêmes. Il est aisé d'y remarquer avec quelle attention et quelle avidité il saisit l'occasion d'attaquer le froid et ridicule badinage des indévots, les jeux impies de l'athéisme, et le langage insensé des libertins, lors même qu'il semble n'avoir affaire qu'à des ennemis ordinaires, c'est-à-dire, au galimatias, à l'enflure ou à la bassesse du style poétique. Ses ennemis l'ont représenté comme un médisant, un envieux, un calomniateur, un homme qui ne songeait qu'à établir sa réputation sur la ruine de celle des autres; mais jamais homme ne fut plus exempt que lui de ces défauts, et ne fut attaché plus fortement à toutes les vertus opposées. C'est par là, principalement, qu'il a mérité l'estime de tant de personnes non moins distinguées par leur rang que par leur mérite. Son équité, sa droiture et sa bonne foi étaient si bien établies, qu'il n'y a que l'envie de calomnier, et la démangeaison de décrier ce que l'on n'a pas la force d'imiter, qui aient pu l'attaquer de ce côté-là. On peut même dire que c'est sa probité qui lui a en quelque sorte acquis le droit de composer des satires. Un auteur qui reprendrait dans les autres des défauts dont il serait lui-même coupable, s'exposerait à la risée publique, et ne serait écouté de personne. Il faut qu'un poëte satirique joigne à un grand fonds d'équité et de droiture un entier éloignement des vices qu'il attaque dans ses écrits. C'est par là qu'il gagne la bienveillance des honnêtes gens, et qu'il se met à couvert de la malice de ses ennemis. On se représente ordinairement un auteur satirique comme un homme né malin, chagrin et misanthrope; mais rien de plus mal fondé que ce préjugé, et ce portrait au moins ne convenait nullement à Boileau. Ce n'était ni la malignité, ni une humeur bizarre et farouche, qui le portaient à crier : il n'était animé que du désir de faire connaître les défauts pour en montrer le ridicule, afin qu'ils fissent moins d'impression, et même que l'on s'en corrigeât. Son espèce d'aigreur ne venait que du déplaisir qu'il avait de voir triompher le vice, l'erreur et le ridicule.

« Tout ce qui choquait le bon sens ou la vérité, dit
« M. de Valincour, excitait en lui un chagrin dont il
« n'était pas le maître, et auquel peut-être sommes-nous
« redevables de ses plus ingénieuses compositions; mais,
« en attaquant les défauts des écrivains, il a toujours épar-
« gné leurs personnes; » et l'on ne saurait nier que le public n'ait confirmé le jugement qu'il a porté sur tous ces auteurs : ce qui montre en même temps et la justesse de sa critique, et son parfait éloignement de toute sorte d'envie et de médisance. Il aimait ceux dont il attaquait les défauts et dont il censurait les écrits, jusqu'à leur rendre toutes sortes de services. La vue d'un homme de lettres dans le besoin lui faisait tant de peine, qu'il ne pouvait s'empêcher de prêter de l'argent à Linière même, qui souvent du même pas allait au cabaret faire une chanson contre son créancier. Ce n'est pas le seul exemple de générosité que Boileau ait donné : il employait plus volontiers pour autrui que pour lui-même le crédit que son mérite lui avait acquis. Il ne pardonnait pas seulement les injures qu'il avait reçues, il se réconciliait encore de bonne grâce, comme on sait qu'il fit avec Perrault, après toute la vivacité de leur dispute sur la préférence des anciens et des modernes.

Sans l'avoir vu, on devenait son ami par l'estime publique ou par de bons ouvrages, et il y avait autant de fond à faire sur cette amitié que sur celle que d'autres raisons avaient formée. La manière dont il agit avec Patru en est un exemple entre plusieurs autres. Ce célèbre avocat s'étant entièrement livré à la passion qu'il avait pour les belles-lettres, et ayant préféré ses livres et son cabinet aux occupations du barreau, tomba enfin dans l'indigence, sort trop ordinaire aux gens de lettres. Il lui restait ses livres, la plus agréable et presque la seule chose dont il se vit encore possesseur. Boileau apprit qu'il se trouvait obligé de les vendre, et qu'il était sur le point de les donner pour une somme assez modique. Il alla d'abord lui offrir près d'un tiers davantage ; mais, l'argent compté, il mit dans son marché une condition qui étonna fort Patru : ce fut qu'il garderait ses livres comme auparavant jusqu'à sa mort. Il ne fut pas moins généreux envers Cassandre, auteur d'une traduction de la *Rhétorique d'Aristote ;* et sa bourse fut ouverte à beaucoup d'autres. Boursault rapporte, dans une de ses lettres, qu'ayant appris à Fontainebleau que l'on venait de retrancher la pension que le roi donnait au grand Corneille, il courut avec précipitation chez madame de Montespan, et lui dit que le roi, tout équitable qu'il était, ne pouvait, sans quelque apparence d'injustice, donner une pension à un homme comme lui qui ne commençait qu'à monter sur le Parnasse, et l'ôter à M. Corneille qui, depuis si longtemps, était arrivé au sommet; qu'il la suppliait, pour la gloire de Sa Majesté, de lui faire plutôt retrancher la sienne qu'à un homme qui la méritait incomparablement mieux que lui; et qu'il se consolerait plus facilement de n'en point avoir, que de voir un homme tel que Corneille cesser de l'avoir. Il lui parla ensuite si avantageusement de celui pour qui il sollicitait, et madame de Montespan trouva sa générosité si grande et si peu commune, et sa manière d'agir si honnête, qu'elle lui promit de faire rétablir la pension de M. Corneille, et lui tint parole. Quoique rien, ajoute Boursault, ne soit si beau que les poésies de Boileau, je trouve cette action encore plus belle. On ne finirait pas, si l'on voulait ainsi s'arrêter sur tout ce qui marquait dans Boileau l'homme de bien inséparable de l'homme d'esprit, et le sage toujours uni avec le poëte : il faut cependant dire un mot de tout ce qui caractérise son esprit; ses ouvrages en sont un portrait fidèle. Il n'avait pas cette fougue d'imagination que l'on remarque en d'autres poëtes; il parait au contraire un peu sec, et il lui est arrivé quelquefois de répéter la même pensée. Mais ce qu'il perdait du côté de l'imagination, il le regagnait avec usure par l'ordre et la justesse des pensées, par la pureté du style, par la beauté du tour et par la netteté de l'expression, qualités bien plus estimables que la première, et qui ne l'accompagnent que rarement. On voit néanmoins par le poëme du *Lutrin,* et par plusieurs autres de ses pièces, qu'il avait l'imagination belle, vive et féconde. Cela paraît encore en ce qu'il composait presque toujours de mémoire, et ne mettait souvent ses productions sur le papier que lorsqu'il les voulait donner au public.

Il travaillait beaucoup ses ouvrages, comme il l'a souvent insinué lui-même, et il ne faisait pas difficulté de l'avouer à ses amis. Quelque facilité que l'on remarque dans ses vers, on ne laisse pas de sentir qu'ils lui ont coûté beaucoup, et que ce n'est qu'à force de les retoucher qu'il leur a donné cet air libre et naturel qui fait une partie des grandes beautés que l'on y trouve, et qui sont de plus d'une sorte. Les pièces qu'il a publiées depuis l'*Ode sur Namur* ne sont ni si vives ni même si exactes que celles dont il avait fait présent au public avant ce temps-là; cependant on trouvera, dans tout ce qui est sorti de sa plume, un goût exquis, un sens droit, et une politesse infinie. Lorsqu'il a emprunté quelque chose des anciens, il s'en est servi en maître, et se l'est rendu propre par le nouveau tour qu'il y a donné. Ceux qui ont prétendu que son Art poétique n'était qu'une traduction d'Horace, à laquelle il avait ajouté quelques réflexions tirées de Jérôme de Vida, qu'il a écrit sur le même sujet, se sont assurément trompés. Dans l'ouvrage de Boileau, qui est de onze cents vers, il y en a au plus cinquante ou soixante qui soient imités d'Horace. Pour Vida, il ne l'avait jamais lu; il l'a assuré plus d'une fois: et on doit d'autant plus l'en croire, que ceux qui compareront l'ouvrage du poëte italien avec celui du poëte français ne trouveront rien, dans le dernier, qui soit seulement imité du premier.

« Boileau, dit la Bruyère dans son discours à l'Académie
« française, passe Juvénal, atteint Horace, semble créer
« les pensées d'autrui, et se rendre propre tout ce qu'il
« manie. Il a, dans ce qu'il emprunte des autres, toutes
« les grâces de la nouveauté et tout le mérite de l'inven-
« tion. Ses vers forts et harmonieux, faits de génie, quoi-
« que travaillés avec art, pleins de traits et de poésie,
« seront lus encore quand la langue aura vieilli, et en
« seront les derniers débris. On y remarque une critique

« sûre, judicieuse et innocente, s'il est permis du moins
« de dire de ce qui est mauvais, qu'il est mauvais. »

Mais ce ne sont pas seulement les Français qui ont loué Boileau; son éloge a été fait par tous les habiles gens qui ont pu lire ses ouvrages, de quelque nation qu'ils fussent. Bayle, dans sa République des Lettres, et le baron de Spanheim, dans sa préface sur la satire des Césars de l'empereur Julien, ont donné mille éloges à la beauté du génie et à la circonspection de notre auteur, et n'ont pas hésité de dire que par lui la France l'emporte pour la satire sur toutes les nations, et qu'elle en dispute même la gloire à l'ancienne Rome.

ÉLOGE

DE BOILEAU;

Tiré du discours que M. de Valincour, secrétaire du cabinet du roi, chancelier de l'Académie, prononça à la réception de M. l'abbé d'Estrées.

Je ne crains point ici, messieurs, que l'amitié me rende suspect sur le sujet de M. Despréaux : elle me fournirait plutôt des larmes hors de saison que des louanges exagérées. Ami dès mon enfance, et ami intime, de deux des plus grands personnages qui jamais aient été parmi vous, je les ai perdus tous deux (1) dans un petit nombre d'années. Vos suffrages m'ont élevé à la place du premier, que j'aurais voulu ne voir jamais vacante. Par quelle fatalité faut-il que je sois encore destiné à recevoir aujourd'hui, en votre nom, l'homme illustre qui va remplir la place de l'autre ; et que, dans deux occasions où ma douleur ne demandait que le silence et la solitude pour pleurer des amis d'un si rare mérite, je me sois trouvé engagé à paraître devant vous pour faire leur éloge !

Mais quel éloge puis-je faire ici de M. Despréaux, que vous n'ayez déjà prévenu ? J'ose attester, messieurs, le jugement que tant de fois vous en avez porté vous-mêmes. J'atteste celui de tous les peuples de l'Europe, qui font de ses vers l'objet de leur admiration. Ils les savent par cœur ; ils les traduisent en leur langue ; ils apprennent la nôtre pour les mieux goûter, et pour en mieux sentir toutes les beautés. Approbation universelle qui est le plus grand éloge que les hommes puissent donner

(1) Racine, en 1699; Boileau, en 1711.

a un écrivain, et en même temps la marque la plus certaine de la perfection d'un ouvrage.

Par quel heureux secret peut-on acquérir cette approbation si généralement recherchée et si rarement obtenue? M. Despréaux nous l'a appris lui-même : c'est par l'amour du vrai.

En effet, ce n'est que dans le vrai seulement que tous les hommes se réunissent. Différents d'ailleurs dans leurs mœurs, dans leurs préjugés, dans leurs manières de penser, d'écrire, et de juger ceux qui écrivent, dès que le vrai paraît clairement à leurs yeux, il enlève toujours leur consentement et leur admiration.

Comme il ne se trouve que dans la nature, ou, pour mieux dire, comme il n'est autre chose que la nature même, M. Despréaux en avait fait sa principale étude. Il avait puisé dans son sein ces grâces qu'elle seule peut donner, que l'art emploie toujours avec succès, et que jamais il ne saurait contrefaire. Il y avait contemplé à loisir ces grands modèles de beauté et de perfection qu'on ne peut voir qu'en elle, mais qu'elle ne laisse voir qu'à ses favoris. Il l'admirait surtout dans les ouvrages d'Homère, où elle s'est conservée avec toute la simplicité, et, pour ainsi dire, avec toute l'innocence des premiers temps, et où elle est d'autant plus belle qu'elle affecte moins de le paraître.

Mais c'est en vain qu'un auteur choisit le vrai pour modèle : il est sujet à s'égarer, s'il ne prend aussi la raison pour guide.

M. Despréaux ne la perdit jamais de vue; et lorsque, pour la venger de tant de mauvais livres où elle était cruellement maltraitée, il entreprit de faire des satires, elle lui apprit à éviter les excès de ceux qui en avaient fait avant lui.

Juvénal, et quelquefois Horace même (avouons-le de bonne foi), avaient attaqué les vices de leur temps avec des armes qui faisaient rougir la vertu.

Regnier, peut-être en cela seul fidèle disciple de ces dangereux maîtres, devait à cette honteuse licence une partie de sa réputation; et il semblait que l'obscénité fût un sel absolument nécessaire à la satire, comme on s'est imaginé depuis que l'amour devait être le fondement, et, pour ainsi dire, l'âme de toutes les pièces de théâtre.

M. Despréaux sut mépriser de si mauvais exemples dans les mêmes ouvrages qu'il admirait d'ailleurs. Il osa le premier faire voir aux hommes une satire sage et modeste. Il ne l'orna que de ces grâces austères qui sont celles de la vertu même ; et, travaillant sans cesse à rendre sa vie encore plus pure que ses écrits, il fit voir que l'amour du vrai, conduit par la raison, ne fait pas moins l'homme de bien que l'excellent poëte.

Incapable de déguisement dans ses mœurs comme d'affectation dans ses ouvrages, il s'est toujours montré tel qu'il était, aimant mieux, disait-il, laisser voir de véritables défauts que de les couvrir par de fausses vertus.

Tout ce qui choquait la raison ou la vérité excitait en lui un chagrin dont il n'était pas maître, et auquel peut-être sommes-nous redevables de ses plus ingénieuses compositions. Mais, en attaquant les défauts des écrivains, il a toujours épargné leurs personnes.

Il croyait qu'il était permis, à tout homme qui sait parler ou écrire, de censurer publiquement un mauvais livre que son auteur n'a pas craint de rendre public ; mais il ne regardait qu'avec horreur ces dangereux ennemis du genre humain qui, sans respect ni pour l'amitié ni pour la vérité même, déchirent indifféremment tout ce qui s'offre à l'imagination de ces sortes de gens, et qui, du fond des ténèbres qui les dérobent à la rigueur des lois, se font un jeu cruel de publier les fautes les plus cachées, et de noircir les actions les plus innocentes.

Ces sentiments de probité et d'humanité n'étaient pas dans M. Despréaux des vertus purement civiles ; ils avaient leur principe dans un amour sincère pour la religion, qui paraissait dans toutes ses actions et dans toutes ses paroles : mais ils prenaient encore de nouvelles forces, comme il arrive à tous les hommes, dans les occasions où ils se trouvaient conformes à son humeur et à son génie.

C'est ce qui l'animait si vivement contre un certain

genre de poésie, où la religion lui paraissait particulièrement offensée.

Quoi! disait-il à ses amis, des maximes qui feraient horreur dans le langage ordinaire se produisent impunément dès qu'elles sont mises en vers! elles montent sur le théâtre à la faveur de la musique, et y parlent plus haut que nos lois! C'est peu d'y étaler ces exemples qui instruisent à pécher, et qui ont été détestés par les païens mêmes, on en fait aujourd'hui des conseils et même des préceptes; et, loin de songer à rendre utiles les divertissements publics, on affecte de les rendre criminels. Voilà de quoi il était continuellement occupé, et dont il eût voulu pouvoir faire l'unique objet de toutes ses satires.

Heureux d'avoir pu d'une même main imprimer un opprobre éternel à des ouvrages si contraires aux bonnes mœurs, et donner à la vertu, en la personne de notre auguste monarque, des louanges qui ne périront jamais!

OEUVRES CHOISIES

DE

BOILEAU DESPRÉAUX.

DISCOURS AU ROI.

1665.

JEUNE et vaillant héros, dont la haute sagesse
N'est point le fruit tardif d'une lente vieillesse,
Et qui seul, sans ministre (1), à l'exemple des dieux,
Soutiens tout par toi-même (2) et vois tout par tes yeux :
Grand Roi, si jusqu'ici, par un trait de prudence,
J'ai demeuré pour toi dans un humble silence,
Ce n'est pas que mon cœur, vainement suspendu,
Balance pour t'offrir un encens qui t'est dû ;
Mais je sais peu louer, et ma muse tremblante
Fuit d'un si grand fardeau la charge trop pesante (3),
Et, dans ce haut éclat où tu te viens offrir,

---

(1) Mazarin était mort le 9 mars 1661. Le lendemain, lorsque Harlai de Chanvalon, président de l'assemblée du clergé, vint demander à Louis XIV, âgé de 22 ans et demi, à qui désormais il s'adresserait pour les affaires : *A moi*, répondit le jeune prince; et depuis lors Louis XIV n'eut plus de premier ministre.

(2) Horace, liv. II, ép. I, v. 1 :
Quum tot sustineas et tanta negotia solus,
Res Italas armis tuteris, moribus ornes,
Legibus emendes....

(3) Horace, liv. II, ép. I, v. 257 :
Sed neque parvum
Carmen majestas recipit tua, nec meus audet
Rem tentare pudor, quam vires ferre recusent.

Touchant à tes lauriers, craindrait de les flétrir (1).
    Ainsi, sans m'aveugler d'une vaine manie,
Je mesure mon vol à mon faible génie :
Plus sage en mon respect que ces hardis mortels
Qui d'un indigne encens profanent tes autels ;
Qui, dans ce champ d'honneur où le gain les amène,
Osent chanter ton nom, sans force et sans haleine ;
Et qui vont tous les jours, d'une importune voix,
T'ennuyer du récit de tes propres exploits.
    L'un, en style pompeux habillant une églogue (2),
De ses rares vertus te fait un long prologue,
Et mêle, en se vantant soi-même à tout propos,
Les louanges d'un fat à celles d'un héros.
    L'autre, en vain se lassant à polir une rime (3),
Et reprenant vingt fois le rabot et la lime,
Grand et nouvel effort d'un esprit sans pareil !
Dans la fin (4) d'un sonnet te compare au soleil.
    Sur le haut Hélicon leur veine méprisée
Fut toujours des neuf Sœurs la fable et la risée :
Calliope jamais ne daigna leur parler,
Et Pégase pour eux refuse de voler.
    Cependant, à les voir, enflés de tant d'audace,
Te promettre en leur nom les faveurs du Parnasse,
On dirait qu'ils ont seuls l'oreille d'Apollon,
Qu'ils disposent de tout dans le sacré vallon :
C'est à leurs doctes mains, si l'on veut les en croire,
Que Phébus a commis tout le soin de ta gloire ;
Et ton nom, du Midi jusqu'à l'Ourse (5) vanté,

---

(1) Horace, liv. II, ép. I, v. 235 :
    Sed, veluti tractata notam labemque remittunt
    Atramenta, fere scriptores carmine fœdo
    Splendida facta linunt.

(2) Allusion à François Charpentier, qui avait publié en 1663 un dialogue en vers fort pompeux, intitulé : LOUIS, *Églogue royale*. Cette pièce était un mélange ridicule des louanges du roi et de celles de l'auteur.

(3) Chapelain, auteur de la *Pucelle d'Orléans* (Jeanne d'Arc), épopée détestable, dont Boileau s'est souvent moqué. Il avait fait un sonnet où il comparait le roi au soleil.

(4) *Dans la fin*, pour *à la fin*.

(5) La *petite Ourse*, constellation où se trouve l'étoile polaire ; de là vient qu'en poésie *Ourse* se prend quelquefois pour le Nord.

Ne devra qu'à leurs vers son immortalité.
Mais plutôt, sans ce nom dont la vive lumière
Donne un lustre éclatant à leur veine grossière,
Ils verraient leurs écrits, honte de l'univers,
Pourrir dans la poussière à la merci des vers.
A l'ombre de ton nom ils trouvent leur asile,
Comme on voit dans les champs un arbrisseau débile
Qui, sans l'heureux appui qui le tient attaché,
Languirait tristement sur la terre couché.

 Ce n'est pas que ma plume, injuste et téméraire,
Veuille blâmer en eux le dessein de te plaire :
Et parmi tant d'auteurs, je veux bien l'avouer,
Apollon en connaît qui te peuvent louer.
Oui, je sais qu'entre ceux qui t'adressent leurs veilles,
Parmi les Pelletiers (1) on compte des Corneilles (2).
Mais je ne puis souffrir qu'un esprit de travers,
Qui, pour rimer des mots, pense faire des vers,
Se donne en te louant une gêne inutile.
Pour chanter un Auguste, il faut être un Virgile ;
Et j'approuve les soins du monarque guerrier (3)
Qui ne pouvait souffrir qu'un artisan grossier
Entreprit de tracer, d'une main criminelle,
Un portrait réservé pour le pinceau d'Apelle.

 Moi donc qui connais peu Phébus et ses douceurs,
Qui suis nouveau sevré sur le mont des neuf Sœurs,
Attendant que pour toi l'âge ait mûri ma muse,
Sur de moindres sujets je l'exerce et l'amuse ;
Et tandis que ton bras, des peuples redouté,
Va, la foudre à la main, rétablir l'équité,
Et retient les méchants par la peur des supplices,
Moi, la plume à la main, je gourmande les vices (4);

---

(1) Pelletier, misérable rimeur, qui avait des sonnets pour toutes sortes de gens et d'ouvrages, moyennant un écu ou un exemplaire.

(2) Corneille est ici considéré, non comme poète tragique, mais comme auteur de beaux poëmes en l'honneur du roi.

(3) Alexandre. Hor., l. II, ép. I, v. 239 :
  Edicto vetuit, ne quis se, præter Apellem,
  Pingeret, aut alius Lysippo duceret æra,
  Fortis Alexandri vultum simulantia.

(4) Boileau, âgé de 29 ans, avait déjà composé cinq satires (la 1re la 6e, la 7e, la 2e et la 4e des recueils).

Et, gardant pour moi-même une juste rigueur,
Je confie au papier les secrets de mon cœur (1).
Ainsi, dès qu'une fois ma verve se réveille,
Comme on voit au printemps la diligente abeille (2)
Qui du butin des fleurs va composer son miel,
Des sottises du temps je compose mon fiel.
Je vais de toutes parts où me guide ma veine,
Sans tenir en marchant une route certaine;
Et, sans gêner ma plume en ce libre métier,
Je la laisse au hasard courir sur le papier.
 Le mal est qu'en rimant, ma muse un peu légère
Nomme tout par son nom, et ne saurait rien taire;
C'est là ce qui fait peur aux esprits de ce temps,
Qui, tout blancs au dehors, sont tout noirs au dedans:
Ils tremblent qu'un censeur, que sa verve encourage,
Ne vienne en ses écrits démasquer leur visage,
Et, fouillant dans leurs mœurs en toute liberté,
N'aille du fond du puits tirer la Vérité (3).
Tous ces gens, éperdus au seul nom de satire,
Font d'abord le procès à quiconque ose rire.
 Mais pourquoi sur ce point sans raison m'écarter?
Grand Roi, c'est mon défaut, je ne saurais flatter :
Je ne sais point au ciel placer un ridicule,
D'un nain faire un Atlas, ou d'un lâche un Hercule,
Et, sans cesse en esclave à la suite des grands,
A des dieux sans vertu prodiguer mon encens.
On ne me verra point d'une veine forcée,
Même pour te louer, déguiser ma pensée :
Et, quelque grand que soit ton pouvoir souverain,

---

(1) Hor., liv. II, sat. 1, v. 30:
  Ille velut fidis arcana sodalibus olim
  Credebat libris...
(2) Hor., Carm., liv. IV, od. I, v. 27 :
     Ego, apis Matinæ
  More modoque
 Grata carpentis thyma per laborem
 Plurimum, circa nemus uvidique
 Tiburis ripas, operosa parvus
    Carmina fingo.
(3) Démocrite disait que la Vérité était au fond d'un puits, et que personne ne l'en avait encore pu tirer.   (Boileau.)

AU ROI.

Si mon cœur en ces vers ne parlait par ma main,
Il n'est espoir de biens, ni raison, ni maxime,
Qui pût en ta faveur m'arracher une rime.
 Mais lorsque je te vois, d'une si noble ardeur,
T'appliquer sans relâche aux soins de ta grandeur,
Faire honte à ces rois que le travail étonne,
Et qui sont accablés du faix de leur couronne;
Quand je vois ta sagesse, en ses justes projets,
D'une heureuse abondance (1) enrichir tes sujets;
La France sous tes lois maîtriser la fortune;
Et nos vaisseaux, domptant l'un et l'autre Neptune (2),
Nous aller chercher l'or, malgré l'onde et le vent,
Aux lieux où le soleil le forme en se levant (3);
Alors, sans consulter si Phébus l'en avoue,
Ma muse toute (4) en feu me prévient et te loue.
 Mais bientôt la raison, arrivant au secours,
Vient d'un si beau projet interrompre le cours,
Et me fait concevoir, quelque ardeur qui m'emporte,
Que je n'ai ni le ton ni la voix assez forte.
Aussitôt je m'effraye, et mon esprit troublé
Laisse là le fardeau dont il est accablé :
Et, sans passer plus loin, finissant mon ouvrage,
Comme un pilote en mer qu'épouvante l'orage,
Dès que le bord paraît, sans songer où je suis,
Je me sauve à la nage, et j'aborde où je puis.

(1) Allusion aux mauvaises récoltes des deux années précédentes. Louis XIV fit venir de l'étranger une grande quantité de blés qui furent vendus à bas prix (1662).
(2) L'une et l'autre mer.
(3) Louis XIV, en 1664, établit la compagnie de commerce dite des *Indes Orientales*, à laquelle il accorda de grands priviléges, fournit des sommes considérables (plus de 6 millions), et prêta des vaisseaux pour le premier embarquement.
(4) *Toute*, adj., pour *tout*, adv.

SATIRES.

SATIRE I.

ADIEUX A PARIS.

1660.

C'est une imitation de la 3ᵉ satire de Juvénal, dans laquelle est aussi décrit le départ d'un philosophe qui fuit le séjour de Rome, à cause des vices affreux qui y régnaient. Juvénal y dépeint encore les embarras de cette ville, et, à son exemple, Boileau, dans sa 1ʳᵉ satire, avait fait la description des embarras de Paris; mais il s'aperçut que cette description était comme un hors-d'œuvre, et qu'elle rompait l'unité du sujet. C'est ce qui l'engagea à l'en détacher, et il en fit une satire particulière, qui est la 6ᵉ.

DAMON (1), ce grand auteur, dont la muse fertile
Amusa si longtemps et la cour et la ville;
Mais qui, n'étant vêtu que de simple bureau (2),
Passe l'été sans linge et l'hiver sans manteau,
Et de qui le corps sec et la mine affamée
N'en sont pas mieux refaits pour tant de renommée;
Las de perdre en rimant et sa peine et son bien,
D'emprunter en tous lieux, et de ne gagner rien;
Sans habits, sans argent, ne sachant plus que faire,

---

(1) François Cassandre, auteur célèbre du temps. Outre une traduction de la *Rhétorique* d'Aristote, il composa des vers qui eurent du succès; mais son humeur bourrue et farouche, qui le rendait incapable de toute société, lui fit perdre tous les avantages que la fortune put lui offrir, et il mourut en 1695, dans la plus grande misère.

(2) Étoffe encore plus grossière que la bure. On en couvrait les tables autour desquelles travaillaient les magistrats; de là le nom de *bureau* donné aux tables à écrire.

ADIEUX A PARIS.

Vient de s'enfuir, chargé de sa seule misère ;
Et, bien loin des sergents (1), des clercs (2) et du palais (3),
Va chercher un repos qu'il ne trouva jamais ;
Sans attendre qu'ici la justice ennemie
L'enferme en un cachot le reste de sa vie,
Ou que d'un bonnet vert le salutaire affront (4)
Flétrisse les lauriers qui lui couvrent le front.
  Mais le jour qu'il partit, plus défait et plus blême
Que n'est un pénitent sur la fin du carême,
La colère dans l'âme et le feu dans les yeux
Il distilla sa rage en ces tristes adieux :
  « Puisqu'en ce lieu, jadis aux Muses si commode (5),
Le mérite et l'esprit ne sont plus à la mode,
Qu'un poëte, dit-il, s'y voit maudit de Dieu,
Et qu'ici la vertu n'a plus ni feu ni lieu ;
Allons du moins chercher quelque antre ou quelque roche
D'où jamais ni l'huissier ni le sergent n'approche ;
Et, sans lasser le ciel par des vœux impuissants,
Mettons-nous à l'abri des injures du temps,
Tandis que, libre encor, malgré les destinées,
Mon corps n'est point courbé sous le faix des années,
Qu'on ne voit point mes pas sous l'âge chanceler,
Et qu'il reste à la Parque encor de quoi filer (6) :
C'est là dans mon malheur le seul conseil à suivre.

  (1) Anciens huissiers du dernier ordre.
  (2) Scribes, chez les gens de justice.
  (3) Palais même de saint Louis, où les arrêts ont continué d'être prononcés au nom du roi.
  (4) Ces vers expriment figurément la *cession de biens* faite par un débiteur à ses créanciers, pour éviter la prison ou pour en sortir. En quelques endroits d'Italie, tout cessionnaire de biens était obligé de porter un bonnet ou un chapeau orangé, et à Rome un bonnet vert : cet usage s'était introduit en France vers la fin du xvie siècle, et a été aboli depuis.
  (5) Juv., III, v. 21.
    Quando artibus, inquit, honestis
  Nullus in Urbe locus, nulla emolumenta laborum,
  Res hodie minor est here quam fuit, atque eadem cras
  Deteret exiguis aliquid ; proponimus illuc
  Ire, fatigatas ubi Dædalus exuit alas, etc.
  (6) Boileau a réuni ici Juvénal et Horace.
Juv., ib., v. 261 :
  Dum nova canities, dum prima et recta senectus.

Que George vive ici (1), puisque George y sait vivre,
Qu'un million comptant, par ses fourbes acquis,
De clerc, jadis laquais, a fait comte et marquis :
Que Jacquin vive ici (2), dont l'adresse funeste
A plus causé de maux que la guerre et la peste ;
Qui, de ses revenus écrits par alphabet,
Peut fournir aisément un Calepin complet (3) :
Qu'il règne dans ces lieux, il a droit de s'y plaire.
Mais moi, vivre à Paris ! Eh ! qu'y voudrais-je faire (4)?
Je ne sais ni tromper, ni feindre, ni mentir ;
Et quand je le pourrais, je n'y puis consentir.
Je ne sais point en lâche essuyer les outrages
D'un faquin orgueilleux qui vous tient à ses gages (5),
De mes sonnets flatteurs lasser tout l'univers,
Et vendre au plus offrant mon encens et mes vers :
Pour un si bas emploi ma muse est trop altière.
Je suis rustique et fier, et j'ai l'âme grossière ;
Je ne puis rien nommer, si ce n'est par son nom :
J'appelle un chat un chat, et Rolet un fripon (6).
　　Mais pourquoi, dira-t-on, cette vertu sauvage
Qui court à l'hôpital, et n'est plus en usage ?

　Hor., l. II, od. 3 :
　　　Dum res et ætas et sororum
　　　Fila trium patiuntur atra.
　(1) Pour Gorge, fameux partisan ou financier, désigné sous le nom de *Sylvain* au chap. VI de la Bruyère : il avait acheté le marquisat d'Entragues, dont il prit le nom.
　(2) Personnage supposé, comme l'*Arturius* et le *Catulus* de Juvénal, v. 29 :
　　　...*Vivant Arturius istic*
　　　Et Catulus ; maneant, qui nigra in candida vertunt.
　(3) Calepin (Ambroise Calepino, de Bergame, 1435) publia le premier, en 1 vol. assez mince, un Dictionnaire polyglotte, qui, par les additions successives de Passerat, de la Cerda, de Chifflet, de Facciolati, forma 2 gros vol. in-fol.
　(4) Juv., *ibid.*, v. 41 :
　　　Quid Romæ faciam? Mentiri nescio : librum,
　　　Si malus est, nequeo laudare et poscere : motus
　　　Astrorum ignoro : funus promittere patris
　　　Nec volo, nec possum.
　(5) Térence, dans l'*Eunuque*, act. 2 :
　　　At ego infelix, neque ridiculus esse,
　　　Neque plagas pati possum.
　(6) Rolet, procureur au parlement, était fort décrié, et on l'appelait communément au palais l'*Ame damnée*. Le premier président de Lamoi-

ADIEUX A PARIS.

La richesse permet une juste fierté ;
Mais il faut être souple avec la pauvreté.
C'est par là qu'un auteur que presse l'indigence
Peut des astres malins corriger l'influence ;
Et que le sort burlesque, en ce siècle de fer,
D'un pédant, quand il veut, sait faire un duc et pair (1) :
Ainsi de la vertu la fortune se joue (2) :
Tel aujourd'hui triomphe au plus haut de sa roue,
Qu'on verrait, de couleurs bizarrement orné,
Conduire le carrosse où l'on le voit traîné,
Si dans les droits du roi sa funeste science
Par deux ou trois avis n'eût ravagé la France.
Je sais qu'un juste effroi l'éloignant de ces lieux,
L'a fait pour quelques mois disparaître à nos yeux :
Mais en vain pour un temps une taxe l'exile ;
On le verra bientôt pompeux en cette ville,
Marcher encor chargé des dépouilles d'autrui,
Et jouir du ciel même irrité contre lui (3) ;
Tandis que Colletet (4), crotté jusqu'à l'échine,
S'en va chercher son pain de cuisine en cuisine :
Savant en ce métier si cher aux beaux esprits,
Dont Montmaur (5) autrefois fit leçon dans Paris.

qu'on employait le nom de *Rolet* pour signifier un fripon insigne : *C'est un Rolet*, disait-il ordinairement.

(1) Juvénal, sat. VII, v. 197 :
  Si fortuna volet, fies de rhetore consul :
  Si volet hæc eadem, fies de consule rhetor.

(2) Umbritius, le Cassandre de Juvénal, s'indigne de voir ces parvenus qui, au sortir des jeux auxquels ils ont présidé, vont mettre les enchères sur les latrines publiques :
  Inde reversi
  Conducunt foricas ; et cur non omnia ? quum sint,
  Quales ex humili magna ad fastigia rerum
  Extollit, quoties voluit fortuna jocari.

(3) Juvénal, I, 49 :
  Damnatus inani
  Judicio (quid enim salvis infamia nummis ?)
  Exsul ab octava Marius bibit et fruitur dis
  Iratis.

(4) François Colletet, misérable poëte dont la pauvreté était devenue proverbiale.

(5) Pierre de Montmaur, successivement charlatan à Avignon, avocat, poëte et *parasite* avoué à Paris. Il avait été professeur en langue grecque au collége de France.

I.

Il est vrai que du roi la bonté secourable (1)
Jette enfin sur la muse un regard favorable,
Et, réparant du sort l'aveuglement fatal,
Va tirer désormais Phébus de l'hôpital.
On doit tout espérer d'un monarque si juste.
Mais, sans un Mécénas, à quoi sert un Auguste ?
Et fait comme je suis, au siècle d'aujourd'hui,
Qui voudra s'abaisser à me servir d'appui ?
Et puis, comment percer cette foule effroyable
De rimeurs affamés dont le nombre l'accable ;
Qui, dès que sa main s'ouvre, y courent les premiers,
Et ravissent un bien qu'on devait aux derniers :
Comme on voit les frelons, troupe lâche et stérile,
Aller piller le miel que l'abeille distille ?
Cessons donc d'aspirer à ce prix tant vanté
Que donne la faveur à l'importunité.
Saint-Amand (2) n'eut du ciel que sa veine en partage ;
L'habit qu'il eut sur lui fut son seul héritage ;
Un lit et deux placets composaient tout son bien ;
Ou, pour en mieux parler, Saint-Amand n'avait rien.
Mais quoi ! las de traîner une vie importune,
Il engagea ce rien pour chercher la fortune (3) ;
Et, tout chargé de vers qu'il devait mettre au jour,
Conduit d'un vain espoir, il parut à la cour.
Qu'arriva-t-il enfin de sa muse abusée ?
Il en revint couvert de honte et de risée ;
Et la fièvre, au retour terminant son destin,
Fit par avance en lui ce qu'aurait fait la faim.
Un poëte à la cour fut jadis à la mode ;
Mais des fous aujourd'hui c'est le plus incommode ;

---

(1) En ce temps-là Louis XIV, à la sollicitation de Colbert, donna plusieurs pensions aux gens de lettres de France et même de l'étranger.

(2) Gérard de Saint-Amand, né à Rouen, avait des talents naturels ; mais il ne savait pas le latin : il avait fait un poëme intitulé *la Lune*, dans lequel il louait le roi, surtout de savoir bien nager. Louis XIV ne put en souffrir la lecture, et l'auteur ne survécut pas longtemps à cet affront : il mourut en 1661.

(3) Juvénal, sat. III, v. 193 :
  Nil habuit Codrus : quis enim negat ? et tamen illud
  Perdidit infelix, etc.

Et l'esprit le plus beau, l'auteur le plus poli,
N'y parviendra jamais au sort de l'Angeli (1).
 Faut-il donc désormais jouer un nouveau rôle?
Dois-je, las d'Apollon, recourir à Bartole (2),
Et, feuilletant Louet allongé par Brodeau (3),
D'une robe à longs plis balayer le barreau (4)?
Mais à ce seul penser je sens que je m'égare.
Moi! que j'aille crier dans ce pays barbare
Où l'on voit tous les jours l'innocence aux abois
Errer dans les détours d'un dédale de lois,
Et, dans l'amas confus des chicanes énormes,
Ce qui fut blanc au fond rendu noir par les formes (5);
Où Patru gagne moins qu'Huot et le Mazier (6),
Et dont les Cicérons se font chez Pé-Fournier (7)?
Avant qu'un tel dessein m'entre dans la pensée,
On pourra voir la Seine à la Saint-Jean glacée,
Arnauld (8) à Charenton (9) devenir huguenot,

 (1) L'Angeli était d'une famille noble, mais si pauvre, qu'il suivit en France le prince de Condé, en qualité de valet d'écurie. Ce prince l'ayant ramené en France, le donna au roi Louis XIII, qui en fit son fou d'office.
 (2) C.-à-d., dois-je quitter la poésie pour la jurisprudence? Bartole était un célèbre légiste d'Italie, auteur de commentaires sur le droit romain.
 (3) George Louet, conseiller au parlement de Paris, a fait un recueil d'arrêts fort estimé, et Julien Brodeau, avocat au même parlement, y joignit un savant commentaire.
 (4) Parodie des vers de Virgile, dans la description de la génisse, *Georg.*, III, 58 :
  *Quæque ardua tota
 Et gradiens ima verrit vestigia cauda.*
 (5) Juvénal, sat. III, v. 30 :
  Maneant, qui nigra in candida vertunt.
 (6) Patru, avocat au parlement, et l'un des quarante de l'Académie française. Ses plaidoyers ont été imprimés. *Huot* et *le Mazier*, deux avocats d'un mérite fort médiocre.
 (7) Pierre Fournier, procureur au parlement, signait *P. Fournier*, pour se distinguer de quelques-uns de ses confrères qui portaient aussi le nom de *Fournier*. C'est pourquoi on l'appelait ordinairement *Pé-Fournier*.
 (8) Arnauld, docteur de Sorbonne, travailla avec Nicole à la *Perpétuité de la Foi*, ouvrage contre les calvinistes.
 (9) Village près de Paris, où les calvinistes avaient un temple.

Saint-Sorlin (1) janséniste, et Saint-Pavin (2) bigot.
  Quittons donc pour jamais une ville importune
Où l'honneur a toujours guerre avec la fortune ;
Où le seul art en vogue est l'art de bien voler ;
Où tout me choque; enfin, où... Je n'ose parler.
Et quel homme si froid ne serait plein de bile
A l'aspect odieux des mœurs de cette ville ?
Qui pourrait les souffrir ? et qui, pour les blâmer,
Malgré muse et Phébus n'apprendrait à rimer ?
Non, non, sur ce sujet pour écrire avec grâce,
Il ne faut point monter au sommet du Parnasse,
Et, sans aller rêver dans le double vallon,
La colère suffit et vaut un Apollon (3).
  Tout beau, dira quelqu'un, vous entrez en furie.
A quoi bon ces grands mots ? doucement, je vous prie,
Ou bien montez en chaire, et là, comme un docteur,
Allez de vos sermons endormir l'auditeur.
C'est là que, bien ou mal, on a droit de tout dire.
  Ainsi parle un esprit qu'irrite la satire,
Qui contre ses défauts croit être en sûreté
En raillant d'un censeur la triste austérité ;
Qui fait l'homme intrépide, et, tremblant de faiblesse,
Attend pour croire en Dieu que la fièvre le presse (4),
Et, toujours dans l'orage au ciel levant les mains,
Dès que l'air est calmé, rit des faibles humains.
Car, de penser alors qu'un Dieu tourne le monde,
Et règle les ressorts de la machine ronde,
Ou qu'il est une vie au delà du trépas,
C'est là, tout haut du moins, ce qu'il n'avouera pas.
  Pour moi, qu'en santé même un autre monde étonne,
Qui crois l'âme immortelle, et que c'est Dieu qui tonne,
Il vaut mieux pour jamais me bannir de ce lieu.
Je me retire donc. Adieu, Paris, adieu. »

  (1) Desmarets de Saint-Sorlin, de l'Académie française, publia un écrit en 1665 contre les religieuses de Port-Royal, qui étaient jansénistes.
  (2) Sanguin de Saint-Pavin, fameux libertin, disciple de Théophile, aussi bien que Desbarreaux, Bardouville et quelques autres.
  (3) Juv., sat. I, v. 65 :
      Si natura negat, facit indignatio versum.
  (4) Allusion à *Desbarreaux*, qui, selon Boursault dans ses Lettres, *ne croyait en Dieu que quand il était malade.*

SATIRE II.

A M. DE MOLIÈRE.

DIFFICULTÉ DE TROUVER LA RIME.

1664.

Le sujet de cette satire est la difficulté de trouver la rime, et de la faire accorder avec la raison ; mais Boileau a su les concilier toutes deux, en n'employant dans cette pièce que des rimes extrêmement exactes.

RARE et fameux esprit, dont la fertile veine
Ignore en écrivant le travail et la peine ;
Pour qui tient Apollon (1) tous ses trésors ouverts,
Et qui sais à quel coin se marquent les bons vers ;
Dans les combats d'esprit savant maître d'escrime,
Enseigne-moi, Molière, où tu trouves la rime.
On dirait, quand tu veux, qu'elle te vient chercher :
Jamais au bout du vers on ne te voit broncher ;
Et, sans qu'un long détour t'arrête ou t'embarrasse,
A peine as-tu parlé, qu'elle même s'y place.
Mais moi, qu'un vain caprice, une bizarre humeur,
Pour mes péchés, je crois, fit devenir rimeur,
Dans ce rude métier où mon esprit se tue,
En vain, pour la trouver, je travaille et je sue.
Souvent j'ai beau rêver du matin jusqu'au soir :
Quand je veux dire *blanc*, la quinteuse dit *noir*.
Si je veux d'un galant dépeindre la figure,
Ma plume pour rimer trouve l'abbé de Pure (2) :

---

(1) Transposition vicieuse, pour *Apollon tient*.
(2) Auteur d'une mauvaise traduction de Quintilien et de quelques

Si je pense exprimer un auteur sans défaut,
La raison dit Virgile, et la rime Quinault (1).
Enfin, quoi que je fasse ou que je veuille faire,
La bizarre toujours vient m'offrir le contraire.
   De rage quelquefois, ne pouvant la trouver,
Triste, las et confus, je cesse d'y rêver,
Et, maudissant vingt fois le démon qui m'inspire,
Je fais mille serments de ne jamais écrire ;
Mais quand j'ai bien maudit et Muses et Phébus,
Je la vois qui paraît quand je n'y pense plus.
Aussitôt, malgré moi, tout mon feu se rallume ;
Je reprends sur-le-champ le papier et la plume,
Et, de mes vains serments perdant le souvenir,
J'attends de vers en vers qu'elle daigne venir.
Encor si pour rimer, dans sa verve indiscrète,
Ma muse au moins souffrait une froide épithète,
Je ferais comme un autre, et, sans chercher si loin,
J'aurais toujours des mots pour les coudre au besoin.
Si je louais Philis, *en miracles féconde*,
Je trouverais bientôt : *à nulle autre seconde;*
Si je voulais vanter un objet *nompareil*,
Je mettrais à l'instant : *plus beau que le soleil;*
Enfin, parlant toujours d'*astres* et de *merveilles,*
De *chefs-d'œuvre des cieux*, de *beautés sans pareilles* (2) ;
Avec tous ces beaux mots souvent mis au hasard,
Je pourrais aisément, sans génie et sans art,
Et transposant cent fois et le nom et le verbe,
Dans mes vers recousus mettre en pièces Malherbe.
Mais mon esprit, tremblant sur le choix de ses mots,
N'en dira jamais un s'il ne tombe à propos,
Et ne saurait souffrir qu'une phrase insipide
Vienne à la fin d'un vers remplir la place vide :

---

autres mauvais ouvrages. Il avait pris contre Molière le parti des *Précieuses.*

(1) Quinault, auteur de plusieurs tragédies imprimées en deux volumes, mais qui sont absolument tombées dans l'oubli. Il a depuis composé des opéras, genre dont il est regardé comme le créateur.

(2) La plupart de ces expressions sont prises de Ménage, qui, comme il le dit lui-même avec ingénuité, dans la *préface de ses Observations sur Malherbe, n'avait point de naturel à la poésie, et ne faisait des vers qu'en dépit des Muses.*

DIFFICULTÉ DE LA RIME.

Ainsi, recommençant un ouvrage vingt fois,
Si j'écris quatre mots, j'en effacerai trois.
    Maudit soit le premier dont la verve insensée
Dans les bornes d'un vers renferma sa pensée,
Et, donnant à ses mots une étroite prison,
Voulut avec la rime enchaîner la raison !
Sans ce métier, fatal au repos de ma vie,
Mes jours, pleins de loisirs, couleraient sans envie ;
Je n'aurais qu'à chanter, rire, boire d'autant ;
Et comme un gras rentier, à mon aise et content,
Passer tranquillement, sans souci, sans affaire,
La nuit à bien dormir, et le jour à rien faire (1).
Mon cœur, exempt de soins, libre de passion,
Sait donner une borne à son ambition ;
Et, fuyant des grandeurs la présence importune,
Je ne vais pas au Louvre adorer la fortune (2) ;
Et je serais heureux si, pour me consumer,
Un destin envieux ne m'avait fait rimer.
    Mais depuis le moment que cette frénésie
De ses noires vapeurs troubla ma fantaisie,
Et qu'un démon jaloux de mon contentement
M'inspira le dessein d'écrire poliment (3),
Tous les jours, malgré moi, cloué sur un ouvrage,
Retouchant un endroit, effaçant une page,
Enfin passant ma vie en ce triste métier,
J'envie, en écrivant, le sort de Pelletier (4).
    Bienheureux Scudéri (5), dont la fertile plume
Peut tous les mois sans peine enfanter un volume !
Tes écrits, il est vrai, sans art et languissants,
Semblent être formés en dépit du bon sens ;
Mais ils trouvent pourtant, quoi qu'on en puisse dire,

---

   (1) Il fallait : *A ne rien faire.*
   (2) Ces vers rappellent Virgile, *Géorg.*, II, 461 :
      Si non ingentem foribus domus alta superbis
      Mane salutantum totis vomit ædibus undam.
   (3) *Poliment*, c'est-à-dire avec correction, en *polissant* mes ouvrages.
   (4) Il faisait tous les jours un sonnet. V. le Discours au Roi.
   (5) George de Scudéri, de l'Académie française, né au Havre en 1601, et mort à Paris en 1667, auteur du poëme épique d'*Alaric*, de plusieurs romans, et d'un grand nombre de pièces de théâtre.

SATIRE II. DIFFICULTÉ DE LA RIME.

Un marchand pour les vendre, et des sots pour les lire.
Et quand la rime enfin se trouve au bout des vers,
Qu'importe que le reste y soit mis de travers?
Malheureux mille fois celui dont la manie
Veut aux règles de l'art asservir son génie !
Un sot en écrivant fait tout avec plaisir (1);
Il n'a point en ses vers l'embarras de choisir,
Et, toujours amoureux de ce qu'il vient d'écrire,
Ravi d'étonnement, en soi-même il s'admire.
Mais un esprit sublime en vain veut s'élever
A ce degré parfait qu'il tâche de trouver;
Et, toujours mécontent de ce qu'il vient de faire,
Il plaît à tout le monde, et ne saurait se plaire :
Et tel, dont en tous lieux chacun vante l'esprit,
Voudrait pour son repos n'avoir jamais écrit.
   Toi donc, qui vois les maux où ma muse s'abîme,
De grâce, enseigne-moi l'art de trouver la rime :
Ou, puisqu'enfin tes soins y seraient superflus,
Molière, enseigne-moi l'art de ne rimer plus.

---

(1) Horace, l. II, ép. II, v. 106:
> *Ridentur mala qui componunt carmina : verum*
> *Gaudent scribentes, et se venerantur ; et ultro,*
> *Si taceas, laudant quidquid scripsere, beati.*

SATIRE III.

LE REPAS RIDICULE.

1665.

Cette satire, imitation de la sat. IX de Juvénal, contient le récit d'un festin donné par un homme d'un goût extravagant, qui se piquait néanmoins de raffiner sur la bonne chère. Horace, dans la sat. VIII du livre II, fait pareillement le récit d'un repas ridicule; et Regnier, dans sa dixième satire, a aussi traité ce sujet.

A. (1). QUEL sujet inconnu vous trouble et vous altère (2)?
D'où vous vient aujourd'hui cet air sombre et sévère,
Et ce visage enfin plus pâle qu'un rentier
A l'aspect d'un arrêt qui retranche un quartier (3)?
Qu'est devenu ce teint dont la couleur fleurie (4)
Semblait d'ortolans (5) seuls et de bisques (6) nourrie?
Où la joie en son lustre attirait les regards,
Et le vin en rubis brillait de toutes parts?

(1) *A.*, et plus bas (v. 14) *P.*, désignent l'auditeur et le poëte.
(2) Juvénal, sat. IX :
  Scire velim, quare toties mihi, Nævole, tristis
  Occurras, fronte obducta, ceu Marsya victus...
  Non erat hac facie miserabilior Crepereius
  Pollio, qui triplicem usuram præstare paratus
  Circuit, et fatuos non invenit...
(3) Louis XIV, en 1664, supprima un *quartier* des rentes constituées sur l'hôtel de ville.
(4) Juv., *ib.*, v. 5 :
  Unde repente
  Tot rugæ? — Vultus gravis ; horridâ siccæ
  Silva comæ : nullus tota nitor in cute, qualem
  Brutia præstabat calidi tibi fascia visci.
(5) Petit oiseau d'un goût exquis.
(6) Potage fait avec un coulis d'écrevisses, et fort estimé du temps de Boileau.

SATIRE III.

Qui vous a pu plonger dans cette humeur chagrine?
A-t-on, par quelque édit (1), réformé la cuisine?
Ou quelque longue pluie, inondant vos vallons,
A-t-elle fait couler vos vins et vos melons?
Répondez donc enfin, ou bien je me retire.
P. Ah! de grâce, un moment! souffrez que je respire.
Je sors de chez un fat, qui, pour m'empoisonner,
Je pense, exprès chez lui m'a forcé de dîner.
Je l'avais bien prévu. Depuis près d'une année
J'éludais tous les jours sa poursuite obstinée.
Mais hier il m'aborde, et me serrant la main :
« Ah! monsieur, m'a-t-il dit, je vous attends demain.
N'y manquez pas au moins. J'ai quatorze bouteilles
D'un vin vieux... Boucingo (2) n'en a point de pareilles :
Et je gagerais bien que, chez le commandeur (3),
Villandri (4) priserait sa sève et sa verdeur.
Molière avec Tartufe y doit jouer son rôle (5) :
Et Lambert (6), qui plus est, m'a donné sa parole.
C'est tout dire en un mot, et vous le connaissez. [sez. »
— Quoi! Lambert?—Oui, Lambert. A demain.— C'est as-
Ce matin donc, séduit par sa vaine promesse,
J'y cours, midi sonnant (7), au sortir de la messe.
A peine étais-je entré, que, ravi de me voir,
Mon homme en m'embrassant m'est venu recevoir;
Et, montrant à mes yeux une allégresse entière :
« Nous n'avons, m'a-t-il dit, ni Lambert ni Molière;
Mais, puisque je vous vois, je me tiens trop content.
Vous êtes un brave homme : entrez, on vous attend. »

(1) Loi ou ordonnance rendue par l'autorité souveraine.
(2) Fameux marchand de vin.
(3) On appelait commandeurs les chevaliers d'un ordre militaire ou hospitalier, pourvus d'un bénéfice... Ici c'est Jacques de Souvré, commandeur de Saint-Jean de Latran, renommé pour ses repas somptueux.
(4) Habitué de la table du commandeur.
(5) La comédie du Tartufe avait été défendue en ce temps-là, et tout le monde voulait avoir Molière pour la lui entendre réciter.
(6) Lambert, fameux musicien, que l'on regardait comme l'inventeur du *beau chant*. Invité de toutes parts, il promettait et ne tenait pas, ce qui explique le *qui plus est*.
(7) On dînait à *midi*, et l'on soupait à sept *heures*.

A ces mots, mais trop tard, reconnaissant ma faute (1),
Je le suis en tremblant dans une chambre haute,
Où, malgré les volets, le soleil irrité
Formait un poêle ardent au milieu de l'été.
Le couvert était mis dans ce lieu de plaisance,
Où j'ai trouvé d'abord, pour toute connaissance,
Deux nobles campagnards (2), grands lecteurs de romans,
Qui m'ont dit tout Cyrus (3) dans leurs longs compliments.
J'enrageais. Cependant on apporte un potage.
Un coq y paraissait en pompeux équipage,
Qui, changeant sur ce plat et d'état et de nom,
Par tous les conviés s'est appelé chapon.
Deux assiettes suivaient, dont l'une était ornée
D'une langue en ragoût de persil couronnée :
L'autre, d'un godiveau (4) tout brûlé par dehors,
Dont un beurre gluant inondait tous les bords.
On s'assied ; mais d'abord notre troupe serrée
Tenait à peine autour d'une table carrée,
Où chacun, malgré soi, l'un sur l'autre porté,
Faisait un tour à gauche, et mangeait de côté.
Jugez en cet état si je pouvais me plaire,
Moi qui ne compte rien (5) ni le vin ni la chère,
Si l'on n'est plus au large assis en un festin
Qu'aux sermons de Cassagne (6) ou de l'abbé Cotin.
Notre hôte cependant, s'adressant à la troupe :
« Que vous semble, a-t-il dit, du goût de cette soupe ?

(1) D'avoir cru à la promesse de Lambert.
(2) *Campagnards* et *campagnes* étaient synonymes de *provinciaux* et *provinces*.
(3) Roman de mademoiselle de Scudéri, en dix volumes; il est rempli de longues conversations, et surtout de grands compliments. La plupart des gens de province, qui s'imaginaient que le style de ces romans était le style de la cour et un modèle de politesse, s'étudiaient à en retenir les façons de parler.
(4) Pâté chaud, composé d'andouillettes, de hachis de veau et de béatilles.
(5) Régulièrement : *compte pour rien*.
(6) Cassagne et Cotin, tous deux membres de l'Académie française. Cassagne, de Nîmes, orateur et poëte également médiocre, venait en 1665 d'être nommé prédicateur de la cour.— Cotin, de Paris, conseiller et aumônier du roi, abusait de son crédit pour perdre Molière et Boileau, qui s'en vengèrent, le premier, dans les *Femmes savantes ;* le second, ici et ailleurs.

SATIRE III.

Sentez-vous le citron dont on a mis le jus
Avec des jaunes d'œufs mêlés dans du verjus (1)?
Ma foi, vive Mignot (2) et tout ce qu'il apprête! »
Les cheveux cependant me dressaient à la tête :
Car Mignot, c'est tout dire, et dans le monde entier
Jamais empoisonneur ne sut mieux son métier.
J'approuvais tout pourtant de la mine et du geste,
Pensant qu'au moins le vin dût réparer le reste.
Pour m'en éclaircir donc, j'en demande ; et d'abord
Un laquais effronté m'apporte un rouge-bord (3)
D'un Auvernat fumeux qui, mêlé de Lignage (4),
Se vendait chez Crenet (5) pour vin de l'Ermitage (6),
Et qui, rouge et vermeil, mais fade et doucereux,
N'avait rien qu'un goût plat et qu'un déboire affreux.
A peine ai-je senti cette liqueur traîtresse,
Que de ces vins mêlés j'ai reconnu l'adresse (7).
Toutefois, avec l'eau que j'y mets à foison,
J'espérais adoucir la force du poison.
Mais qui l'aurait pensé? Pour comble de disgrâce,
Par le chaud qu'il faisait, nous n'avions point de glace (8).
Point de glace, bon Dieu! dans le fort de l'été!
Au mois de juin! Pour moi, j'étais si transporté,
Que, donnant de fureur tout le festin au diable,

(1) Ces sortes de soupes étaient alors à la mode, et on les appelait les soupes à l'Écu d'argent. C'était l'enseigne du traiteur qui avait inventé la manière de les faire.

(2) Mignot, pâtissier-traiteur, demeurait dans la rue de la Harpe, vis-à-vis de la rue Percée. Il avait la charge de maître-queux, c'est-à-dire cuisinier, *coquus*, de la maison du roi. Pour se venger, il fit imprimer à ses frais une satire (la *Critique désintéressée*) de Cotin contre Boileau; et quand on venait acheter chez lui des biscuits, il les enveloppait dans la feuille qui contenait la satire imprimée, afin de la répandre dans le public.

(3) Verre plein de vin jusqu'aux bords.

(4) Vins peu estimés qui croissent aux environs d'Orléans; l'un très-foncé en couleur, et l'autre beaucoup moins : les cabaretiers avaient l'habitude de le mélanger.

(5) Fameux marchand de vin.

(6) Il croît sur un coteau situé dans le Dauphiné, proche de la ville de Thain, sur le Rhône, vis-à-vis de Tournon. Sur ce coteau, il y avait un ermitage qui a donné son nom au territoire et au vin qui y vient.

(7) *L'adresse de ces vins mêlés*, pour, *le mélange adroit de ces vins*.

(8) L'usage de boire à la glace, connu des anciens Romains, ne fut introduit en France que vers le milieu du XVIIe siècle.

Je me suis vu vingt fois prêt à quitter la table ;
Et, dût-on m'appeler et fantasque et bourru,
J'allais sortir enfin, quand le rôt a paru.
  Sur un lièvre flanqué de six poulets étiques,
S'élevaient trois lapins, animaux domestiques,
Qui, dès leur tendre enfance élevés (1) dans Paris,
Sentaient encor le chou dont ils furent nourris.
Autour de cet amas de viandes entassées (2)
Régnait un long cordon d'alouettes pressées,
Et sur les bords du plat six pigeons étalés
Présentaient pour renfort leurs squelettes brûlés (3).
A côté de ce plat paraissaient deux salades,
L'une de pourpier jaune, et l'autre d'herbes fades,
Dont l'huile de fort loin saisissait l'odorat,
Et nageait dans des flots de vinaigre rosat.
Tous mes sots, à l'instant changeant de contenance,
Ont loué du festin la superbe ordonnance ;
Tandis que mon faquin, qui se voyait priser,
Avec un ris moqueur les priait d'excuser.
Surtout certain hâbleur, à la gueule affamée
Qui vint à ce festin, conduit par la fumée,
Et qui s'est dit profès (4) dans l'ordre des Coteaux (5),
A fait, en bien mangeant, l'éloge des morceaux (6).
Je riais de le voir, avec sa mine étique,
Son rabat jadis blanc, et sa perruque antique,
En lapins de garenne ériger nos clapiers (7),

  (1) *S'élevaient... élevés*, négligence.
  (2) Les viandes se servaient alors en pyramides dans une espèce de bassin.
  (3) Hor., l. II, sat. VIII, v. 90 :
            Tum pectore adusto
Vidimus et merulas poni, et sine clune palumbes.
  (4) Celui qui s'est engagé dans un ordre religieux.
  5) *Les Coteaux* : nom donné à quelques seigneurs, gourmets renommés, qui étaient partagés sur l'estime qu'on devait faire des vins des coteaux voisins de Reims.
  (6) Hor. :
    Ridiculus totas simul absorbere placentas.
  (7) Nom donné à la cage de bois où l'on élève les lapins domestiques, et, par figure, aux lapins eux-mêmes.

Et nos pigeons cauchois (1) en superbes ramiers (2);
Et, pour flatter notre hôte, observant son visage,
Composer sur ses yeux son geste et son langage (3) :
Quand notre hôte charmé, m'avisant sur ce point :
« Qu'avez-vous donc, dit-il, que vous ne mangez point?
Je vous trouve aujourd'hui l'âme toute inquiète,
Et les morceaux entiers restent sur votre assiette.
Aimez-vous la muscade? on en a mis partout.
Ah! monsieur, ces poulets sont d'un merveilleux goût!
Ces pigeons sont dodus; mangez, sur ma parole.
J'aime à voir aux lapins cette chair blanche et molle.
Ma foi, tout est passable, il le faut confesser,
Et Mignot aujourd'hui s'est voulu surpasser.
Quand on parle de sauce, il faut qu'on y raffine :
Pour moi, j'aime surtout que le poivre y domine.
J'en suis fourni, Dieu sait! et j'ai tout Pelletier
Roulé dans mon office en cornets de papier. »
A tous ces beaux discours j'étais comme une pierre,
Ou comme la statue est au Festin de Pierre (4);
Et, sans dire un seul mot, j'avalais au hasard
Quelque aile de poulet dont j'arrachais le lard.
   Cependant mon hâbleur, avec une voix haute,
Porte à mes campagnards la santé de notre hôte,
Qui tous deux pleins de joie, en jetant un grand cri,
Avec un rouge-bord acceptent son défi.
Un si galant exploit réveillant tout le monde,
On a porté partout des verres à la ronde,
Où les doigts des laquais, dans la crasse tracés,
Témoignaient par écrit qu'on les avait rincés :
Quand un des conviés, d'un ton mélancolique,
Lamentant tristement une chanson bachique,

---

(1) De Caux en Normandie; les pigeons de Caux sont plus gros que les autres.

(2) Pigeons sauvages qui perchent sur les branches des arbres, ce que les pigeons domestiques ne font pas.

(3) Tacite, Ann. XIII, 16: *Resistunt defixi, et Neronem intuentes.*
Racine, *Britannicus*, act. V, sc. 5 :
    Sur les yeux de César *composent leur visage.*

(4) Le *Festin de Pierre* est une pièce de Molière dans laquelle la statue d'un commandeur nommé *don Pedro* se rend à un festin auquel elle a été invitée.

Tous mes sots à la fois, ravis de l'écouter,
Détonnant de concert, se mettent à chanter.
La musique sans doute était rare et charmante !
L'un traîne en longs fredons une voix glapissante ;
Et l'autre, l'appuyant de son aigre fausset,
Semble un violon faux qui jure sous l'archet.

Sur ce point, un jambon d'assez maigre apparence
Arrive sous le nom de jambon de Mayence.
Un valet le portait, marchant à pas comptés,
Comme un recteur suivi des quatre facultés (1).
Deux marmitons crasseux, revêtus de serviettes,
Lui servaient de massiers, et portaient deux assiettes :
L'une de champignons avec des ris de veau,
Et l'autre de pois verts qui se noyaient dans l'eau.
Un spectacle si beau surprenant l'assemblée,
Chez tous les conviés la joie est redoublée ;
Et la troupe à l'instant, cessant de fredonner,
D'un ton gravement fou s'est mise à raisonner.
Le vin au plus muet fournissant des paroles (2),
Chacun a débité ses maximes frivoles,
Réglé les intérêts de chaque potentat,
Corrigé la police et réformé l'État ;
Puis de là, s'embarquant dans la nouvelle guerre,
A vaincu la Hollande ou battu l'Angleterre (3).

Enfin, laissant en paix tous ces peuples divers,
De propos en propos on a parlé de vers.
Là, tous mes sots, enflés d'une nouvelle audace,
Ont jugé des auteurs en maîtres du Parnasse (4).

(1) Aux processions de l'Université de Paris, à la tête desquelles marchait le recteur, précédé de ses *massiers* bedeaux, portant des masses ou bâtons à tête, garnis d'argent, et suivi des quatre facultés : les Arts, la Médecine, le Droit et la Théologie.
  Horace dit plus encore :
> Ut Attica virgo
> Cum sacris Cereris, procedit fuscus Hydaspes,
> Cæcuba vina ferens, etc.

(2) Horace, liv. I, ép. V, v. 19 :
> Fecundi calices quem non fecere disertum ?

(3) L'Angleterre et la Hollande étaient alors en guerre.

(4) Perse, sat. I, v. 27 :
> Ecce inter pocula quærunt
> Romulidæ saturi quid dia poemata narrent.

SATIRE III.

Mais notre hôte surtout, pour la justesse et l'art,
Élevait jusqu'au ciel Théophile (1) et Ronsard (2);
Quand un des campagnards, relevant sa moustache,
Et son feutre (3) à grands poils ombragé d'un panache,
Impose à tous silence, et, d'un ton de docteur :
« Morbleu! dit-il, la Serre (4) est un charmant auteur!
Ses vers sont d'un beau style, et sa prose est coulante;
La Pucelle (5) est encore une œuvre bien galante,
Et je ne sais pourquoi je bâille en la lisant.
Le Pays (6), sans mentir, est un bouffon plaisant;
Mais je ne trouve rien de beau dans ce Voiture (7).
Ma foi, le jugement sert bien dans la lecture!
A mon gré, le Corneille est joli quelquefois (8).
En vérité, pour moi, j'aime le beau françois (9).
Je ne sais pas pourquoi l'on vante l'Alexandre (10);
Ce n'est qu'un glorieux qui ne dit rien de tendre.
Les héros chez Quinault parlent bien autrement,
Et jusqu'à *je vous hais*, tout s'y dit tendrement.
On dit qu'on l'a drapé dans certaine satire (11); [dire,
Qu'un jeune homme... — Ah! je sais ce que vous voulez
A répondu notre hôte : *un auteur sans défaut,*
La raison dit Virgile, et la rime Quinault.
— Justement. A mon gré, la pièce est assez plate.
Et puis, blâmer Quinault... Avez-vous vu l'*Astrate* (12)?

(1) Poëte impie et libertin.
(2) Voyez *Art Poét.*, chant I, la note sur Ronsard.
(3) Tissu grossier de laine et de poil, dont on fit les premiers chapeaux.
(4) La Serre, misérable écrivain qui avait publié quantité d'ouvrages en prose et en vers.
(5) Voyez la note 3 de la p. 2.
(6) Mauvais poëte érotique.
(7) Quoique Voiture soit fort peu lu maintenant, on lui doit d'avoir donné à la prose française une délicatesse presque inconnue avant lui.
(8) Imitation de Regnier :
    ... Pline est inégal, *Térence un peu joly;*
    Mais surtout *il estime un langage poly.*
(9) On écrivait *françois* et l'on prononçait *français*. La rime n'est ici que pour les yeux.
(10) Alexandre le Grand, seconde tragédie de Racine.
(11) Dans la 2ᵉ satire, v. 19 et 20.
(12) *Astrate, roi de Tyr*, tragédie de Quinault; l'*Anneau royal*, qu'Agénor, rival d'Astrate, reçoit d'Élise, reine de Tyr, fait le sujet des scènes 3 et 4 de l'acte III.

C'est là ce qu'on appelle un ouvrage achevé ;
Surtout l'*Anneau royal* me semble bien trouvé.
Son sujet est conduit d'une belle manière,
Et chaque acte en sa pièce est une pièce entière (1).
Je ne puis plus souffrir ce que les autres font.
— Il est vrai que Quinault est un esprit profond,
A repris certain fat qu'à sa mine discrète
Et son maintien jaloux j'ai reconnu poëte;
Mais il en est pourtant qui le pourraient valoir.
— Ma foi, ce n'est pas vous qui nous le ferez voir,
A dit mon campagnard avec une voix claire,
Et déjà tout bouillant de vin (2) et de colère.
— Peut-être, a dit l'auteur pâlissant de courroux :
Mais vous, pour en parler, vous y connaissez-vous ?
— Mieux que vous mille fois, dit le noble en furie.
— Vous ? Mon Dieu ! mêlez-vous de boire, je vous prie,
A l'auteur sur-le-champ aigrement reparti.
— Je suis donc un sot, moi ? Vous en avez menti, »
Reprend le campagnard ; et, sans plus de langage,
Lui jette, pour défi, son assiette au visage.
L'autre esquive le coup, et l'assiette volant
S'en va frapper le mur, et revient en roulant.
A cet affront, l'auteur, se levant de la table,
Lance à mon campagnard un regard effroyable;
Et, chacun vainement se ruant entre deux,
Nos braves s'accrochant se prennent aux cheveux.
Aussitôt sous leurs pieds les tables renversées
Font voir un long débris de bouteilles cassées :
En vain à lever tout les valets sont fort prompts,
Et les ruisseaux de vin coulent aux environs.
   Enfin, pour arrêter cette lutte barbare,
De nouveau l'on s'efforce, on crie, on les sépare;
Et, leur première ardeur passant en un moment,
On a parlé de paix et d'accommodement.
Mais tandis qu'à l'envi tout le monde y conspire,

---

(1) Une des premières règles du théâtre est qu'il ne faut qu'une action pour le sujet d'une pièce dramatique; et cette action doit être non-seulement complète, mais continuée jusqu'à la fin.

(2) Regnier :
   Le pédant, *tout fumeux de vin et de doctrine.*

J'ai gagné doucement la porte sans rien dire,
Avec un bon serment que, si pour l'avenir
En pareille cohue on me peut retenir,
Je consens de bon cœur, pour punir ma folie,
Que tous les vins pour moi deviennent vins de Brie (1),
Qu'à Paris le gibier manque tous les hivers,
Et qu'à peine au mois d'août l'on mange des pois verts.

SATIRE IV.

A M. L'ABBÉ LE VAYER.

LES FOLIES HUMAINES.

1664.

Boileau prit l'idée de cette satire d'une conversation qu'il eut avec l'abbé Le Vayer et Molière, et dans laquelle on prouva par divers exemples que *tous les hommes sont fous, et que chacun croit néanmoins être sage tout seul.*

D'où vient, cher Le Vayer (2), que l'homme le moins
Croit toujours seul avoir la sagesse en partage,   [sage
Et qu'il n'est point de fou qui, par belles raisons,
Ne loge son voisin aux Petites-Maisons (3)?
 Un pédant enivré de sa vaine science,
Tout hérissé de grec, tout bouffi d'arrogance,
Et qui, de mille auteurs retenus mot pour mot,

---

(1) Les vins de la province de Brie sont si mauvais qu'ils ont passé en proverbe.
(2) Fils de la Mothe Le Vayer, historiographe de France, conseiller d'État, précepteur de Monsieur, Philippe de France, frère de Louis XIV.
(3) Hôpital de Paris, où l'on renfermait les fous dans de petites cellules ou *maisons* séparées. C'est aujourd'hui l'*Hospice des Ménages*.

Dans sa tête entassés, n'a souvent fait qu'un sot,
Croit qu'un livre fait tout, et que, sans Aristote (1),
La raison ne voit goutte et le bon sens radote.

   D'autre part un galant, de qui tout le métier
Est de courir le jour de quartier en quartier,
Et d'aller, à l'abri d'une perruque blonde,
De ses froides douceurs fatiguer le beau monde,
Condamne la science, et, blâmant tout écrit,
Croit qu'en lui l'ignorance est un titre d'esprit ;
Que c'est des gens de cour le plus beau privilége,
Et renvoie un savant dans le fond d'un collége.

   Un bigot orgueilleux, qui, dans sa vanité,
Croit duper jusqu'à Dieu par son zèle affecté,
Couvrant tous ses défauts d'une sainte apparence,
Damne tous les humains, de sa pleine puissance.

   Un libertin (2) d'ailleurs, qui, sans âme et sans foi,
Se fait de son plaisir une suprême loi,
Tient que ces vieux propos de démons et de flammes
Sont bons pour étonner des enfants et des femmes ;
Que c'est s'embarrasser de soucis superflus,
Et qu'enfin tout dévot a le cerveau perclus.

   En un mot, qui voudrait épuiser ces matières,
Peignant de tant d'esprits les diverses manières,
Il (3) compterait plutôt combien, dans un printemps,
Guenaud et l'antimoine ont fait mourir de gens (4).
N'en déplaise à ces fous nommés sages de Grèce,
En ce monde il n'est point de parfaite sagesse :
Tous les hommes sont fous, et, malgré tous leurs soins,
Ne diffèrent entre eux que du plus ou du moins.
Comme on voit qu'en un bois (5) que cent routes séparent,

---

  (1) Auteur d'ouvrages qui ont eu longtemps dans les écoles une autorité superstitieuse, contre laquelle protesta Boileau.
  (2) Mot qui signifiait alors incrédule, esprit-fort.
  (3) *Qui... il*, faute grammaticale.
  (4) Dans le temps que cette satire fut composée, la dispute des médecins au sujet de *l'antimoine* était dans sa plus vive chaleur. *Guenaud*, médecin de la reine, était à la tête de ceux qui approuvaient l'usage de ce minéral.
  (5) Horace, liv. II, sat. III, v. 48 :

        .... *Velut silvis, ubi passim*
    Palantes error certo de tramite pellit ;

Les voyageurs sans guide assez souvent s'égarent,
L'un à droit (1), l'autre à gauche, et, courant vainement,
La même erreur les fait errer diversement :
Chacun suit dans le monde une route incertaine,
Selon que son erreur le joue et le promène ;
Et tel y fait l'habile, et nous traite de fous,
Qui, sous le nom de sage, est le plus fou de tous.
Mais, quoi que sur ce point la satire publie,
Chacun veut en sagesse ériger sa folie ;
Et, se laissant régler à son esprit tortu,
De ses propres défauts se fait une vertu.
Ainsi, cela soit dit pour qui veut se connaître,
Le plus sage est celui qui ne pense point l'être ;
Qui, toujours pour un autre enclin vers la douceur,
Se regarde soi-même en sévère censeur,
Rend à tous ses défauts une exacte justice,
Et fait sans se flatter le procès à son vice.
Mais chacun pour soi-même est toujours indulgent.
　　Un avare, idolâtre et fou de son argent,
Rencontrant la disette au sein de l'abondance,
Appelle sa folie une rare prudence,
Et met toute sa gloire et son souverain bien
A grossir un trésor qui ne lui sert de rien (2).
Plus il le voit accru, moins il en sait l'usage (3).
　　Sans mentir, l'avarice est une étrange rage,
Dira cet autre fou, non moins privé de sens,
Qui jette, furieux, son bien à tous venants,
Et dont l'âme inquiète, à soi-même importune,
Se fait un embarras de sa bonne fortune (4).
Qui des deux en effet est le plus aveuglé ?
　　L'un et l'autre, à mon sens, ont le cerveau troublé,

Ille sinistrorsum, hic dextrorsum abit : unus utrique
Error, sed variis illudit partibus.

(1) *A droit,* sous-entendu *côté,* comme *main,* dans *à droite ;* locution usitée au xviie siècle, mais qui ne l'est plus.

(2) Hor., liv. II, sat. III, v. 109 :
　　Qui nummos aurumque recondit, nescius uti
　　Compositis, metuensque velut contingere sacrum

(3) Hor., liv. I, sat. I, v. 73 :
　　Nescis quo valeat nummus, quem præbeat usum ?

(4) Hor. ;
　　Segnis ego, indignus qui tantum possideam.

Répondra chez Fredoc (1) ce marquis sage et prude,
Et qui, sans cesse au jeu dont il fait son étude,
Attendant son destin d'un quatorze ou d'un sept,
Voit sa vie ou sa mort sortir de son cornet.
Que si d'un sort fâcheux la maligne inconstance
Vient par un coup fatal faire tourner la chance,
Vous le verrez bientôt, les cheveux hérissés,
Et les yeux vers le ciel de fureur élancés,
Ainsi qu'un possédé que le prêtre exorcise,
Fêter dans ses serments tous les saints de l'Église.
Qu'on le lie, ou je crains, à son air furieux,
Que ce nouveau Titan n'escalade les cieux.

Mais laissons-le plutôt en proie à son caprice :
Sa folie aussi bien lui tient lieu de supplice.
Il est d'autres erreurs dont l'aimable poison
D'un charme bien plus doux enivre la raison :
L'esprit dans ce nectar heureusement s'oublie.

Chapelain (2) veut rimer, et c'est là sa folie.
Mais, bien que ses durs vers, d'épithètes enflés,
Soient des moindres grimauds (3) chez Ménage sifflés,
Lui-même il s'applaudit, et, d'un esprit tranquille,
Prend le pas au Parnasse, au-dessus de Virgile.
Que ferait-il, hélas ! si quelque audacieux
Allait, pour son malheur, lui dessiller les yeux,
Lui faisant voir ses vers et sans force et sans grâces,
Montés sur deux grands mots, comme sur deux échas-
Ces termes sans raison l'un de l'autre écartés,   [ses (4);

(1) Qui tenait une académie de jeu très-fréquentée en ce temps-là.
(2) Chapelain, avant que son poëme de la *Pucelle* fût imprimé, passait pour le premier poëte du siècle. L'impression gâta tout.
(3) Écoliers des basses classes, et, au figuré, hommes peu instruits, juges imbéciles. Tous les mercredis, l'abbé Ménage tenait chez lui une assemblée où allaient beaucoup de petits esprits.
(4) Dans le poëme de Chapelain on trouve plusieurs vers composés de deux grands mots, dont chacun remplit la moitié du vers. Boileau, pour se moquer de ces mots gigantesques, citait ordinairement ce vers de Chapelain :

> *De ce sourcilleux roc*
> *L'inébranlable cime ;*

et il disposait ce vers comme il est ici à côté. Dans cette disposition, il semble que le mot *roc* soit monté sur des échasses, qui sont *sourcilleux* et *inébranlable*.

ROC
De ce sourcilleux l'inébranlable cime.

Et ces froids ornements à la ligne plantés ?
Qu'il maudirait le jour où son âme insensée
Perdit l'heureuse erreur qui charmait sa pensée !
  La raison bien souvent, au milieu des plaisirs,
D'un remords importun vient brider nos désirs.
La fâcheuse a pour nous des rigueurs sans pareilles (1) ;
C'est un pédant qu'on a sans cesse à ses oreilles,
Qui toujours nous gourmande ; et, loin de nous toucher,
Souvent, comme Joly (2), perd son temps à prêcher.
En vain certains rêveurs nous l'habillent en reine,
Veulent sur tous nos sens la rendre souveraine,
Et, s'en formant en terre une divinité,
Pensent aller par elle à la félicité.
C'est elle, disent-ils, qui nous montre à bien vivre.
Ces discours, il est vrai, sont fort beaux dans un livre :
Je les estime fort ; mais je trouve en effet
Que le plus fou souvent est le plus satisfait.

SATIRE V.

A M. LE MARQUIS DE DANGEAU.

LA NOBLESSE.

1665.

Boileau fait voir que la véritable noblesse consiste dans la vertu, indépendamment de la naissance. Juvénal a traité la même matière dans sa satire VII.

La noblesse, Dangeau (3), n'est pas une chimère,
quand, sous l'étroite loi d'une vertu sévère,

(1) Malherbe avait dit de la Mort :
  La Mort a des rigueurs à nulle autre pareilles.
(2) Prédicateur fameux qui était extrêmement touchant et pathétique. On estimait surtout ses prônes.
(3) Philippe de Courcillon, marquis de Dangeau, descendait, par sa mère, de Duplessis-Mornay, qui joua un grand rôle sous Henri IV. Il a laissé des *Mémoires* assez curieux.

Un homme, issu d'un sang fécond en demi-dieux (1),
Suit, comme toi, la trace où marchaient ses aïeux.
  Mais je ne puis souffrir qu'un fat, dont la mollesse
N'a rien pour s'appuyer qu'une vaine noblesse,
Se pare insolemment du mérite d'autrui,
Et me vante un honneur qui ne vient pas de lui (2).
Je veux que la valeur de ses aïeux antiques
Ait fourni de matière (3) aux plus vieilles chroniques,
Et que l'un des Capets, pour honorer leur nom,
Ait de trois fleurs de lis doté leur écusson (4) :
Que sert ce vain amas d'une inutile gloire,
Si, de tant de héros célèbres dans l'histoire,
Il ne peut rien offrir aux yeux de l'univers
Que de vieux parchemins qu'ont épargnés les vers?
Si, tout sorti qu'il est d'une source divine,
Son cœur dément en lui sa superbe origine,
Et, n'ayant rien de grand qu'une sotte fierté,
S'endort dans une lâche et molle oisiveté?
Cependant, à le voir avec tant d'arrogance
Vanter le faux éclat de sa haute naissance,
On dirait que le ciel est soumis à sa loi,
Et que Dieu l'a pétri d'autre limon que moi.
Enivré de lui-même, il croit, dans sa folie,
Qu'il faut que devant lui d'abord tout s'humilie.
Aujourd'hui toutefois, sans trop le ménager,
Sur ce ton un peu haut je vais l'interroger :
  Dites-moi, grand héros, esprit rare et sublime (5).

(1) Ici, *héros, grand de l'État*, etc.
(2) Sén., *Hercule furieux*, II, 340.
            Qui genus jactat suum
    Aliena laudat.
(3) Il faudrait, *fournir matière* ou *de la matière*.
(4) Philippe-Auguste ayant été renversé de cheval à la bataille de Bouvines, Déodat ou Dieudonné d'Estaing, l'un des vingt-quatre chevaliers commis à la garde de la personne royale, aida ce prince à se tirer du péril où il était, et sauva aussi l'écu du roi, sur lequel étaient peintes ses armes. En récompense d'un service si important, le roi lui permit de porter les armes de France.
(5) Ce vers et les neuf suivants sont imités de Juvénal, sat. VIII, v. 35, etc.
    Dic mihi, Teucrorum proles, etc.
              Nempe volucrem

Entre tant d'animaux, qui sont ceux qu'on estime?
On fait cas d'un coursier qui, fier et plein de cœur,
Fait paraître en courant sa bouillante vigueur ;
Qui jamais ne se lasse, et qui dans la carrière
S'est couvert mille fois d'une noble poussière :
Mais la postérité d'Alfane (1) et de Bayard (2),
Quand ce n'est qu'une rosse, est vendue au hasard,
Sans respect des aïeux dont elle est descendue,
Et va porter la malle ou tirer la charrue.
Pourquoi donc voulez-vous que, par un sot abus,
Chacun respecte en vous un honneur qui n'est plus?
On ne m'éblouit point d'une apparence vaine :
La vertu, d'un cœur noble est la marque certaine (3).
Si vous êtes sorti de ces héros fameux,
Montrez-nous cette ardeur qu'on vit briller en eux,
Ce zèle pour l'honneur, cette horreur pour le vice.
Respectez-vous les lois? fuyez-vous l'injustice (4)?
Savez-vous pour la gloire oublier le repos,
Et dormir en plein champ le harnois sur le dos?
Je vous connais pour noble à ces illustres marques (5).
Alors soyez issu des plus fameux monarques (6).

> *Sic laudamus equum, facili cui plurima palma*
> *Fervet, et exsultat rauco victoria circo :*
> *Nobilis hic, quocumque venit de gramine, cujus*
> *Clara fuga ante alios, et primus in æquore pulvis...*
> *Sed venale pecus Corythæ posteritas, et*
> *Hirpini si rara jugo victoria sedit,*
> *Nil ibi majorum respectus : gratia nulla*
> *Umbrarum : dominos pretiis mutare jubentur*
> *Exiguis, tritoque trahunt epirhedia collo.*

(1) Cheval du géant Gradasse, qui vint du fond de la Séricane pour conquérir l'épée de Renaud de Montauban.

(2) Cheval de ce même Renaud, l'aîné et le plus vaillant des quatre fils Aymon.

(3) Juv., sat. VIII, v. 18 :
 ....*Nobilitas sola est atque unica virtus.*

(4) Juv., ib., v. 23 :
 ....*Sanctus haberi,*
 Justitiæque tenax factis dictisque mereris?

(5) Juv., ib., v. 25 :
 Agnosco procerem ! Salve, Gætulice....

(6) Juv., ib., v. 29 :
 Tunc licet a Pico numeres genus....

LA NOBLESSE.

Venez de mille aïeux ; et, si ce n'est assez,
Feuilletez à loisir tous les siècles passés (1) ;
Voyez de quel guerrier il vous plaît de descendre ;
Choisissez de César, d'Achille ou d'Alexandre :
En vain un faux censeur voudrait vous démentir,
Et, si vous n'en sortez, vous en devez sortir.
Mais fussiez-vous issu d'Hercule en droite ligne,
Si vous ne faites voir qu'une bassesse indigne,
Ce long amas d'aïeux que vous diffamez tous
Sont autant de témoins qui parlent contre vous (2) ;
Et tout ce grand éclat de leur gloire ternie
Ne sert plus que de jour à votre ignominie.
En vain, tout fier d'un sang que vous déshonorez,
Vous dormez à l'abri de ces noms révérés ;
En vain vous vous couvrez des vertus de vos pères :
Ce ne sont à mes yeux que de vaines chimères ;
Je ne vois rien en vous qu'un lâche, un imposteur,
Un traître, un scélérat, un perfide, un menteur,
Un fou dont les accès vont jusqu'à la furie,
Et d'un tronc fort illustre une branche pourrie.
  Que maudit soit le jour où cette vanité
Vint ici de nos mœurs souiller la pureté !
Dans les temps bienheureux du monde en son enfance,
Chacun mettait sa gloire en sa seule innocence ;
Chacun vivait content, et, sous d'égales lois,
Le mérite y faisait la noblesse et les rois ;
Et, sans chercher l'appui d'une naissance illustre,
Un héros de soi-même empruntait tout son lustre.
Mais enfin par le temps le mérite avili
Vit l'honneur en roture, et le vice ennobli (3) :
Et l'orgueil, d'un faux titre appuyant sa faiblesse,
Maîtrisa les humains sous le nom de noblesse.
De là vinrent en foule et marquis (4) et barons (5) :

---

(1) Hor., liv. I, sat. III, v. 112 :
  Tempora si fastosque velis evolvere mundi....
(2) Juv., sat. III, v. 136 :
  *Incipit ipsorum contra te stare parentum
  Nobilitas, claramque facem præferre pudendis.*
(3) Il faudrait *anobli.*
(4) De *marchisus,* défenseur des marches ou frontières.
(5) De *baro,* homme fort.

SATIRE V.

Chacun pour ses vertus n'offrit plus que des noms.
Aussitôt maint esprit, fécond en rêveries,
Inventa le blason (1) avec les armoiries (2);
De ses termes obscurs fit un langage à part,
Composa tous ces mots de *Cimier* (3) et d'*Écart* (4),
De *Pal* (5), de *Contre-Pal* (6), de *Lambel* (7) et de *Fasce* (8),
Et tout ce que Segoing (9) dans son Mercure entasse.
Une vaine folie enivrant la raison,
L'honneur triste et honteux ne fut plus de saison.
Alors, pour soutenir son rang et sa naissance,
Il fallut étaler le luxe et la dépense;
Il fallut habiter un superbe palais,
Faire par les couleurs distinguer ses valets;
Et, traînant en tous lieux de pompeux équipages,
Le duc et le marquis se reconnut aux pages (10).
   Bientôt, pour subsister, la noblesse sans bien
Trouva l'art d'emprunter, et de ne rendre rien;
Et, bravant des sergents la timide cohorte,
Laissa le créancier se morfondre à sa porte.
Mais, pour comble, à la fin, le marquis en prison,
Sous le faix des procès vit tomber sa maison.
Alors le noble altier, pressé de l'indigence,
Humblement du faquin (11) rechercha l'alliance;
Avec lui trafiquant d'un nom si précieux,
Par un lâche contrat vendit tous ses aïeux;
Et, corrigeant ainsi la fortune ennemie,

---

(1) L'art héraldique, ou science des armoiries.
(2) Armes de famille, peintes ou figurées sur l'écu et sur la cotte d'armes.
(3) Casque au-dessus de l'écu.
(4) Quartier de l'écu.
(5) Pièce perpendiculaire qui traverse l'écu.
(6) Pal divisé en deux.
(7) Sorte de brisure, dans les armes des puînés.
(8) Pièce honorable au milieu de l'écu.
(9) Charles Segoing, avocat, auteur du *Trésor héraldique* ou *Mercure armorial*, imprimé en 1657 à Paris.
(10) En ce temps-là les gentilshommes avaient des pages qui les suivaient. La Fontaine :
   Tout petit prince a des ambassadeurs :
   Tout marquis veut avoir des pages.
(11) De l'italien *facchino*, homme de néant.

Rétablit son honneur à force d'infamie.
　Car, si l'éclat de l'or ne relève le sang,
En vain l'on fait briller la splendeur de son rang;
L'amour de vos aïeux passe en vous pour manie,
Et chacun pour parent vous fuit et vous renie.
Mais, quand un homme est riche, il vaut toujours son prix;
Et, l'eût-on vu porter la mandille (1) à Paris,
N'eût-il de son vrai nom ni titre ni mémoire,
D'Hozier (2) lui trouvera cent aïeux dans l'histoire.
　Toi donc, qui, de mérite et d'honneur revêtu,
Des écueils de la cour as sauvé ta vertu,
Dangeau, qui, dans le rang où notre roi t'appelle (3),
Le vois, toujours orné d'une gloire nouvelle,
Et, plus brillant par soi que par l'éclat des lis,
Dédaigner tous ces rois dans la pourpre amollis;
Fuir d'un honteux loisir la douceur importune;
A ses sages conseils asservir la fortune;
Et, de tout son bonheur ne devant rien qu'à soi,
Montrer à l'univers ce que c'est qu'être roi :
Si tu veux te couvrir d'un éclat légitime,
Va par mille beaux faits mériter son estime;
Sers un si noble maître, et fais voir qu'aujourd'hui
Ton prince a des sujets qui sont dignes de lui.

(1) Espèce de casaque ou de manteau que les laquais portaient autrefois, et même encore dans le temps que cette satire fut écrite. Elle était composée de trois pièces, dont l'une leur pendait sur le dos, et les deux autres sur les épaules.
(2) *Pierre d'Hozier*, généalogiste de la maison du roi, juge-général des armes et blasons de France.
(3) Dangeau fut employé par Louis XIV dans des missions militaires et diplomatiques.

SATIRE VI.

LES EMBARRAS DE PARIS.

1660

Cette satire, composée dans le même temps que la satire première, dont elle faisait partie, est une imitation de la satire III de Juvénal.

Qui frappe l'air, bon Dieu ! de ces lugubres cris !
Est-ce donc pour veiller qu'on se couche à Paris (1) ?
Et quel fâcheux démon, durant les nuits entières,
Rassemble ici les chats de toutes les gouttières ?
J'ai beau sauter du lit, plein de trouble et d'effroi :
Je pense qu'avec eux tout l'enfer est chez moi.
L'un miaule en grondant comme un tigre en furie ;
L'autre roule sa voix comme un enfant qui crie.
Ce n'est pas tout encor : les souris et les rats
Semblent, pour m'éveiller, s'entendre avec les chats.
Plus importuns pour moi, durant la nuit obscure,
Que jamais, en plein jour, ne fut l'abbé de Pure (2).
Tout conspire à la fois à troubler mon repos,
Et je me plains ici du moindre de mes maux.
Car à peine les coqs, commençant leur ramage (3),
Auront de cris aigus frappé le voisinage,
Qu'un affreux serrurier, laborieux Vulcain (4),
Qu'éveillera bientôt l'ardente soif du gain,
Avec un fer maudit, qu'à grand bruit il apprête,

---

(1) Martial, XIII, ép. 57 :
  Dormire quoties libuit, imus ad villam.
(2) Ennuyeux célèbre. BOILEAU. Voy. la note sur le v. 18 de la sat. 2e.
(3) Martial, liv. I, ép. 69 :
  Nondum cristati rupere silentia galli.
(4) Vulcain, dieu du feu, *forgeron de Jupiter.*

De cent coups de marteaux me va fendre la tête.
J'entends déjà partout les charrettes courir (1),
Les maçons travailler, les boutiques s'ouvrir :
Tandis que dans les airs mille cloches émues,
D'un funèbre concert font retentir les nues,
Et, se mêlant au bruit de la grêle et des vents,
Pour honorer les morts, font mourir les vivants.
 Encor je bénirais la bonté souveraine,
Si le ciel à ces maux avait borné ma peine.
Mais si seul en mon lit je peste avec raison,
C'est encor pis vingt fois en quittant la maison :
En quelque endroit que j'aille, il faut fendre la presse (2)
D'un peuple d'importuns qui fourmillent sans cesse.
L'un me heurte d'un ais dont je suis tout froissé ;
Je vois d'un autre coup mon chapeau renversé.
Là, d'un enterrement la funèbre ordonnance (3)
D'un pas lugubre et lent vers l'église s'avance ;
Et plus loin, des laquais l'un l'autre s'agaçants (4),
Font aboyer les chiens et jurer les passants.
Des paveurs en ce lieu me bouchent le passage.
Là, je trouve une croix de funeste présage (5) ;
Et des couvreurs, grimpés au toit d'une maison,
En font pleuvoir l'ardoise et la tuile à foison.

(1) Juv., *ibid.* :
> *Rhedarum transitus arcto*
> *Vicorum in flexu, et stantis convicia mandræ*
> *Eripient somnum Druso.…*

(2) Juv., *ib.*, v. 243 :
> *Properantibus obstat*
> *Unda prior : magno populus premit agmine lumbos*
> *Qui sequitur ; ferit hic cubito, ferit assere duro*
> *Alter : at hic tignum capiti incutit, ille metretam.*

(3) Horace, lib. II, ép. II, v. 78 :
> *Tristia robustis luctantur funera plaustris.*

(4) Ce participe devrait être sans *s*, d'après la règle d'indéclinabilité enseignée par Port-Royal en 1660, et adoptée en 1679 par l'Académie française.

(5) C'est une de ces croix composées de deux lattes attachées au bout d'une corde, que les maçons et les couvreurs sont obligés de suspendre devant les maisons sur lesquelles ils travaillent, afin d'avertir les passants de n'en pas approcher.

Là, sur une charrette une poutre branlante (1)
Vient menaçant de loin la foule qu'elle augmente :
Six chevaux, attelés à ce fardeau pesant,
Ont peine à l'émouvoir sur le pavé glissant.
D'un carrosse en tournant il accroche une roue,
Et du choc le renverse en un grand tas de boue :
Quand un autre à l'instant s'efforçant de passer,
Dans le même embarras se vient embarrasser.
Vingt carrosses bientôt, arrivant à la file,
Y sont en moins de rien suivis de plus de mille ·
Et, pour surcroît de maux, un sort malencontreux
Conduit en cet endroit un grand troupeau de bœufs.
Chacun prétend passer : l'un mugit, l'autre jure ;
Des mulets en sonnant augmentent le murmure.
Aussitôt cent chevaux, dans la foule appelés,
De l'embarras qui croît ferment les défilés ;
Et partout, des passants enchaînant les brigades,
Au milieu de la paix font voir les barricades (2).
On n'entend que des cris poussés confusément :
Dieu, pour s'y faire ouïr, tonnerait vainement.
Moi donc, qui dois souvent en certain lieu me rendre,
Le jour déjà baissant, et qui suis las d'attendre,
Ne sachant plus tantôt à quel saint me vouer,
Je me mets au hasard de me faire rouer.
Je saute vingt ruisseaux, j'esquive, je me pousse :
Guenaud (3) sur son cheval en passant m'éclabousse ;
Et, n'osant plus paraître en l'état où je suis,
Sans songer où je vais, je me sauve où je puis.
Tandis que dans un coin en grondant je m'essuie,
Souvent, pour m'achever, il survient une pluie :

(1) Juv., *ib.*, v 254 :
> *Modo longa coruscat,*
> *Sarraco veniente, abies, atque altera pinum*
> *Plaustra vehunt : nutant alte populoque minantur.*

Et Horace, liv. II, ép. II :
> *Torquet nunc lapidem, nunc ingens machina tignum.*

(2) Allusion aux barricades qui se firent à Paris le 2e août 1648, pendant la guerre de la Fronde.

(3) Guenaud (p. 28) était vu souvent à cheval, et l'on disait ordinairement *Guenaud et son cheval*.

On dirait que le ciel, qui se fond tout en eau (1),
Veuille inonder ces lieux d'un déluge nouveau.
Pour traverser la rue, au milieu de l'orage,
Un ais sur deux pavés forme un étroit passage ;
Le plus hardi laquais n'y marche qu'en tremblant :
Il faut pourtant passer sur ce pont chancelant ;
Et les nombreux torrents qui tombent des gouttières,
Grossissant les ruisseaux, en ont fait des rivières.
J'y passe en trébuchant ; mais, malgré l'embarras,
La frayeur de la nuit précipite mes pas.

 Car sitôt que du soir les ombres pacifiques (2)
D'un double cadenas font fermer les boutiques ;
Que, retiré chez lui, le paisible marchand
Va revoir ses billets et compter son argent ;
Que dans le Marché-Neuf (3) tout est calme et tranquille,
Les voleurs à l'instant s'emparent de la ville (4).
Le bois le plus funeste et le moins fréquenté
Est, au prix de Paris, un lieu de sûreté.
Malheur donc à celui qu'une affaire imprévue
Engage un peu trop tard au détour d'une rue !
Bientôt quatre bandits lui serrant les côtés :
La bourse !... Il faut se rendre (5), ou bien non, résistez,
Afin que votre mort, de tragique mémoire,
Des massacres fameux aille grossir l'histoire.
Pour moi, fermant ma porte, et cédant au sommeil,
Tous les jours je me couche avecque (6) le soleil.

 (1) Virg., *Georg.*, I, 324 : *Ruit arduus æther.*
 (2) Juv., *ib.*, v. 302 :
> *Nam, qui spoliet te,*
> *Non decrit, clausis domibus postquam omnis ubique*
> *Fixa catenatæ siluit compago tabernæ.*

 (3) Place de Paris destinée à tenir le marché, entre le pont Saint-Michel et le petit pont de l'Hôtel-Dieu.
 (4) Les dangers étaient alors d'autant plus grands qu'il n'y avait point encore de lanternes dans les rues, et que la garde de nuit était moins forte qu'à présent. Juv., *ib.*, v. 308 :
> *Huc omnes, tanquam ad vivaria, currunt.*

 (5) Juv., *ib.*, v. 290 :
> *Stat contra, starique jubet : parere necesse est.*
> *Nam quid agas, quum te furiosus coget, et idem*
> *Fortior ?*

 (6) Pour *avec*, licence poétique usitée alors.

SATIRE VI. LES EMBARRAS DE PARIS.

Mais en ma chambre à peine ai-je éteint la lumière,
Qu'il ne m'est plus permis de fermer la paupière.
Des filous effrontés, d'un coup de pistolet,
Ébranlent ma fenêtre et percent mon volet;
J'entends crier partout : Au meurtre! on m'assassine!
Ou : Le feu vient de prendre à la maison voisine!
Tremblant et demi-mort, je me lève à ce bruit,
Et souvent sans pourpoint (1) je cours toute la nuit :
Car le feu, dont la flamme en ondes se déploie,
Fait de notre quartier une seconde Troie,
Où maint Grec affamé, maint avide Argien,
Au travers des charbons va piller le Troyen.
Enfin sous mille crocs la maison abîmée
Entraîne aussi le feu qui se perd en fumée.
  Je me retire donc, encor pâle d'effroi;
Mais le jour est venu quand je rentre chez moi.
Je fais pour reposer un effort inutile :
Ce n'est qu'à prix d'argent qu'on dort en cette ville (2).
Il faudrait, dans l'enclos d'un vaste logement,
Avoir loin de la rue un autre appartement.
  Paris est pour un riche un pays de Cocagne (3) :
Sans sortir de la ville, il trouve la campagne.
Il peut dans son jardin, tout peuplé d'arbres verts,
Recéler le printemps au milieu des hivers;
Et, foulant le parfum de ses plantes fleuries,
Aller entretenir ses douces rêveries.
  Mais moi, grâce au destin, qui n'ai ni feu ni lieu,
Je me loge où je puis, et comme il plaît à Dieu.

---

  (1) On appelait ainsi la partie de l'habillement qui couvrait le corps depuis le cou jusque vers la ceinture.
  (2) Juv., sat. III, 235 : *Magnis opibus dormitur in urbe*.
  (3) Pays imaginaire, où les habitants vivent dans une heureuse abondance sans rien faire.

SATIRE VII.

LE GENRE SATIRIQUE.

1663.

L'auteur délibère avec sa Muse s'il doit continuer à composer des satires; mais comme son génie l'entraîne de ce côté-là, il se détermine à suivre son inclination. Horace lui a fourni cette idée dans la satire I du liv. II.

MUSE, changeons de style et quittons la satire;
C'est un méchant métier que celui de médire;
A l'auteur qui l'embrasse il est toujours fatal:
Le mal qu'on dit d'autrui ne produit que du mal (1).
Maint (2) poëte, aveuglé d'une telle manie,
En courant à l'honneur, trouve l'ignominie;
Et tel mot, pour avoir réjoui le lecteur,
A coûté bien souvent des larmes à l'auteur.
   Un éloge ennuyeux, un froid panégyrique,
Peut pourrir à son aise au fond d'une boutique,
Ne craint point du public les jugements divers,
Et n'a pour ennemis que la poudre et les vers;
Mais un auteur malin qui rit et qui fait rire,
Qu'on blâme en le lisant, et pourtant qu'on veut lire,
Dans ses plaisants accès qui se croit tout permis,
De ses propres rieurs se fait des ennemis.
Un discours trop sincère aisément nous outrage:
Chacun dans ce miroir pense voir son visage;
Et tel, en vous lisant, admire chaque trait,
Qui dans le fond de l'âme et vous craint et vous hait (3).

---

(1) Martial, II, ép. 22:
    Ecce nocet vati musa jocosa suo.

(2) Ce mot, qui signifie *plusieurs*, n'est plus en usage qu'en certaines poésies.

(3) Hor., liv. II, sat. I, v. 23:
    Quum sibi quisque timet, quanquam est intactus, et odit.

Muse, c'est donc en vain que la main vous démange ;
S'il faut rimer ici, rimons quelque louange (1);
Et cherchons un héros, parmi cet univers,
Digne de notre encens et digne de nos vers.
Mais à ce grand effort en vain je vous anime :
Je ne puis pour louer rencontrer une rime (2).
Dès que j'y veux rêver, ma veine est aux abois.
J'ai beau frotter mon front, j'ai beau mordre mes doigts,
Je ne puis arracher du creux de ma cervelle
Que des vers plus forcés que ceux de la Pucelle (3).
Je pense être à la gène (4), et, pour un tel dessein,
La plume et le papier résistent à ma main.
Mais quand il faut railler, j'ai ce que je souhaite.
Alors, certes, alors je me connais poëte :
Phébus, dès que je parle, est prêt à m'exaucer ;
Les mots viennent sans peine, et courent se placer.
Faut-il peindre un fripon fameux dans cette ville ?
Ma main, sans que j'y rêve, écrira Raumaville (5).
Faut-il d'un sot parfait montrer l'original ?
Ma plume au bout du vers d'abord trouve Sofal (6).
Je sens que mon esprit travaille de génie.
Faut-il d'un froid rimeur dépeindre la manie ?
Mes vers, comme un torrent, coulent sur le papier ;
Je rencontre à la fois Perrin (7) et Pelletier (8),
Bonnecorse (9), Pradon (10), Colletet (11), Titreville ;

(1) Hor., *ib.* :
.:..*Si tantus amor scribendi te rapit, aude
Cæsaris invicti res dicere.*

(2) Hor., *ib.* :
....*Cupidum, pater optime, vires
Deficiunt.*

(3) Voy. plus haut, p. 29.

(4) A la torture; autrefois *gehenne*, de *gehenna*, enfer, et par métaphore, tourment, torture, question.

(5) Altération de *Sommaville*, libraire de ce temps.

(6) Pour *Sauval*, auteur des *Antiquités de la ville de Paris*.

(7) Auteur d'une pitoyable traduction en vers de l'Énéide.

(8) Voy. plus haut.

(9) Mauvais rimeur, auteur de la *Montre d'amour*. Il chercha une vengeance dans le *Lutrigot*, parodie du *Lutrin* de Boileau.

(10) Rimeur pitoyable qui, après sa *Phèdre* (1674), se crut l'égal au moins de Racine.

(11) Voy. plus haut. — Titreville n'est connu que par ce trait de satire.

Et, pour un que je veux, j'en trouve plus de mille
Aussitôt je triomphe, et ma Muse en secret
S'estime et s'applaudit du beau coup qu'elle a fait.
C'est en vain qu'au milieu de ma fureur extrême
Je me fais quelquefois des leçons à moi-même ;
En vain je veux au moins faire grâce à quelqu'un :
Ma plume aurait regret d'en épargner aucun ;
Et sitôt qu'une fois la verve me domine,
Tout ce qui s'offre à moi passe par l'étamine (1).
Le mérite pourtant m'est toujours précieux ;
Mais tout fat me déplaît et me blesse les yeux :
Je le poursuis partout, comme un chien fait sa proie,
Et ne le sens jamais qu'aussitôt je n'aboie (2).
Enfin, sans perdre temps en de si vains propos,
Je sais coudre une rime au bout de quelques mots ;
Souvent j'habille en vers une maligne prose :
C'est par là que je vaux, si je vaux quelque chose.
Ainsi, soit que bientôt, par une dure loi (3),
La mort d'un vol affreux vienne fondre sur moi,
Soit que le ciel me garde un cours long et tranquille,
A Rome ou dans Paris, aux champs ou dans la ville,
Dût ma Muse par là choquer tout l'univers,
Riche, gueux, triste ou gai, je veux faire des vers.

    Pauvre esprit, dira-t-on, que je plains ta folie !
Modère ces bouillons de ta mélancolie,
Et garde qu'un de ceux que tu penses blâmer
N'éteigne dans ton sang cette ardeur de rimer.

    Hé quoi ! lorsque autrefois Horace, après Lucile (4),
Exhalait en bons mots les vapeurs de sa bile,

---

(1) Étoffe mince, non croisée, de laine ou de soie, dont on se sert pour passer et clarifier les liqueurs ; par métaphore, examen minutieux.

(2) Hor., ib., v. 85 :
Si quis
Opprobriis dignum latraverit...

(3) Ce vers et les dix-sept suiv. sont imités d'Hor., ib., v. 57-70 :
Seu me tranquilla senectus
Exspectat, seu mors atris circumvolat alis, etc.

(4) Hor., ib., v. 6 :
.....Quid ? quum est Lucilius ausus
Detrahere et pellem, nitidus qua quisque per ora
Cederet....

Et, vengeant la vertu par des traits éclatants,
Allait ôter le masque aux vices de son temps;
Ou bien quand Juvénal, de sa mordante plume
Faisant couler des flots de fiel et d'amertume,
Gourmandait en courroux tout le peuple latin,
L'un ou l'autre fit-il une tragique fin?
Et que craindre, après tout, d'une fureur si vaine?
Personne ne connaît ni mon nom ni ma veine (1).
On ne voit point mes vers, à l'envi de Montreuil (2),
Grossir impunément les feuillets d'un recueil (3).
A peine quelquefois je me force à les lire (4),
Pour plaire à quelque ami que charme la satire,
Qui me flatte peut-être, et, d'un air imposteur,
Rit tout haut de l'ouvrage, et tout bas de l'auteur.
Enfin, c'est mon plaisir; je me veux satisfaire;
Je ne puis bien parler, et ne saurais me taire;
Et, dès qu'un mot plaisant vient luire à mon esprit,
Je n'ai point de repos qu'il ne soit en écrit :
Je ne résiste point au torrent qui m'entraîne.
  Mais c'est assez parlé (5) : prenons un peu d'haleine;
Ma main, pour cette fois, commence à se lasser.
Finissons. Mais demain, Muse, à recommencer.

---

(1) Boileau n'avait encore rien fait imprimer.
(2) Ou plutôt *Montereul*, auteur de poésies qu'il insérait dans tous les recueils de ce temps.
(3) Hor., *ib.*:
  Nulla taberna meos habeat, neque pila libellos.
(4) Hor., *ib.*:
  *Non recitem cuiquam, nisi amicis, idque coactus
  Non ubivis, coramve quibuslibet.*
(5) Par écrit, ou *écrit*; autrement, la main n'aurait pas lieu de se lasser de parler.

SATIRE VIII.

A M. MOREL,
DOCTEUR DE SORBONNE.

L'HOMME.

1667.

Cette satire, que l'auteur nommait la satire de l'homme, est tout à fait dans le goût de Perse, et marque un philosophe chagrin qui ne peut souffrir les vices des hommes.

DE tous les animaux qui s'élèvent dans l'air,
Qui marchent sur la terre ou nagent dans la mer,
De Paris au Pérou, du Japon jusqu'à Rome,
Le plus sot animal, à mon avis, c'est l'homme.
   Quoi! dira-t-on d'abord, un ver, une fourmi,
Un insecte rampant qui ne vit qu'à demi,
Un taureau qui rumine, une chèvre qui broute, [doute.
Ont l'esprit mieux tourné que n'a l'homme? — Oui, sans
Ce discours te surprend, docteur, je l'aperçoi (1).
L'homme, de la nature est le chef et le roi :
Bois, prés, champs, animaux, tout est pour son usage;
Et lui seul a, dis-tu, la raison en partage.
Il est vrai, de tout temps la raison fut son lot ;
Mais de là je conclus que l'homme est le plus sot.
   Ces propos, diras-tu, sont bons dans la satire,
Pour égayer d'abord un lecteur qui veut rire;
Mais il faut les prouver. En forme (2). — J'y consens.
Réponds-moi donc, docteur, et mets-toi sur les bancs.

---

(1) Licence poétique pour *aperçois*.
(2) L'*in forma* des scolastiques, au commencement d'une argumentation serrée.

Qu'est-ce que la sagesse? Une égalité d'âme
Que rien ne peut troubler, qu'aucun désir n'enflamme,
Qui marche en ses conseils à pas plus mesurés
Qu'un doyen (1) au palais ne monte les degrés.
Or, cette égalité dont se forme le sage,
Qui jamais moins que l'homme en a connu l'usage?
La fourmi (2), tous les ans traversant les guérets,
Grossit ses magasins des trésors de Cérès;
Et dès que l'aquilon, ramenant la froidure,
Vient de ses noirs frimas attrister la nature,
Cet animal, tapi dans son obscurité,
Jouit l'hiver des biens conquis durant l'été.
Mais on ne la voit point, d'une humeur inconstante,
Paresseuse au printemps, en hiver diligente,
Affronter en plein champ les fureurs de janvier,
Ou demeurer oisive au retour du Bélier (3).
Mais l'homme, sans arrêt dans sa course insensée (4),
Voltige incessamment de pensée en pensée:
Son cœur, toujours flottant entre mille embarras,
Ne sait ni ce qu'il veut, ni ce qu'il ne veut pas;
Ce qu'un jour il abhorre, en l'autre il le souhaite...
Voilà l'homme en effet: il va du blanc au noir;
Il condamne au matin ses sentiments du soir.
Importun à tout autre, à soi-même incommode,
Il change à tous moments d'esprit comme de mode:
Il tourne au moindre vent, il tombe au moindre choc:

---

(1) On appelle doyen le plus ancien en réception dans un corps, dans une compagnie. Il s'agit ici du doyen du parlement.

(2) Hor., liv. I, sat. I, v. 33:

Parvula (nam exemplo est) magni formica laboris
Ore trahit quodcumque potest, atque addit acervo
Quem struit.
Quæ, simul inversum contristat Aquarius annum,
Non usquam prorepit, et illis utitur ante
Quæsitis sapiens.

(3) C.-à-d. au retour du printemps, car le printemps commence quand le soleil entre dans le signe du Bélier.

(4) Hor., liv. I, ép. I, v. 98:

...Quid, mea quum pugnat sententia secum?
Quod petiit, spernit; repetit quod nuper omisit.
Æstuat, et vitæ disconvenit ordine toto.

L'HOMME.

Aujourd'hui dans un casque, et demain dans un froc (1).
   Cependant, à le voir, plein de vapeurs légères,
Soi-même se bercer de ses propres chimères,
Lui seul de la nature est la base et l'appui,
Et le dixième ciel (2) ne tourne que pour lui.
De tous les animaux il est, dit-il, le maître. —
Qui pourrait le nier? poursuis-tu. — Moi, peut-être.
Mais, sans examiner si vers les antres sourds
L'ours a peur du passant, ou le passant de l'ours;
Et si, sur un édit des pâtres de Nubie (3),
Les lions de Barca videraient la Libye ;
Ce maître prétendu qui leur donne des lois,
Ce roi des animaux, combien a-t-il de rois?
L'ambition, l'amour, l'avarice, la haine,
Tiennent comme un forçat son esprit à la chaîne.
   Le sommeil sur ses yeux commence à s'épancher (4) :
Debout, dit l'Avarice, il est temps de marcher! —
Hé! laissez-moi.—Debout!—Un moment.—Tu répliques?
— A peine le soleil fait ouvrir les boutiques..
— N'importe, lève-toi. — Pourquoi faire, après tout?
— Pour courir l'Océan de l'un à l'autre bout,
Chercher jusqu'au Japon la porcelaine et l'ambre,
Rapporter de Goa (5) le poivre et le gingembre.
— Mais j'ai des biens en foule, et je puis m'en passer.
— On n'en peut trop avoir ; et pour en amasser
Il ne faut épargner ni crime ni parjure :
Il faut souffrir la faim et coucher sur la dure ;

---

(1) Cette partie de l'habit du moine qui couvre la tête, et tombe sur l'estomac et sur les épaules.

(2) Les anciens astronomes admettaient autant de cieux qu'ils remarquaient de mouvements différents dans les astres ; ainsi on comptait sept cieux pour les sept planètes, etc. Aristote, par exemple, en comptait 47, Frascator 70.

(3) La Nubie est un grand pays de l'Afrique, situé au midi du royaume de Barca.

(4) Le morceau suivant est presque une traduction de Perse, sat. V, v. 132 :
  Mane, piger, stertis? Surge! inquit Avaritia.—Eia!—
  Surge! — Negas? instat ; — Surge, inquit. — Non queo. — Surge! —
  En quid agam? — Rogitas? en saperdam advehe ponto, etc.

(5) Capitale des États que les Portugais possèdent dans les Indes orientales.

SATIRE VIII.

Eût-on plus de trésors que n'en perdit Galet (1),
N'avoir en sa maison ni meubles ni valet ;
Parmi les tas de blé vivre de seigle et d'orge ;
De peur de perdre un liard, souffrir qu'on vous égorge.
— Et pourquoi cette épargne enfin ? — L'ignores-tu ?
Afin qu'un héritier bien nourri, bien vêtu,
Profitant d'un trésor en tes mains inutile,
De son train quelque jour embarrasse la ville.
— Que faire ? Il faut partir ; les matelots sont prêts.
Ou, si pour l'entraîner l'argent manque d'attraits,
Bientôt l'ambition et toute son escorte
Dans le sein du repos vient le prendre à main-forte,
L'envoie en furieux, au milieu des hasards,
Se faire estropier sur les pas des Césars,
Et, cherchant sur la brèche une mort indiscrète (2),
De sa folle valeur embellir la gazette.
    Tout beau ! dira quelqu'un, raillez plus à propos :
Ce vice fut toujours la vertu des héros.
Quoi donc ! à votre avis, fût-ce un fou qu'Alexandre ?
— Qui ? cet écervelé qui mit l'Asie en cendre ?
Ce fougueux l'Angeli (3), qui, de sang altéré,
Maître du monde entier, s'y trouvait trop serré (4) ?
L'enragé qu'il était, né roi d'une province
Qu'il pouvait gouverner en bon et sage prince,
S'en alla follement, et pensant être dieu,
Courir comme un bandit qui n'a ni feu ni lieu ;
Et, traînant avec soi les horreurs de la guerre,
De sa vaste folie emplir toute la terre :
Heureux si de son temps, pour cent bonnes raisons,
La Macédoine eût eu des Petites-Maisons (5),

---

(1) Fameux joueur qui avait gagné au jeu des sommes immenses, qu'il perdit dans la suite. Il avait fait bâtir à Paris l'hôtel de Sully, dans la rue Saint-Antoine ; mais il le joua en un coup de dé. Après avoir perdu tout son bien, il allait encore jouer, dit-on, avec les laquais dans les rues, et même sur les degrés de la maison qui lui avait appartenu.
(2) A laquelle on s'expose *indiscrètement*.
(3) Voy. sat. I, v. 112.
(4) Juv., sat. X, v. 168 :
    Unus Pellæo juveni non sufficit orbis :
    Æstuat infelix angusto in limite mundi.
(5) Voy. sat. IV, v. 4.

Et qu'un sage tuteur l'eût en cette demeure,
Par avis de parents, enfermé de bonne heure !

Mais, sans nous égarer dans ces digressions,
Traiter (1), comme Senaut (2), toutes les passions ;
Et, les distribuant par classes et par titres,
Dogmatiser en vers, et rimer par chapitres :
Laissons-en discourir la Chambre ou Coeffeteau (3),
Et voyons l'homme enfin par l'endroit le plus beau.

Lui seul, vivant, dit-on, dans l'enceinte des villes,
Fait voir d'honnêtes mœurs, des coutumes civiles,
Se fait des gouverneurs, des magistrats, des rois,
Observe une police, obéit à des lois.

Il est vrai. Mais pourtant, sans lois et sans police,
Sans craindre archers, prévôt, ni suppôt de justice,
Voit-on les loups brigands (4), comme nous inhumains,
Pour détrousser les loups courir les grands chemins ?
Jamais, pour s'agrandir, vit-on, dans sa manie,
Un tigre en factions partager l'Hyrcanie ?
L'ours a-t-il dans les bois la guerre avec les ours ?
Le vautour dans les airs fond-il sur les vautours ?
A-t-on vu quelquefois dans les plaines d'Afrique,
Déchirant à l'envi leur propre république,
Lions contre lions, parents contre parents,
Combattre follement pour le choix des tyrans (5) ?

(1) Sous-entendu, *sans*.
(2) Senaut, général de l'Oratoire, a fait un *Traité de l'usage des passions.*
(3) La Chambre, membre de l'Académie française, auteur du *Caractère des passions.* — Coeffeteau, dominicain, auteur du *Tableau des passions humaines.*
(4) Juv., sat. XV, v. 915 :
    Sed jam serpentum major concordia : parcit
    Cognatis maculis similis fera. Quando leoni
    Fortior eripuit vitam leo ? quo nemore unquam
    Exspiravit aper, majoris dentibus apri ?
    Indica tigris agit rabida cum tigride pacem
    Perpetuam : sævis inter se convenit ursis.
Hor., épode VII, v. 11 :
    Neque hic lupis mos, nec fuit leonibus
    Unquam, nisi in dispar, feris.
(5) Parodie de ce passage du *Cinna* de Corneille, act. I, sc. 3.
    Romains contre Romains, parents contre parents,
    Combattaient follement pour le choix des tyrans.

SATIRE VIII.

L'animal le plus fier qu'enfante la nature,
Dans un autre animal respecte sa figure,
De sa rage avec lui modère les accès,
Vit sans bruit, sans débats, sans noise, sans procès
Un aigle, sur un champ prétendant droit d'aubaine (1),
Ne fait point appeler un aigle à la huitaine.
Jamais contre un renard, chicanant un poulet,
Un renard de son sac (2) n'alla charger Rolet (3).
On ne connaît chez eux ni placets ni requêtes,
Ni haut ni bas conseil, ni chambre des enquêtes.
Chacun l'un avec l'autre, en toute sûreté,
Vit sous les pures lois de la simple équité.
L'homme seul, l'homme seul, en sa fureur extrême,
Met un brutal honneur à s'égorger soi-même.
C'était peu que sa main, conduite par l'enfer (4),
Eût pétri le salpêtre, eût aiguisé le fer;
Il fallait que sa rage, à l'univers funeste,
Allât encor de lois embrouiller un Digeste (5),
Cherchât pour l'obscurcir des gloses (6), des docteurs,
Accablât l'équité sous des monceaux d'auteurs,
Et, pour comble de maux, apportât dans la France
Des harangueurs du temps l'ennuyeuse éloquence.
  Doucement, diras-tu : que sert de s'emporter?
L'homme a ses passions, on n'en saurait douter;
Il a, comme la mer, ses flots et ses caprices;
Mais ses moindres vertus balancent tous ses vices.
N'est-ce pas l'homme enfin dont l'art audacieux
Dans le tour d'un compas a mesuré les cieux (7)?

---

(1) Droit de succession aux biens d'un *aubain* (advena), c.-à-d. d'un étranger qui mourait en France. Ce droit appartenait au roi seul.

(2) Autrefois, les gens de palais mettaient dans un *sac* les pièces du procès : aujourd'hui, on les réunit dans une enveloppe de papier solide, et le tout s'appelle *dossier*.

(3) Voy. sat. I, v. 52.

(4) Juv., sat. XV, v. 165 :
    Ast homini ferrum lethale incude nefanda
    Produxisse parum est.

(5) Recueil des décisions des plus fameux jurisconsultes romains, composé par ordre de l'empereur Justinien, au vi^e siècle.

(6) Explication littérale d'un texte.

(7) Virgile, églog. III, v. 41 :
    Descripsit radio totum qui gentibus orbem.

Dont la vaste science, embrassant toutes choses,
A fouillé la nature, en a percé les causes ?
Les animaux ont-ils des universités ?
Voit-on fleurir chez eux des quatre facultés (1) ?
Y voit-on des savants en droit, en médecine,
Endosser l'écarlate et se fourrer d'hermine ?
 Non, sans doute ; et jamais chez eux un médecin
N'empoisonna les bois de son art assassin ;
Jamais docteur, armé d'un argument frivole,
Ne s'enroua chez eux sur les bancs d'une école.
Mais, sans chercher au fond si notre esprit déçu
Sait rien de ce qu'il sait, s'il a jamais rien su ;
Toi-même, réponds-moi : dans le siècle où nous sommes,
Est-ce au pied du savoir qu'on mesure les hommes ?
 Veux-tu voir tous les grands à ta porte courir (2) ?
Dit un père à son fils dont le poil va fleurir ;
Prends-moi le bon parti, laisse là tous les livres : [vres (3).
Cent francs au denier cinq, combien font-ils ? — Vingt li-
— C'est bien dit. Va, tu sais tout ce qu'il faut savoir.
Que de biens, que d'honneurs sur toi s'en vont pleuvoir !
Exerce-toi, mon fils, dans ces hautes sciences ;
Prends, au lieu d'un Platon, le Guidon des finances (4) ;
Sache quelle province enrichit les traitants (5),
Combien le sel au roi peut fournir tous les ans.
Endurcis-toi le cœur : sois arabe, corsaire,

Et Horace, liv. I, ode 28 :
 Aerias tentasse domos, animoque rotundum
  Percurrisse polum.
 (1) Sat. III, v. 152.
 (2) Horace, *Art Poétique*, v. 325 :
  Romani pueri longis rationibus assem, etc.
 (3) C'est un usurier qui parle, et qui, au lieu d'interroger son fils sur le pied du denier vingt, qui est l'intérêt ordinaire, l'interroge sur le pied du denier cinq, qui est un intérêt exorbitant. Prêter au denier vingt, c'est retirer par an un franc d'intérêt sur vingt francs. Hor., ib., v. 327 :
  ... Si de quincunce remota est
  Uncia, quid superat? Poteras dixisse triens. Eu !
  Rem poteris servare tuam.
 (4) Manuel des anciens financiers.
 (5) Gens qui se chargeaient du recouvrement des impôts, à certaines conditions, réglées sur un traité fait avec le roi.

Injuste, violent, sans foi, double, faussaire ;
Ne va point sottement faire le généreux.
Engraisse-toi, mon fils, du suc des malheureux ;
Et, trompant de Colbert (1) la prudence importune,
Va par tes cruautés mériter la fortune.
Aussitôt tu verras poëtes, orateurs,
Rhéteurs, grammairiens, astronomes, docteurs,
Dégrader les héros pour te mettre en leurs places,
De tes titres pompeux enfler leurs dédicaces ;
Te prouver à toi-même, en grec, hébreu, latin,
Que tu sais de leur art et le fort et le fin.
Quiconque est riche est tout (2) : sans sagesse il est sage ;
Il a, sans rien savoir, la science en partage ;
Il a l'esprit, le cœur, le mérite, le rang,
La vertu, la valeur, la dignité, le sang.
 C'est ainsi qu'à son fils un usurier habile
Trace vers la richesse une route facile :
Et souvent tel y vient, qui sait, pour tout secret,
Cinq et quatre font neuf, ôtez deux, reste sept.
 Après cela, docteur, va pâlir sur la Bible (3) ;
Va marquer les écueils de cette mer terrible ;
Perce la sainte horreur de ce livre divin ;
Confonds dans un ouvrage et Luther et Calvin ;
Débrouille des vieux temps les querelles célèbres ;
Éclaircis des rabbins (4) les savantes ténèbres,
Afin qu'en ta vieillesse un livre en maroquin
Aille offrir ton travail à quelque heureux faquin,
Qui, pour digne loyer de la Bible éclaircie,
Te paye, en l'acceptant, d'un *Je vous remercie.*
Ou, si ton cœur aspire à des honneurs plus grands,
Quitte là le bonnet, la Sorbonne (5) et les bancs ;

---

(1) Ministre et secrétaire d'État, contrôleur-général des finances.
(2) Hor., l. II, sat. III, v. 94 :
    Omnis enim res,
Virtus, fama, decus, divina humanaque pulchris
Divitiis parent ; quas qui construxerit, ille
Clarus erit, fortis, justus. — Sapiensne ? — Etiam, et rex,
Et quidquid volet.
(3) Perse, sat. V, v. 62 :
 At te nocturnis juvat impallescere *chartis.*
(4) De l'hébreu *rabbé*, maître, docteur de la loi judaïque.
(5) Cette célèbre école de théologie fut fondée en 1258, par Robert

L'HOMME.

Et, prenant désormais un emploi salutaire,
Mets-toi chez un banquier, ou bien chez un notaire.
Laisse là saint Thomas s'accorder avec Scot (1),
Et conclus avec moi qu'un docteur n'est qu'un sot.
   Un docteur! diras-tu; parlez de vous, poëte :
C'est pousser un peu loin votre Muse indiscrète.
Mais, sans perdre en discours le temps hors de saison,
L'homme, venez au fait, n'a-t-il pas la raison?
N'est-ce pas son flambeau, son pilote fidèle?
— Oui. Mais de quoi lui sert que sa voix le rappelle,
Si, sur la foi des vents tout prêt à s'embarquer,
Il ne voit point d'écueil qu'il ne l'aille choquer?
Et que sert à Cotin la raison qui lui crie,
N'écris plus, guéris-toi d'une vaine furie;
Si tous ces vains conseils, loin de la réprimer,
Ne font qu'accroître en lui la fureur de rimer?
Tous les jours de ses vers, qu'à grand bruit il récite,
Il met chez lui voisin, parents, amis, en fuite (2);
Car, lorsque son démon commence à l'agiter,
Tout, jusqu'à sa servante, est prêt à déserter.
Un âne, pour le moins, instruit par la nature,
A l'instinct qui le guide obéit sans murmure,
Ne va point follement, de sa bizarre voix,
Défier aux chansons les oiseaux dans les bois.
Sans avoir la raison, il marche sur sa route.
L'homme seul, qu'elle éclaire, en plein jour ne voit goutte;
Réglé par ses avis, fait tout à contre-temps,
Et dans tout ce qu'il fait n'a ni raison ni sens.
Tout lui plaît et déplaît, tout le choque et l'oblige.
Sans raison il est gai, sans raison il s'afflige.
Son esprit au hasard aime, évite, poursuit,
Défait, refait, augmente, ôte, élève, détruit (3).

Sorbon, natif du village de Sorbon, diocèse de Reims, et confesseur de saint Louis.
  (1) Les disputes des Thomistes et des Scotistes sont fameuses dans les écoles. Jean Duns, vulgairement appelé *Scot* parce qu'il était Écossais, fut surnommé le *Docteur subtil;* ses opinions sont souvent opposées à celles de saint Thomas.
  (2) Horace, *Art poétique,* v. 474 :
    Indoctum doctumque fugat recitator acerbus.
  (3) Hor., liv. I, épît. I, v. 100 :
    Diruit, ædificat, mutat quadrata rotundis.

Et voit-on, comme lui, les ours ni les panthères
S'effrayer sottement de leurs propres chimères,
Plus de douze attroupés craindre le nombre impair (1),
Ou croire qu'un corbeau les menace dans l'air?
Jamais l'homme, dis-moi, vit-il la bête folle
Sacrifier à l'homme, adorer son idole;
Lui venir, comme au dieu des saisons et des vents,
Demander à genoux la pluie ou le beau temps?
Non. Mais cent fois la bête a vu l'homme hypocondre (2)
Adorer le métal que lui-même il fit fondre;
A vu dans un pays les timides mortels
Trembler aux pieds d'un singe assis sur leurs autels (3),
Et sur les bords du Nil les peuples imbéciles,
L'encensoir à la main, chercher les crocodiles.
 Mais pourquoi, diras-tu, cet exemple odieux?
Que peut servir ici l'Égypte et ses faux dieux?
Quoi! me prouverez-vous par ce discours profane
Que l'homme, qu'un docteur est au-dessous d'un âne?
Un âne, le jouet de tous les animaux,
Un stupide animal, sujet à mille maux,
Dont le nom seul en soi comprend une satire!
— Oui, d'un âne: et qu'a-t-il qui nous excite à rire?
Nous nous moquons de lui; mais s'il pouvait un jour,
Docteur, sur nos défauts s'exprimer à son tour;
Si, pour nous réformer, le ciel, prudent et sage,
De la parole enfin lui permettait l'usage;
Qu'il pût dire tout haut ce qu'il se dit tout bas;
Ah! docteur, entre nous, que ne dirait-il pas?
Et que peut-il penser, lorsque dans une rue
Au milieu de Paris il promène sa vue;
Qu'il voit de toutes parts les hommes bigarrés,
Les uns gris, les uns noirs, les autres chamarrés?

(1) Bien des gens croient que, lorsqu'on se trouve treize à table, il y a toujours dans l'année un des treize qui meurt, et qu'un corbeau aperçu dans l'air présage quelque chose de sinistre. (BOILEAU)
(2) Pour *hypocondriaque*.
(3) Juvénal, sat. XV, v. 1:
 Quis nescit Volusi, Bithynice, qualia demens
 Ægyptus portenta colat? Crocodilon adorat
 Pars hæc; illa pavet saturam serpentibus Ibin;
 Effigies sacri nitet aurea Cercopitheci.

Que dit-il quand il voit, avec la mort en trousse,
Courir chez un malade un assassin en housse (1)?
Qu'il trouve de pédants un escadron fourré,
Suivi par un recteur de bedeaux entouré (2);
Ou qu'il voit la justice, en grosse compagnie,
Mener tuer un homme avec cérémonie?
Que pense-t-il de nous lorsque, sur le midi,
Un hasard au palais le conduit un jeudi (3);
Lorsqu'il entend de loin, d'une gueule infernale,
La chicane en fureur mugir dans la grand'salle?
Que dit-il quand il voit les juges, les huissiers,
Les clercs, les procureurs, les sergents, les greffiers?
Oh! que si l'âne alors, à bon droit misanthrope,
Pouvait trouver la voix qu'il eut au temps d'Ésope,
De tous côtés, docteur, voyant les hommes fous,
Qu'il dirait de bon cœur, sans en être jaloux,
Content de ses chardons, et secouant la tête:
Ma foi, non plus que nous, l'homme n'est qu'une bête!

SATIRE IX.

A SON ESPRIT.

1667.

Boileau, sous prétexte de censurer ses propres défauts, y tourne adroitement en ridicule une foule d'auteurs qui s'étaient plaints grossièrement de ses premières satires. Horace, dans la sat. VII du liv. II, a fourni à Boileau le cadre de cette satire.

C'EST à vous, mon Esprit, à qui (4) je veux parler.
Vous avez des défauts que je ne puis celer :
Assez et trop longtemps ma lâche complaisance

(1) Un médecin monté sur une mule couverte d'une housse. Guenaud (p. 28) fut le premier qui se servit d'un cheval.
(2) Voyez sat. III, v. 152.
(3) C'était le jour des grandes audiences.
(4) Il fallait: c'est à vous que, ou, c'est vous... à qui.

De vos jeux criminels a nourri l'insolence ;
Mais, puisque vous poussez ma patience à bout,
Une fois en ma vie il faut vous dire tout.

   On croirait, à vous voir, dans vos libres caprices,
Discourir en Caton des vertus et des vices,
Décider du mérite et du prix des auteurs,
Et faire impunément la leçon aux docteurs,
Qu'étant seul à couvert des traits de la satire,
Vous avez tout pouvoir de parler et d'écrire.
Mais moi qui dans le fond sais bien ce que j'en crois,
Qui compte tous les jours vos défauts par mes doigts,
Je ris quand je vous vois, si faible et si stérile,
Prendre sur vous le soin de réformer la ville,
Dans vos discours chagrins plus aigre et plus mordant
Qu'une femme en furie, ou Gauthier (1) en plaidant.
Mais répondez un peu. Quelle verve indiscrète,
Sans l'aveu des neuf Sœurs, vous a rendu poëte?
Sentiez-vous, dites-moi, ces violents transports
Qui d'un esprit divin font mouvoir les ressorts ?
Qui vous a pu souffler une si folle audace?
Phébus a-t-il pour vous aplani le Parnasse?
Et ne savez-vous pas que, sur ce mont sacré,
Qui ne vole au sommet tombe au plus bas degré (2) ;
Et qu'à moins d'être au rang d'Horace ou de Voiture (3),
On rampe dans la fange avec l'abbé de Pure (4) ?

   Que si tous mes efforts ne peuvent réprimer
Cet ascendant malin qui vous force à rimer (5),
Sans perdre en vains discours tout le fruit de vos veilles,
Osez chanter du roi les augustes merveilles :
Là, mettant à profit vos caprices divers,
Vous verriez tous les ans fructifier vos vers ;

---

  (1) Avocat fameux et très-mordant, qu'on surnommait *la Gueule.*
  (2) Horace, *Art poétique*, v. 378:
    Si paulum a summo discessit, vergit ad imum.
  (3) Voiture (1598-1648) jouissait encore à cette époque d'une grande réputation, bien déchue depuis.
  (4) Voy. plus haut.
  (5) Horace, liv. II, sat. I :
    Aut si tantus amor scribendi te rapit, aude
    Cæsaris invicti res dicere, multa laborum
    Præmia laturus....

Et par l'espoir du gain votre Muse animée
Vendrait au poids de l'or une once de fumée.
Mais en vain, direz-vous, je pense vous tenter
Par l'éclat d'un fardeau trop pesant à porter.
Tout chantre ne peut pas, sur le ton d'un Orphée (1),
Entonner, en grands vers, *la Discorde étouffée*;
Peindre *Bellone en feu tonnant de toutes parts,
Et le Belge effrayé fuyant sur ses remparts* (2).
Sur un ton si hardi, sans être téméraire,
Racan (3) pourrait chanter au défaut d'un Homère;
Mais pour Cotin et moi, qui rimons au hasard,
Que l'amour de blâmer fit poëtes par art,
Quoiqu'un tas de grimauds vante notre éloquence,
Le plus sûr est pour nous de garder le silence.
Un poëme insipide et sottement flatteur
Déshonore à la fois le héros et l'auteur:
Enfin de tels projets passent notre faiblesse.

  Ainsi parle un esprit languissant de mollesse,
Qui, sous l'humble dehors d'un respect affecté,
Cache le noir venin de sa malignité.
Mais, dussiez-vous en l'air voir vos ailes fondues,
Ne valait-il pas mieux vous perdre dans les nues (4),
Que d'aller sans raison, d'un style peu chrétien,
Faire insulte en rimant à qui ne vous dit rien (5);
Et du bruit dangereux d'un livre téméraire
A vos propres périls enrichir le libraire?

  Vous vous flattez peut-être, en votre vanité,
D'aller, comme un Horace, à l'immortalité:
Et déjà vous croyez, dans vos rimes obscures,

---

(1) Hor., *ib.*, v. 12:
    ....*Neque enim quivis horrentia pilis
    Agmina, nec fracta pereuntes cuspide Gallos,
    Aut labentis equo describat vulnera Parthi.*

(2) Cette satire a été faite dans le temps que Louis XIV prit Lille, au mois d'août 1667.

(3) Racan, poëte estimé, mais qui certes n'eût pu réussir dans l'épopée.

(4) En faisant des odes. Allusion au sort d'Icare.

(5) Hor., *ib.*, v. 21:
    *Quanto rectius hoc, quam tristi lædere versu
    Pantolabum scurram....*

SATIRE IX.

Aux Saumaises (1) futurs préparer des tortures.
Mais combien d'écrivains, d'abord si bien reçus,
Sont de ce fol espoir honteusement déçus!
Combien, pour quelques mois, ont vu fleurir leur livre,
Dont les vers en paquets se vendent à la livre!
Vous pourrez voir un temps vos écrits estimés
Courir de main en main par la ville semés;
Puis de là, tout poudreux, ignorés sur la terre,
Suivre chez l'épicier Neuf-Germain (2) et la Serre;
Ou, de trente feuillets réduits peut-être à neuf,
Parer, demi-rongés, les rebords du Pont-Neuf (3).
Le bel honneur pour vous, en voyant vos ouvrages
Occuper le loisir des laquais et des pages,
Et souvent, dans un coin renvoyés à l'écart,
Servir de second tome aux airs du Savoyard (4)!
Mais je veux que le sort, par un heureux caprice,
Fasse de vos écrits prospérer la malice,
Et qu'enfin votre livre aille, au gré de vos vœux,
Faire siffler Cotin chez nos derniers neveux:
Que vous sert-il qu'un jour l'avenir vous estime,
Si vos vers aujourd'hui vous tiennent lieu de crime,
Et ne produisent rien, pour fruit de leurs bons mots,
Que l'effroi du public et la haine des sots?
Quel démon vous irrite et vous porte à médire?
Un livre vous déplaît: qui vous force à le lire?
Laissez mourir un fat dans son obscurité.
Un auteur ne peut-il pourrir en sûreté?
Le *Jonas* (5) inconnu sèche dans la poussière;
Le *David* (6) imprimé n'a point vu la lumière;
Le *Moïse* (7) commence à moisir par les bords.

---

(1) Saumaise, savant critique et commentateur, a éclairci une infinité d'endroits obscurs et difficiles des auteurs anciens.
(2) Poëte ridicule et extravagant qui vivait sous le règne de Louis XIII.
(3) Où d'ordinaire on étalait les livres de rebut.
(4) Philipot, dit *le Savoyard*, fameux chanteur du Pont-Neuf, dont les chansons étaient encore vantées du temps de Boileau. Ces chansons avaient été recueillies en un petit volume; de là, la menace du *second tome*.
(5 et 6) Épopées détestables, l'une de Coras, et l'autre du Toulousain Lesfargues.
(7) Voy. sat. I, v. 97.

A SON ESPRIT.

Quel mal cela fait-il? Ceux qui sont morts sont morts.
Le tombeau contre vous ne peut-il les défendre?
Et qu'ont fait tant d'auteurs, pour remuer leur cendre?
Que vous ont fait Perrin, Bardin, Pradon, Hainaut (1),
Colletet, Pelletier, Titreville, Quinault,
Dont les noms en cent lieux, placés comme en leurs niches,
Vont de vos vers malins remplir les hémistiches?
Ce qu'ils font vous ennuie. O le plaisant détour!
Ils ont bien ennuyé le roi, toute la cour,
Sans que le moindre édit ait, pour punir leur crime,
Retranché les auteurs ou supprimé la rime.
Écrive qui voudra : chacun à ce métier
Peut perdre impunément de l'encre et du papier.
Un roman, sans blesser les lois ni la coutume,
Peut conduire un héros au dixième volume (2).
De là vient que Paris voit chez lui de tout temps
Les auteurs à grands flots déborder tous les ans,
Et n'a point de portail où, jusques aux corniches,
Tous les piliers ne soient enveloppés d'affiches.
Vous seul, plus dégoûté, sans pouvoir et sans nom,
Viendrez régler les droits et l'État d'Apollon!
  Mais vous qui raffinez sur les écrits des autres,
De quel œil pensez-vous qu'on regarde les vôtres?
Il n'est rien en ce temps à couvert de vos coups :
Mais savez-vous aussi comme on parle de vous?
  Gardez-vous, dira l'un, de cet esprit critique (3) :
On ne sait bien souvent quelle mouche le pique;
Mais c'est un jeune fou qui se croit tout permis,
Et qui pour un bon mot va perdre vingt amis (4).

---

(1) Ce vers et le suivant font allusion aux v. 44 et 45 de la satire VII, où la plupart des mêmes noms sont placés. Bardin, auteur du *Lycée*, mauvais ouvrage en prose. — Hainaut, poète de ce temps-là, connu par le fameux sonnet de *l'Avorton*, dont il était l'auteur.

(2) Allusion aux romans de *Cyrus*, *Clélie*, *Pharamond*, *Cléopâtre* qui n'ont pas moins de *dix gros volumes* chacun.

(3) Horace, lib. I, sat. IV, v. 34 :

  Omnes hi metuunt versus, odere poetam.
  Fenum habet in cornu, etc.

(4) Hor., ib. :

  ..... *Dummodo risum*
  Excutiat sibi, non hic cuiquam parce amico.

Il ne pardonne pas aux vers de la Pucelle,
Et croit régler le monde au gré de sa cervelle.
Jamais dans le barreau trouva-t-il rien de bon ?
Peut-on si bien prêcher qu'il ne dorme au sermon ?
Mais lui, qui fait ici le régent du Parnasse,
N'est qu'un gueux revêtu des dépouilles d'Horace.
Avant lui Juvénal avait dit, en latin,
Qu'on est assis à l'aise aux sermons de Cotin ;
L'un et l'autre avant lui s'étaient plaints de la rime,
Et c'est aussi sur eux qu'il rejette son crime.
Il cherche à se couvrir de ces noms glorieux.
J'ai peu lu ces auteurs ; mais tout n'irait que mieux,
Quand de ces médisants l'engeance tout entière
Irait, la tête en bas, rimer dans la rivière (1).

    Voilà comme on vous traite, et le monde effrayé
Vous regarde déjà comme un homme noyé.
En vain quelque rieur, prenant votre défense,
Veut faire au moins de grâce adoucir la sentence.
Rien n'apaise un lecteur toujours tremblant d'effroi,
Qui voit peindre en autrui ce qu'il remarque en soi.

    Vous ferez-vous toujours des affaires nouvelles ?
Et faudra-t-il sans cesse essuyer des querelles ?
N'entendrai-je qu'auteurs se plaindre et murmurer ?
Jusqu'à quand vos fureurs doivent-elles durer ?
Répondez, mon Esprit ; ce n'est plus raillerie :
Dites... Mais, direz-vous, pourquoi cette furie ?
Quoi ! pour un maigre auteur que je glose en passant,
Est-ce un crime, après tout, et si noir et si grand ?
Et qui, voyant un fat s'applaudir d'un ouvrage
Où la droite raison trébuche à chaque page,
Ne s'écrie aussitôt : *L'impertinent auteur !*
L'ennuyeux écrivain ! le maudit traducteur !
A quoi bon mettre au jour tous ces discours frivoles,
Et ces riens enfermés dans de grandes paroles ?

    Est-ce donc là médire, ou parler franchement ?
Non, non, la médisance y va plus doucement.

---

(1) Le duc de Montausier, ennemi déclaré de la satire, avait dit de Boileau qu'il faudrait *l'envoyer aux galères couronné de lauriers, rimer dans la rivière.*

A SON ESPRIT.

Si l'on vient à chercher pour quel secret mystère (1).
Alidor (2) à ses frais bâtit un monastère :
Alidor, dit un fourbe, *il est de mes amis:*
Je l'ai connu laquais avant qu'il fût commis ;
C'est un homme d'honneur, de piété profonde,
Et qui veut rendre à Dieu ce qu'il a pris au monde (3).
 Voilà jouer d'adresse et médire avec art (4) ;
Et c'est avec respect enfoncer le poignard.
Un esprit né sans fard, sans basse complaisance,
Fuit ce ton radouci que prend la médisance.
Mais de blâmer des vers ou durs ou languissants ;
De choquer un auteur qui choque le bon sens ;
De railler d'un plaisant qui ne sait pas nous plaire ;
C'est ce que tout lecteur eut toujours droit de faire.
 Tous les jours, à la cour, un sot de qualité
Peut juger de travers avec impunité ;
A Malherbe, à Racan, préférer Théophile (5),
Et le clinquant du Tasse (6) à tout l'or de Virgile.
 Un clerc, pour quinze sous, sans craindre le holà,
Peut aller au parterre attaquer Attila (7);
Et, si le roi des Huns ne lui charme l'oreille,

---

(1) Horace, liv. I, sat. IV, v. 92 :

>..... *Mentio si qua*
>*De Capitolini furtis injecta Petilli*
>*Te coram fuerit, defendas, ut tuus est mos*
>*Me Capitolinus convictore usus amicoque*
>*A puero est.*

(2) Dalibert, fameux maltôtier qui avait été laquais. (BOILEAU.)
(3) Allusion au mot de Louis XI sur le chancelier Nicolas Raulin. qui faisait bâtir un hôpital du fruit de ses concussions : *qu'ayant fait une infinité de pauvres, il était bien juste qu'il les logeât.*
(4) Hor., *ib.*, v. 100 :

>...*Hic nigræ succus loliginis, hæc est*
>*Ærugo mera.*

(5) Voy. plus haut.
(6) Poëte italien du xvie siècle, auteur de *la Jérusalem délivrée*
(7) En 1667, l'*Agésilas* de Corneille avait fait dire à Boileau :

>J'ai vu l'Agésilas...
> Hélas !

à quoi il ajouta :

>Mais après l'Attila,
> Holà !

Traiter de visigoths (1) tous les vers de Corneille.
Il n'est valet d'auteur, ni copiste, à Paris,
Qui, la balance en main, ne pèse les écrits.
Dès que l'impression fait éclore un poëte,
Il est esclave né de quiconque l'achète :
Il se soumet lui-même au caprice d'autrui,
Et ses écrits tout seuls doivent parler pour lui.
Un auteur à genoux, dans une humble préface,
Au lecteur qu'il ennuie a beau demander grâce ;
Il ne gagnera rien sur ce juge irrité,
Qui lui fait son procès de pleine autorité.
  Et je serai le seul qui ne pourrai rien dire !
On sera ridicule, et je n'oserai rire !
Et qu'ont produit mes vers de si pernicieux,
Pour armer contre moi tant d'auteurs furieux ?
Loin de les décrier, je les ai fait paraître ;
Et souvent, sans ces vers qui les ont fait connaître,
Leur talent dans l'oubli demeurerait caché.
Et qui saurait, sans moi, que Cotin a prêché ?
La satire ne sert qu'à rendre un fat illustre :
C'est une ombre au tableau, qui lui donne du lustre.
En les blâmant, enfin, j'ai dit ce que j'en croi ;
Et tel qui m'en reprend en pense autant que moi.
  Il a tort, dira l'un : *pourquoi faut-il qu'il nomme ?*
Attaquer Chapelain, ah ! c'est un si bon homme !
Balzac (2) *en fait l'éloge en cent endroits divers.*
Il est vrai, s'il m'eût cru, qu'il n'eût point fait de vers.
Il se tue à rimer : que n'écrit-il en prose ?
Voilà ce que l'on dit. Et que dis-je autre chose ?
En blâmant ses écrits, ai-je, d'un style affreux,
Distillé sur sa vie un venin dangereux ?
Ma Muse, en l'attaquant, charitable et discrète,
Sait de l'homme d'honneur distinguer le poëte.
Qu'on vante en lui la foi, l'honneur, la probité ;
Qu'on prise sa candeur et sa civilité ;
Qu'il soit doux, complaisant, officieux, sincère :

(1) C.-à-d. de barbares.
(2) De l'Académie française, mort en 1654 ; un des auteurs qui ont le plus travaillé à donner du nombre et de la dignité à la prose française.

On le veut, j'y souscris, et suis prêt de me taire.
Mais que pour un modèle on montre ses écrits ;
Qu'il soit le mieux renté de tous les beaux esprits (1) ;
Comme roi des auteurs qu'on l'élève à l'empire ;
Ma bile alors s'échauffe, et je brûle d'écrire ;
Et, s'il ne m'est permis de le dire au papier,
J'irai creuser la terre (2), et, comme ce barbier (3),
Faire dire aux roseaux par un nouvel organe :
Midas, le roi Midas a des oreilles d'âne.
Quel tort lui fais-je enfin ? Ai-je par un écrit
Pétrifié sa veine et glacé son esprit ?
Quand un livre au palais se vend et se débite,
Que chacun par ses yeux juge de son mérite,
Que Bilaine (4) l'étale au deuxième pilier,
Le dégoût d'un censeur peut-il le décrier ?
En vain contre le Cid un ministre se ligue (5) :
Tout Paris pour Chimène a les yeux de Rodrigue (6).
L'Académie en corps a beau le censurer ;
Le public révolté s'obstine à l'admirer.
Mais lorsque Chapelain met une œuvre en lumière,
Chaque lecteur d'abord lui devient un Linière (7).
En vain il a reçu l'encens de mille auteurs,
Son livre en paraissant dément tous ses flatteurs.

(1) Richelieu lui avait donné une pension de 1,000 écus. Le duc de Longueville lui en faisait une de 4,000 liv.
(2) Perse, sat. I, v. 119 :
    Men' mutire nefas nec clam, nec cum scrobe, etc.
    Hic tamen infodiam, etc.
(3) Apollon et Pan s'étant défiés à chanter, prirent Midas, roi de Phrygie, pour juge. Celui-ci adjugea la préférence à Pan ; et Apollon, pour s'en venger, donna à Midas des oreilles d'âne. Ce prince cachait sa disgrâce avec soin ; mais comme il ne put empêcher que son barbier ne s'en aperçût, il lui défendit, sous peine de la vie, d'en parler. Le barbier, ne pouvant se taire, fit dans la terre un creux où il dit tout bas : *Midas a des oreilles d'âne.* Il crut avoir enterré son secret ; mais la terre produisit des roseaux, qui, étant agités par le vent, redisaient tout haut : *Midas a des oreilles d'âne.*
(4) Libraire du Palais-de-Justice, chargé de vendre la *Pucelle.*
(5) Quelque succès qu'eût cette pièce, le cardinal de Richelieu obligea l'Académie française d'en faire la critique en 1637.
(6) Principaux personnages de la tragédie du *Cid*.
(7) Chansonnier satirique qui avait attaqué vivement la *Pucelle* de Chapelain.

Ainsi, sans m'accuser, quand tout Paris le joue,
Qu'il s'en prenne à ses vers que Phébus désavoue ;
Qu'il s'en prenne à sa Muse allemande en françois (1).
Mais laissons Chapelain pour la dernière fois.

 La satire, dit-on, est un métier funeste,
Qui plait à quelques gens et choque tout le reste.
La suite en est à craindre : en ce hardi métier,
La peur plus d'une fois fit repentir Regnier (2).
Quittez ces vains plaisirs dont l'appât vous abuse :
A de plus doux emplois occupez votre Muse ;
Et laissez à Feuillet (3) réformer l'univers.
 Et sur quoi donc faut-il que s'exercent mes vers ?
Irai-je dans une ode, en phrases de Malherbe,
Troubler dans ses roseaux le Danube superbe ;
Délivrer de Sion le peuple gémissant ;
Faire trembler Memphis, ou pâlir le Croissant ;
Et, passant du Jourdain les ondes alarmées,
Cueillir, mal à propos, *les palmes idumées* (4) ?
Viendrai-je, en une églogue, entouré de troupeaux,
Au milieu de Paris enfler mes chalumeaux ;
Et dans mon cabinet, assis au pied des hêtres,
Faire dire aux échos des sottises champêtres ?
Faudra-t-il de sang-froid, et sans être amoureux,
Pour quelque Iris en l'air faire le langoureux ;
Lui prodiguer les noms de *soleil* et d'*aurore*,
Et, toujours bien mangeant, mourir par métaphore ?
Je laisse aux doucereux ce langage affété,
Où s'endort un esprit de mollesse hébété.
 La satire, en leçons, en nouveautés fertile,
Sait seule assaisonner le plaisant et l'utile,
Et, d'un vers qu'elle épure aux rayons du bon sens,
Détromper les esprits des erreurs de leur temps.
Elle seule, bravant l'orgueil et l'injustice,
Va jusque sous le dais faire pâlir le vice ;

---

(1) *François* et *fois*, rimes pour l'œil, admises alors.

(2) *Et moi aussi*, disait quelquefois l'auteur. Regnier, poëte satirique, mort en 1613.

(3) Prédicateur célèbre de ce temps-là.

(4) Pour *iduméennes.* — L'Idumée est une province voisine de la Judée, abondante en palmiers.

Et souvent, sans rien craindre, à l'aide d'un bon mot,
Va venger la raison des attentats d'un sot.
C'est ainsi que Lucile (1), appuyé de Lélie,
Fit justice en son temps des Cotins d'Italie (2),
Et qu'Horace, jetant le sel à pleines mains,
Se jouait aux dépens des Pelletiers romains.
C'est elle qui, m'ouvrant le chemin qu'il faut suivre,
M'inspira, dès quinze ans, la haine d'un sot livre;
Et, sur ce mont fameux où j'osai la chercher,
Fortifia mes pas et m'apprit à marcher.
C'est pour elle, en un mot, que j'ai fait vœu d'écrire.
　Toutefois, s'il le faut, je veux bien m'en dédire;
Et, pour calmer enfin tous ces flots d'ennemis,
Réparer en mes vers les maux qu'ils ont commis.
Puisque vous le voulez, je vais changer de style (3).
Je le déclare donc: Quinault est un Virgile (4);
Pradon comme un soleil en nos ans a paru;
Pelletier écrit mieux qu'Ablancourt ni Patru (5);
Cotin, à ses sermons traînant toute la terre,
Fend les flots d'auditeurs pour aller à sa chaire;
Saufal est le phénix des esprits relevés;
Perrin... Bon, mon Esprit! courage! poursuivez.
Mais ne voyez-vous pas que leur troupe en furie
Va prendre encor ces vers pour une raillerie?
Et Dieu sait aussitôt que d'auteurs en courroux,
Que de rimeurs blessés s'en vont fondre sur vous!
Vous les verrez bientôt, féconds en impostures,
Amasser contre vous des volumes d'injures,
Traiter en vos écrits chaque vers d'attentat,

(1) Lucilius, poëte satirique de Rome, fort estimé de Scipion et de son ami Lélius.
(2) Perse, sat. I, v. 114 :
　　　　Secuit Lucilius urbem,
　Te, Lupe, te, Muti, etc.
(3) Perse, sat. I, v. 110 :
　Nil moror : euge; omnes, omnes bene miræ eritis res.
(4) Allusion au vers 20 de la sat. II. *La raison dit Virgile, et la rime, Quinault.*
(5) D'Ablancourt, auteur de plusieurs traductions, estimées dans un temps où il n'y en avait pas de meilleures. Pour les autres noms, voy' les sat. précédentes.

Et d'un mot innocent faire un crime d'État.
Vous aurez beau vanter le roi dans vos ouvrages,
Et de ce nom sacré sanctifier vos pages :
Qui méprise Cotin n'estime point son roi,
Et n'a, selon Cotin, ni Dieu, ni foi, ni loi (1).
   Mais quoi! répondrez-vous, Cotin nous peut-il nuire?
Et par ses cris enfin que saurait-il produire?
Interdire (2) à mes vers, dont peut-être il fait cas,
L'entrée aux pensions, où je ne prétends pas?
Non : pour louer un roi que tout l'univers loue,
Ma langue n'attend point que l'argent la dénoue;
Et, sans espérer rien de mes faibles écrits,
L'honneur de le louer m'est un trop digne prix.
On me verra toujours, sage dans mes caprices,
De ce même pinceau dont j'ai noirci les vices,
Et peint du nom d'auteur tant de sots revêtus,
Lui marquer mon respect et tracer ses vertus.
   —Je vous crois ; mais pourtant on crie, on vous menace.
Je crains peu, direz-vous, les braves du Parnasse.
—Hé! mon Dieu, craignez tout d'un auteur en courroux,
Qui peut...—Quoi?— Je m'entends.— Mais encor?—Tai-
   sez-vous (3).

  (1) Cotin, dans ses libelles, traitait Boileau en criminel de *lèse-majesté* divine et humaine.
  (2) Cotin avait prié son ami Chapelain de ne point porter Boileau sur la liste des pensionnaires du roi, liste que l'auteur de la *Pucelle* dressait pour Colbert. Boileau ne fut pensionné qu'en 1669.
  (3) Boileau se tut 26 ans, du moins pour la satire.

SATIRE XI.

A M. DE VALINCOUR.

L'HONNEUR.

1693.

Le sujet de cette satire est la distinction du vrai et du faux honneur L'auteur, après avoir parlé des méprises de la plupart des hommes au sujet de ce qu'ils appellent l'*honneur*, établit enfin que le vrai et solide honneur consiste dans la justice, sans laquelle toutes les autres prétendues bonnes qualités ne sont que de faux brillants.

Oui, l'honneur, Valincour (1), est chéri dans le monde :
Chacun, pour l'exalter, en paroles abonde ;
A s'en voir revêtu chacun met son bonheur ;
Et tout crie ici-bas : L'honneur ! vive l'honneur !
 Entendons discourir, sur les bancs des galères (2),
Ce forçat abhorré même de ses confrères :
Il plaint, par un arrêt injustement donné,
L'honneur en sa personne à ramer condamné (3).
En un mot, parcourons et la mer et la terre ;
Interrogeons marchands, financiers, gens de guerre,
Courtisans, magistrats : chez eux, si je les croi,
L'intérêt ne peut rien, l'honneur seul fait la loi.

 (1) Conseiller du roi en ses conseils, homme d'esprit et littérateur, membre de l'Académie française et de l'Académie des sciences.
 (2) Bâtiments longs et à bas bords, où ramaient les condamnés ; peine remplacée par celle des *travaux forcés*.
 (3) Allusion à une action mémorable du duc d'Ossone, vice-roi de Sicile et de Naples, qui, visitant un jour les galères du port, eut la curiosité d'interroger les forçats ; mais ils se trouvèrent tous innocents, à l'exception d'un seul, qui avoua de bonne foi que si on lui avait fait justice il aurait été pendu. *Qu'on m'ôte d'ici ce coquin-là*, dit le duc en lui donnant la liberté ; *il gâtera tous ces honnêtes gens*.

Cependant, lorsqu'aux yeux leur portant la lanterne (1),
J'examine au grand jour l'esprit qui les gouverne,
Je n'aperçois partout que folle ambition,
Faiblesse, iniquité, fourbe, corruption,
Que ridicule orgueil de soi-même idolâtre.
Le monde, à mon avis, est comme un grand théâtre,
Où chacun en public, l'un par l'autre abusé,
Souvent à ce qu'il est joue un rôle opposé.
Tous les jours on y voit, orné d'un faux visage,
Impudemment le fou représenter le sage ;
L'ignorant s'ériger en savant fastueux,
Et le plus vil faquin trancher du vertueux.
Mais, quelque fol espoir dont leur orgueil les berce,
Bientôt on les connaît, et la vérité perce.
On a beau se farder aux yeux de l'univers :
A la fin, sur quelqu'un de nos vices couverts,
Le public malin jette un œil inévitable ;
Et bientôt la Censure, au regard formidable,
Sait, le crayon en main, marquer nos endroits faux,
Et nous développer avec tous nos défauts.
Du mensonge toujours le vrai demeure maître :
Pour paraître honnête homme, en un mot, il faut l'être ;
Et jamais, quoi qu'il fasse, un mortel ici-bas
Ne peut aux yeux du monde être ce qu'il n'est pas.
En vain ce misanthrope (2), aux yeux tristes et sombres,
Veut, par un air riant, en éclaircir les ombres :
Le ris sur son visage est en mauvaise humeur ;
L'agrément fuit ses traits, ses caresses font peur ;
Ses mots les plus flatteurs paraissent des rudesses,
Et la vanité brille en toutes ses bassesses.
Le naturel toujours sort, et sait se montrer ;
Vainement on l'arrête, on le force à rentrer :
Il rompt tout, perce tout, et trouve enfin passage (3).

(1) Diogène le Cynique portait une lanterne en plein jour, et disait qu'il cherchait un homme.
(2) Le premier président de Harlay, qui, après avoir entendu l'auteur lire sa satire IXᵉ, s'était contenté de dire froidement : Voilà de beaux vers.
(3) Hor., liv. I, ép. X, v. 24 :
 Naturam expelles furca, tamen usque recurret,
 Et mala perrumpet furtim fastidia victrix.

Mais loin de mon projet je sens que je m'engage :
Revenons de ce pas à mon texte égaré.
L'honneur partout, disais-je, est du monde admiré :
Mais l'honneur, en effet, qu'il faut que l'on admire,
Quel est-il, Valincour? pourras-tu me le dire?
L'ambitieux le met souvent à tout brûler ;
L'avare, à voir chez lui le Pactole (1) rouler ;
Un faux brave, à vanter sa prouesse frivole;
Un vrai fourbe, à jamais ne garder sa parole;
Ce poëte, à noircir d'insipides papiers ;
Ce marquis, à savoir frauder ses créanciers;
Un libertin (2), à rompre et jeûnes et carême ;
Un fou perdu d'honneur, à braver l'honneur même.
L'un d'eux a-t-il raison? Qui pourrait le penser?
Qu'est-ce donc que l'honneur que tout doit embrasser?
Est-ce de voir, dis-moi, vanter notre éloquence ;
D'exceller en courage, en adresse, en prudence,
De voir à notre aspect tout trembler sous les cieux ;
De posséder enfin mille dons précieux?
Mais, avec tous ces dons de l'esprit et de l'âme,
Un roi même souvent peut n'être qu'un infâme,
Qu'un Hérode, un Tibère effroyable à nommer.
Où donc est cet honneur qui seul doit nous charmer?
Quoi qu'en ses beaux discours Saint-Évremond nous prô-
Aujourd'hui j'en croirai Sénèque avant Pétrone (3). [ne,
Dans le monde il n'est rien de beau que l'équité:
Sans elle, la valeur, la force, la bonté,
Et toutes les vertus dont s'éblouit la terre,
Ne sont que faux brillants et que morceaux de verre.
Un injuste guerrier, terreur de l'univers,
Qui, sans sujet, courant chez cent peuples divers,
S'en va tout ravager jusqu'aux rives du Gange (4),

(1) Rivière aurifère de Lydie, où se baigna Midas.
(2) Voy. sat. IV, v. 23.
(3) L'auteur oppose la morale austère de Sénèque à la morale licencieuse de Pétrone, et condamne le sentiment de Saint-Evremond, qui, vrai philosophe épicurien, prenait Pétrone pour son héros en fait de morale.
(4) Alexandre le Grand, après avoir soumis une partie de l'Asie, voulut assujettir le reste de l'Orient, et porter ses conquêtes au delà du Gange ; mais ses soldats refusèrent de le suivre.

SATIRE XI.

N'est qu'un plus grand voleur (1) que du Terte et Saint-
Du premier des Césars on vante les exploits ; [Ange (2).
Mais dans quel tribunal, jugé suivant les lois,
Eût-il pu disculper son injuste manie ?
Qu'on livre son pareil, en France, à la Reynie (3).:
Dans trois jours nous verrons le phénix des guerriers
Laisser sur l'échafaud sa tête et ses lauriers :
C'est d'un roi (4) que l'on tient cette maxime auguste :
Que jamais on n'est grand qu'autant que l'on est juste.
Rassemblez à la fois Mithridate et Sylla (5) ;
Joignez-y Tamerlan, Genséric, Attila (6) ;
Tous ces fiers conquérants, rois, princes, capitaines,
Sont moins grands à mes yeux que ce bourgeois d'Athè-
Qui sut, pour tous exploits, doux, modéré, frugal, [nes (7)
Toujours vers la justice aller d'un pas égal.

Oui, la justice en nous est la vertu qui brille :
Il faut de ses couleurs qu'ici-bas tout s'habille ;
Dans un mortel chéri, tout injuste qu'il est,
C'est quelque air d'équité qui séduit et qui plait.
A cet unique appât l'âme est vraiment sensible :
Même aux yeux de l'injuste, un injuste est horrible ;
Et tel qui n'admet point la probité chez lui,
Souvent à la rigueur l'exige chez autrui.
Disons plus : il n'est point d'âme livrée au vice,
Où l'on ne trouve encor des traces de justice.
Chacun de l'équité ne fait pas son flambeau,

---

(1) Ce vers et les trois précédents contiennent le sens de la réponse que fit un pirate au même Alexandre, qui lui reprochait sa condition : *Je suis un pirate*, dit-il, *parce que je n'ai qu'un vaisseau : si j'avais une armée navale, je serais un conquérant.*

(2) Du Terte, joueur de profession, qui finit par être voleur; Saint-Ange, autre voleur.

(3) Lieutenant général de police, en 1667.

(4) Agésilas, roi de Sparte.

(5) Mithridate, fameux roi de Pont ; — Sylla, surnommé l'*Heureux* titre qu'il eût porté plus justement, dit Velléius, *s'il eût cessé de vivre le jour qu'il acheva de vaincre.*

(6) Tamerlan, empereur des Tartares, subjugua presque tout l'Orient, et mourut en l'an 1405; — Genséric, roi des Vandales en Espagne, conquit l'Afrique sur les Romains dans le ve siècle ; — Attila, roi des Huns, surnommé le *Fléau de Dieu*, mort en 454.

(7) Socrate, condamné à boire la ciguë, en 400.

Tout n'est pas Caumartin, Bignon, ni d'Aguesseau (1);
Mais jusqu'en ces pays où tout vit de pillage,
Chez l'Arabe et le Scythe, elle est de quelque usage;
Et du butin acquis en violant les lois,
C'est elle entre eux qui fait le partage et le choix.
  Concluons qu'ici-bas le seul honneur solide,
C'est de prendre toujours la vérité pour guide;
De regarder en tout la raison et la loi;
D'être doux pour tout autre, et rigoureux pour soi;
D'accomplir tout le bien que le ciel nous inspire,
Et d'être juste enfin : ce mot seul veut tout dire
Je doute que le flot des vulgaires humains
A ce discours pourtant donne aisément les mains;
Et, pour t'en dire ici la raison historique,
Souffre que je l'habille en fable allégorique.
  Sous le bon roi Saturne, ami de la douceur,
L'Honneur, cher Valincour, et l'Équité, sa sœur,
De leurs sages conseils éclairant tout le monde,
Régnaient, chéris du ciel, dans une paix profonde.
L'Honneur, beau par soi-même, et sans vains ornements (2)
N'étalait point aux yeux l'or ni les diamants;
Et jamais, ne sortant de ses devoirs austères,
Maintenait de sa sœur les règles salutaires.
Mais, une fois au ciel par les dieux appelé,
Il demeura longtemps au séjour étoilé.
  Un fourbe, cependant, assez haut de corsage,
Et qui lui ressemblait de geste et de visage,
Prend son temps, et partout ce hardi suborneur
S'en va chez les humains crier qu'il est l'Honneur;
Qu'il arrive du ciel, et que, voulant lui-même
Seul porter désormais le faix du diadème,
De lui seul il prétend qu'on reçoive la loi.
A ces discours trompeurs le monde ajoute foi.
L'innocente Équité, honteusement bannie,

---

(1) Caumartin, intendant des finances; — l'abbé Bignon, de l'Académie française; — D'Aguesseau, depuis chancelier de France; trois personnages illustres par leur sévère probité.

(2) Les Romains représentaient l'*Honneur* sous la figure d'un jeune homme qui portait d'une main la *haste* de la divinité, et dans l'autre la corne d'abondance.

Trouve à peine un désert où fuir l'ignominie.
Aussitôt, sur un trône éclatant de rubis,
L'imposteur monte, orné de superbes habits.
La Hauteur, le Dédain, l'Audace l'environnent ;
Et le Luxe et l'Orgueil de leurs mains le couronnent.
Tout fier, il montre alors un front plus sourcilleux :
Et le *Mien* et le *Tien*, deux frères pointilleux,
Par son ordre, amenant les procès et la guerre,
En tous lieux de ce pas vont partager la terre ;
En tous lieux, sous les noms de *bon droit* et de *tort*,
Vont chez elle établir le seul droit du plus fort.
Le nouveau roi triomphe, et, sur ce droit inique,
Bâtit de vaines lois un code fantastique ;
Avant tout aux mortels prescrit de se venger ;
L'un l'autre au moindre affront les force à s'égorger,
Et dans leur âme, en vain de remords combattue,
Trace en lettres de sang ces deux mots : *Meurs* ou *Tue*.

Alors, ce fut alors, sous ce vrai Jupiter,
Qu'on vit naître ici-bas le noir siècle de fer (1).
Le frère au même instant s'arma contre le frère (2) ;
Le fils trempa ses mains dans le sang de son père (3) ;
La soif de commander enfanta les tyrans,
Du Tanaïs au Nil porta les conquérants (4) ;
L'ambition passa pour la vertu sublime :
Le crime heureux fut juste, et cessa d'être crime.
On ne vit plus que haine et que division,
Qu'envie, effroi, tumulte, horreur, confusion.

Le véritable Honneur sur la voûte céleste
Est enfin averti de ce trouble funeste.
Il part sans différer, et, descendu des cieux,
Va partout se montrer dans les terrestres lieux ;

(1) Ovide, *Métam.*, liv. I, v. 128 :
  Protinus irrupit venæ pejoris in ævum
  Omne nefas, etc.
(2) *Ib.*, v. 145 :
  ...Fratrum quoque gratia rara est.
(3) *Ib.*, v. 148 :
  Filius ante diem patrios inquirit in annos.
(4) Justin, liv. II, chap. III, rapporte que les premiers conquérants sortirent de la Scythie arrosée par le Tanaïs, et chassèrent Vexoris ou Sésostris, roi d'Égypte, qui voulait les soumettre à sa domination.

Mais il n'y fait plus voir qu'un visage incommode :
On n'y peut plus souffrir ses vertus hors de mode ;
Et lui-même, traité de fourbe et d'imposteur,
Est contraint de ramper aux pieds du séducteur.
Enfin, las d'essuyer outrage sur outrage,
Il livre les humains à leur triste esclavage,
S'en va trouver sa sœur, et, dès ce même jour,
Avec elle s'envole au céleste séjour.
Depuis, toujours ici, riche de leur ruine,
Sur les tristes mortels le faux honneur domine,
Gouverne tout, fait tout dans ce bas univers,
Et peut-être est-ce lui qui m'a dicté ces vers.
Mais, en fût-il l'auteur, je conclus de sa fable
Que ce n'est qu'en Dieu seul qu'est l'honneur véritable.

ÉPITRES.

ÉPITRE I.

AU ROI.

LES AVANTAGES DE LA PAIX.

1669.

> Colbert, pour l'exécution de ses grandes vues d'utilité publique, désirait vivement le maintien de la paix, conclue l'année précédente à Aix-la-Chapelle. Ce fut pour seconder ce désir que Boileau composa cette épître, au roi, sur les avantages de la paix.

GRAND roi, c'est vainement qu'abjurant la satire,
Pour toi seul désormais j'avais fait vœu d'écrire.
Dès que je prends la plume, Apollon éperdu (1)
Semble me dire : Arrête, insensé ! que fais-tu ?
Sais-tu dans quels périls aujourd'hui tu t'engages ?
Cette mer (2) où tu cours est célèbre en naufrages.
Ce n'est pas qu'aisément, comme un autre (3), à *ton char*
Je ne pusse *attacher Alexandre* et *César;*
Qu'aisément je ne pusse, en quelque ode insipide,
T'exalter aux dépens et de *Mars* et d'*Alcide;*
Te livrer le *Bosphore,* et d'un vers incivil

---

(1) Virg., égl. VI, v. 3 :
   Quum canerem reges et prœlia, Cynthius aurem
   Vellit, et admonuit.
(2) L'éloge du roi.
(3) Sans doute Corneille, qui avait dit dans *Andromede* (1650) :
   Je lui montre Pompée, *Alexandre, César,*
   Mais comme des héros *attachés à son char.*

Proposer au *Sultan* de te céder le *Nil*.
Mais, pour te bien louer, une raison sévère
Me dit qu'il faut sortir de la route vulgaire;
Qu'après avoir joué tant d'auteurs différents,
Phébus même aurait peur, s'il entrait sur les rangs;
Que par des vers tout neufs, avoués du Parnasse,
Il faut de mes dégoûts justifier l'audace;
Et, si ma muse enfin n'est égale à mon roi,
Que je prête aux Cotins des armes contre moi.

 Est-ce là cet auteur, l'effroi de la Pucelle,
Qui devait des bons vers nous tracer le modèle,
Ce censeur, diront-ils, qui nous réformait tous?
Quoi! ce critique affreux n'en sait pas plus que nous!
N'avons-nous pas cent fois, en faveur de la France,
Comme lui, dans nos vers, pris *Memphis* et *Byzance*;
Sur les bords de l'*Euphrate* abattu le *turban*,
Et coupé, pour rimer, *les cèdres du Liban* (1)?
De quel front aujourd'hui vient-il, sur nos brisées,
Se revêtir encor de nos phrases usées?

 Que répondrai-je alors? Honteux et rebuté,
J'aurais beau me complaire en ma propre beauté
Et, de mes tristes vers admirateur unique,
Plaindre en les relisant l'ignorance publique:
Quelque orgueil en secret dont s'aveugle un auteur,
Il est fâcheux, grand roi, de se voir sans lecteur,
Et d'aller, du récit de ta gloire immortelle,
Habiller chez Francœur (2) le sucre et la cannelle (3).

 (1) Dans ce vers et les précédents, l'auteur se moque des mauvais imitateurs de Malherbe, qui avait dit, dans une ode à Marie de Médicis:
  Oh! combien lors aura de veuves
   La gent qui porte le *turban*!
  Que de sang rougira les fleuves
   Qui lavent les pieds du *Liban*!
  Que le *Bosphore* et ses deux rives
   Aura de sultanes captives!
  Et que de mères à *Memphis*,
   En pleurant, diront la vaillance
   De son courage et de sa lance,
  Aux funérailles de leurs fils!
 (2) Épicier qui fournissait la maison du roi.
 (3) Hor., Ép. à Aug., v. 267:
  Ne rubeam pingui donatus munere, et una

Ainsi, craignant toujours un funeste accident,
J'imite de Conrart (1) le silence prudent :
Je laisse aux plus hardis l'honneur de la carrière,
Et regarde le champ, assis sur la barrière.
　Malgré moi toutefois un mouvement secret
Vient flatter mon esprit, qui se tait à regret.
Quoi! dis-je tout chagrin, dans ma verve infertile,
Des vertus de mon roi spectateur inutile,
Faudra-t-il sur sa gloire attendre, à m'exercer,
Que ma tremblante voix commence à se glacer?
Dans un si beau projet, si ma muse rebelle
N'ose le suivre aux champs de Lille et de Bruxelle (2),
Sans le chercher aux bords de l'Escaut et du Rhin,
La paix l'offre à mes yeux plus calme et plus serein.
Oui, grand roi, laissons là les sièges, les batailles :
Qu'un autre aille en rimant renverser des murailles;
Et, souvent sur tes pas marchant sans ton aveu,
S'aille couvrir de sang, de poussière et de feu.
A quoi bon, d'une muse au carnage animée,
Échauffer ta valeur déjà trop allumée?
Jouissons à loisir du fruit de tes bienfaits,
Et ne nous lassons point des douceurs de la paix.
　Pourquoi ces éléphants, ces armes, ce bagage,
Et ces vaisseaux tout prêts à quitter le rivage?
Disait au roi Pyrrhus (3) un sage confident (4),
Conseiller très-sensé d'un roi très-imprudent.
Je vais, lui dit ce prince, à Rome, où l'on m'appelle.
— Quoi faire? — L'assiéger. — L'entreprise est fort belle,
Et digne seulement d'Alexandre ou de vous :
Mais, Rome prise enfin, seigneur, où courons-nous?
— Du reste des Latins la conquête est facile.
— Sans doute on les peut vaincre : est-ce tout?— La Sicile
De là nous tend les bras, et bientôt sans effort
Syracuse reçoit nos vaisseaux dans son port.

Cum scriptore meo, capsa porrectus aperta,
Deferar in vicum vendentem thus et odores,
Et piper, et quidquid chartis amicitur ineptis.

(1) Académicien célèbre qui n'a presque rien fait imprimer.
(2) La campagne de Flandre, faite en 1667.
(3) Roi d'Épire, dans le 3ᵉ siècle avant Jésus-Christ.
(4) Cinéas, son ministre.

LES AVANTAGES DE LA PAIX.

— Bornez-vous là vos pas? — Dès que nous l'aurons prise,
Il ne faut qu'un bon vent, et Carthage est conquise.
Les chemins sont ouverts : qui peut nous arrêter?
— Je vous entends, seigneur, nous allons tout dompter:
Nous allons traverser les sables de Libye,
Asservir en passant l'Égypte, l'Arabie,
Courir delà (1) le Gange en de nouveaux pays,
Faire trembler le Scythe aux bords du Tanaïs,
Et ranger sous nos lois tout ce vaste hémisphère.
Mais, de retour enfin, que prétendez-vous faire?
— Alors, cher Cinéas, victorieux, contents,
Nous pourrons rire à l'aise et prendre du bon temps.
— Eh! seigneur, dès ce jour, sans sortir de l'Épire (2),
Du matin jusqu'au soir qui vous défend de rire?

    Le conseil était sage et facile à goûter:
Pyrrhus vivait heureux, s'il eût pu l'écouter;
Mais à l'ambition d'opposer la prudence
C'est aux prélats de cour prêcher la résidence (3).

    Ce n'est pas que mon cœur, du travail ennemi,
Approuve un fainéant sur le trône endormi :
Mais, quelques vains lauriers que promette la guerre,
On peut être héros sans ravager la terre.
Il est plus d'une gloire. En vain aux conquérants
L'erreur, parmi les rois, donne les premiers rangs:
Entre les grands héros ce sont les plus vulgaires.
Chaque siècle est fécond en heureux téméraires;
Chaque climat produit des favoris de Mars :
La Seine a des Bourbons, le Tibre a des Césars.
On a vu mille fois des fanges Méotides
Sortir des conquérants goths, vandales, gépides (4),
Mais un roi vraiment roi, qui, sage en ses projets,

---

(1) Pour *par delà*.
(2) Hor., liv. I, ép. XI, v. 29:
        ....*Quod petis, hic est:*
  Est Ulubris, animus si te non deficit æquus.
(3) Dans leurs diocèses.
(4) Le *Palus* ou marais *Méotide*, nommé maintenant la *mer d'Azof*, est situé entre l'Europe et l'Asie, dans la petite Tartarie, au nord de la mer Noire, avec laquelle il communique. C'est des environs de cette contrée que sont sortis autrefois les *Goths* et les *Gépides*. A l'égard des *Vandales*, c'étaient des peuples plus septentrionaux, venus du côté de la mer Baltique, vers l'embouchure de l'Oder.

Sache en un calme heureux maintenir ses sujets,
Qui du bonheur public ait cimenté sa gloire,
Il faut, pour le trouver, courir toute l'histoire.
La terre compte peu de ces rois bienfaisants ;
Le ciel à les former se prépare longtemps.
Tel fut cet empereur (1) sous qui Rome adorée
Vit renaître les jours de Saturne et de Rhée ;
Qui rendit de son joug l'univers amoureux ;
Qu'on n'alla jamais voir sans revenir heureux,
Qui soupirait le soir, si sa main fortunée
N'avait par ses bienfaits signalé la journée (2).
Le cours ne fut pas long d'un empire si doux (3).
Mais où cherché-je ailleurs ce qu'on trouve chez nous ?
Grand roi, sans recourir aux histoires antiques,
Ne t'avons-nous pas vu dans les plaines belgiques (4),
Quand l'ennemi vaincu, désertant ses remparts,
Au-devant de ton joug courait de toutes parts,
Toi-même te borner au fort de ta victoire,
Et chercher dans la paix une plus juste gloire ?
Ce sont là les exploits que tu dois avouer,
Et c'est par là, grand roi, que je te veux louer.
Assez d'autres sans moi, d'un style moins timide,
Suivront aux champs de Mars ton courage rapide ;
Iront de ta valeur effrayer l'univers,
Et camper devant Dôle au milieu des hivers (5).
Pour moi, loin des combats, sur un ton moins terrible,
Je dirai les exploits de ton règne paisible (6) :
Je peindrai les plaisirs en foule renaissants (7),

(1) Titus, surnommé l'*Amour et les délices du genre humain*.
(2) Personne n'ignore la parole mémorable de cet empereur : *Mes amis*, dit-il, *j'ai perdu cette journée* (Amici, diem perdidi); se ressouvenant un soir qu'il n'avait fait du bien à personne ce jour-là.
(3) Il ne dura que deux ans deux mois et vingt jours.
(4) La campagne de 1667, en Flandre, où Louis XIV se rendit maître de plusieurs villes. Cette guerre fut bientôt terminée par le traité d'Aix-la-Chapelle.
(5) C'est la première campagne de la Franche-Comté, en 1668. Cette province fut conquise en moins d'un mois.
(6) Les 25 ou 30 vers suivants rappellent les principaux actes de Louis XIV depuis qu'il commença à régner par lui-même, en 1661.
(7) Le carrousel de l'an 1665, et les fêtes données par le roi à Versailles, sous le nom de *Plaisirs de l'île enchantée*, au mois de mai 1664.

Les oppresseurs du peuple à leur tour gémissants (1).
On verra par quels soins ta sage prévoyance
Au fort de la famine entretint l'abondance (2).
On verra les abus par ta main réformés (3),
La licence (4) et l'orgueil (5) en tous lieux réprimés.
Du débris des traitants ton épargne grossie (6),
Des subsides affreux la rigueur adoucie (7),
Le soldat dans la paix sage et laborieux (8),
Nos artisans grossiers rendus industrieux (9),
Et nos voisins frustrés de ces tributs serviles
Que payait à leur art le luxe de nos villes (10).
Tantôt je tracerai tes pompeux bâtiments (11),
Du loisir d'un héros nobles amusements.
J'entends déjà frémir les deux mers étonnées (12)
De voir leurs flots unis au pied des Pyrénées.

(1) La chambre de justice établie pour reconnaître les malversations commises par les traitants dans le recouvrement et dans l'administration des deniers publics.

(2) En 1662, le royaume, et particulièrement la ville de Paris, étaient menacés d'une famine causée par une stérilité de deux années. Louis XIV fit venir de Prusse et de Pologne une grande quantité de blé. On fit construire des fours dans le Louvre, et le pain fut distribué au peuple à un prix modique.

(3) Édits contre le duel, pour la sûreté particulière, etc.

(4) L'établissement des *grands jours* en 1665. On appelait ainsi une assemblée ou compagnie extraordinaire de juges qui avaient commission d'aller dans les provinces éloignées pour écouter les plaintes du peuple et faire justice.

(5) Édits contre le luxe.

(6) Les traitants furent condamnés à restituer d'assez fortes sommes au trésor public.

(7) Le roi diminua la taille de six millions; il diminua aussi ses droits, et il supprima la plupart de ceux qui étaient sur les rivières du royaume.

(8) Discipline militaire établie et maintenue parmi les troupes. Le roi faisait des revues fréquentes, et obligeait les officiers de tenir les soldats dans l'ordre et dans la discipline. Les soldats furent aussi employés aux travaux publics.

(9) L'établissement de plusieurs manufactures, particulièrement des tapisseries aux Gobelins, des glaces de Saint-Gobain, etc.

(10) La manufacture des points de France, établie à la place des points de Venise. On appelle *ouvrage de points* ou simplement *points* les ouvrages de fil faits à l'aiguille.

(11) Colonnade du Louvre, hôtel des Invalides, Versailles, etc.

(12) Canal du Languedoc, qui unit l'Océan à la Méditerranée.

Déjà de tous côtés la chicane aux abois
S'enfuit au seul aspect de tes nouvelles lois (1).
Oh! que ta main par là va sauver de pupilles!
Que de savants plaideurs désormais inutiles!
Qui ne sent point l'effet de tes soins généreux?
L'univers, sous ton règne, a-t-il des malheureux?
Est-il quelque vertu dans les glaces de l'Ourse,
Ni dans ces lieux brûlés où le jour prend sa source,
Dont la triste indigence ose encore approcher,
Et qu'en foule tes dons d'abord n'aillent chercher (2)?
C'est par toi qu'on va voir les Muses enrichies,
De leur longue disette à jamais affranchies.
Grand roi, poursuis toujours, assure leur repos :
Sans elles un héros n'est pas longtemps héros.
Bientôt, quoi qu'il ait fait, la mort, d'une ombre noire,
Enveloppe avec lui son nom et son histoire.
En vain, pour s'exempter de l'oubli du cercueil (3),
Achille mit vingt fois tout Ilion en deuil;
En vain, malgré les vents, aux bords de l'Hespérie,
Énée enfin porta ses dieux et sa patrie :
Sans le secours des vers, leurs noms tant publiés
Seraient depuis mille ans avec eux oubliés.
Non, à quelques hauts faits que ton destin t'appelle,
Sans le secours soigneux d'une muse fidèle,
Pour t'immortaliser tu fais de vains efforts.
Apollon te la doit : ouvre-lui tes trésors.
En poëtes fameux rends nos climats fertiles :
Un Auguste aisément peut faire des Virgiles (4).
Que d'illustres témoins de ta vaste bonté,
Vont pour toi déposer à la postérité!
  Pour moi qui, sur ton nom déjà brûlant d'écrire,

---

(1) Ordonnances publiées pour réformer la justice et pour abréger les procédures.
(2) En 1665, Louis XIV donna des pensions aux gens de lettres dans toute l'Europe.
(3) Hor., IV, ode IX, v. 25 :
    Vixere fortes ante Agamemnona
    Multi; sed omnes illacrymabiles
    Urgentur, ignotique longa
    Nocte, carent quia vate sacro.
(4) Martial :
    Sint Mecœnates, non deerunt, Flacce, Marones.

Sens au bout de ma plume expirer la satire,
Je n'ose de mes vers vanter ici le prix.
Toutefois, si quelqu'un de mes faibles écrits
Des ans injurieux (1) peut éviter l'outrage,
Peut-être pour ta gloire aura-t-il son usage ;
Et comme tes exploits, étonnant les lecteurs,
Seront à peine crus sur la foi des auteurs ;
Si quelque esprit malin les veut traiter de fables,
On dira quelque jour, pour les rendre croyables :
Boileau, qui, dans ses vers pleins de sincérité,
Jadis à tout son siècle a dit la vérité,
Qui mit à tout blâmer son étude et sa gloire,
A pourtant de ce roi parlé comme l'histoire.

ÉPITRE II.

A M. L'ABBÉ DES ROCHES.

LES PLAIDEURS.

1669.

Boileau composa cette épître pour conserver la fable de l'Huître et des Plaideurs, qu'il avait retranchée de l'épître précédente. Il y décrit en peu de mots la sottise de ceux qui ont la fureur de plaider.

A quoi bon réveiller mes Muses endormies,
Pour tracer aux auteurs des règles ennemies (2) ?
Penses-tu qu'aucun d'eux veuille subir mes lois,
Ni suivre une raison qui parle par ma voix ?
Oh ! le plaisant docteur qui, sur les pas d'Horace,
Vient prêcher, diront-ils, la réforme au Parnasse !
Nos écrits sont mauvais ; les siens valent-ils mieux ?

(1) Hor. : *Injurioso pede* (ode à la Fortune), *injuriosis ventis* (Epode XVII)

(2) Les six premiers vers font connaître que l'auteur travaillait à son *Art poétique*.

ÉPITRE II. LES PLAIDEURS.

J'entends déjà d'ici Linière furieux (1)
Qui m'appelle au combat sans prendre un plus long terme.
De l'encre, du papier! dit-il : qu'on nous enferme.
Voyons qui de nous deux, plus aisé dans ses vers,
Aura plus tôt rempli la page et le revers.
Moi donc, qui suis peu fait à ce genre d'escrime,
Je le laisse tout seul verser rime sur rime,
Et, souvent de dépit contre moi s'exerçant,
Punir de mes défauts le papier innocent.
   Mais toi, qui ne crains point qu'un rimeur te noircisse,
Que fais-tu cependant seul en ton bénéfice (2)?
Attends-tu qu'un fermier payant, quoiqu'un peu tard,
De ton bien pour le moins daigne te faire part?
Vas-tu, grand défenseur des droits de ton église,
De tes moines mutins réprimer l'entreprise?
Crois-moi, dût Ausanet (3) t'assurer du succès,
Abbé, n'entreprends point même un juste procès.
N'imite point ces fous dont la sotte avarice
Va de ses revenus engraisser la justice ;
Qui, toujours assignants et toujours assignés,
Souvent demeurent gueux de vingt procès gagnés.
Soutenons bien nos droits : sot est celui qui donne.
C'est ainsi devers Caen que tout Normand raisonne.
Ce sont là les leçons dont un père Manceau
Instruit son fils novice au sortir du berceau.
Mais pour toi qui, nourri bien en deçà de l'Oise (4),
As sucé la vertu picarde et champenoise (5),
Non, non, tu n'iras point, ardent bénéficier,
Faire enrouer pour toi Corbin ni Le Mazier (6).

(1) Hor., liv. I, sat. IV, v. 14:
    Crispinus minimo me provocat : Accipe, si vis,
  Accipe jam tabulas ; detur nobis locus, hora,
  Custodes ; videamus uter plus scribere possit.
(2) Des Roches était alors en procès avec ses moines, qui lui contestaient sans doute quelques-uns de ses priviléges, comme abbé commandataire.
(3) Célèbre avocat au parlement de Paris.
(4) Rivière qui a sa source en Picardie, vers les limites du Hainaut et de la Champagne.
(5) La franchise.
(6) Deux avocats criards qui se chargeaient souvent des mauvaises causes.

Toutefois, si jamais quelque ardeur bilieuse
Allumait dans ton cœur l'humeur litigieuse,
Consulte-moi d'abord, et, pour la réprimer,
Retiens bien la leçon que je te vais rimer.
 Un jour, dit un auteur, n'importe en quel chapitre,
Deux voyageurs à jeun rencontrèrent une huitre.
Tous deux la contestaient, lorsque dans leur chemin
La Justice passa, la balance à la main.
Devant elle à grand bruit ils expliquent la chose.
Tous deux avec dépens veulent gagner leur cause.
La Justice, pesant ce droit litigieux,
Demande l'huitre, l'ouvre, et l'avale à leurs yeux;
Et par ce bel arrêt terminant la bataille :
« Tenez, voilà, dit-elle, à chacun une écaille.
Des sottises d'autrui nous vivons au palais.
Messieurs, l'huitre était bonne. Adieu ! Vivez en paix. »

ÉPITRE III.

A M. ARNAULD,

DOCTEUR DE SORBONNE.

LA FAUSSE HONTE.

1673.

Le sujet de cette épitre est *la mauvaise honte* qui empêche le retour vers le bien, lorsqu'on s'en est une fois écarté.

 Oui, sans peine au travers des sophismes de Claude (1),
Arnauld, des novateurs tu découvres la fraude,
Et romps de leurs erreurs les filets captieux.

 (1) Ministre de Charenton, l'âme et le chef du parti calviniste en France à cette époque.

Mais que sert que ta main leur dessille les yeux,
Si toujours dans leur âme une pudeur rebelle,
Près d'embrasser l'Église (1), au prêche (2) les rappelle?
Non, ne crois pas que Claude, habile à se tromper,
Soit insensible aux traits dont tu le sais frapper;
Mais un démon l'arrête; et, quand ta voix l'attire,
Lui dit : Si tu te rends, sais-tu ce qu'on va dire?
Dans son heureux retour (3) lui montre un faux malheur,
Lui peint de Charenton l'hérétique douleur (4),
Et, balançant Dieu même en son âme flottante,
Fait mourir dans son cœur la vérité naissante.
Des superbes mortels le plus affreux lien,
N'en doutons point, Arnauld, c'est la honte du bien (5).
 Des plus nobles vertus cette adroite ennemie
Peint l'honneur à nos yeux des traits de l'infamie;
Asservit nos esprits sous un joug rigoureux,
Et nous rend l'un de l'autre esclaves malheureux.
Par elle la vertu devient lâche et timide.
Vois-tu ce libertin en public intrépide,
Qui prêche contre un Dieu que dans son âme il croit?
Il irait embrasser la vérité qu'il voit;
Mais de ses faux amis il craint la raillerie,
Et ne brave ainsi Dieu que par poltronnerie.
 C'est là de tous nos maux le fatal fondement.
Des jugements d'autrui nous tremblons follement;
Et, chacun l'un de l'autre adorant les caprices,
Nous cherchons hors de nous nos vertus et nos vices (6).
Misérables jouets de notre vanité,
Faisons au moins l'aveu de notre infirmité.
A quoi bon, quand la fièvre en nos artères brûle (7),

---

(1) Le catholicisme.
(2) Lieu où se rassemblent les protestants pour célébrer leur culte.
(3) Au catholicisme.
(4) Pour la *douleur des hérétiques*.
(5) La mauvaise honte qui empêche de pratiquer le bien. Horace, v. I, épit. XVI, v. 24 :
  Stultorum incurata pudor malus ulcera celat...
(6) Perse, sat. I, v. 7 :
  Nec te quæsiveris extra.
(7) Hor., liv. I, ép. XVI, v. 20 :
  Neu, si te populus sanum rectaque valentem
  Dictitet, occultam febrem sub tempus edendi
  Dissimules, donec manibus tremor incidat unctis.

Faire de notre mal un secret ridicule?
Le feu sort de vos yeux petillants et troublés;
Votre pouls inégal marche à pas redoublés :
Quelle fausse pudeur à feindre vous oblige ?   [dis-je (1),
Qu'avez-vous?— Je n'ai rien.— Mais...— Je n'ai rien, vous
Répondra ce malade à se taire obstiné.
Mais cependant voilà tout son corps gangrené ;
Et la fièvre, demain se rendant la plus forte,
Un bénitier aux pieds va l'étendre à la porte (2).
Prévenons sagement un si juste malheur.
Le jour fatal est proche, et vient comme un voleur.
Avant qu'à nos erreurs le ciel nous abandonne,
Profitons de l'instant que de grâce il nous donne.
Hâtons-nous, le temps fuit, et nous traîne avec soi :
Le moment où je parle est déjà loin de moi (3).

Mais quoi ! toujours la honte en esclaves nous lie !
Oui, c'est toi qui nous perds, ridicule folie ;
C'est toi qui fis tomber le premier malheureux,
Le jour que, d'un faux bien sottement amoureux,
Et n'osant soupçonner sa femme d'imposture,
Au démon, par pudeur, il vendit la nature.
Hélas ! avant ce jour qui perdit ses neveux (4),
Tous les plaisirs couraient au-devant de ses vœux.
La faim aux animaux ne faisait point la guerre :
Le blé, pour se donner, sans peine ouvrant la terre,
N'attendait point qu'un bœuf, pressé de l'aiguillon,
Traçât à pas tardifs un pénible sillon.

---

(1) Perse, sat. III, v. 94 :
    Heus ! bone, tu palles. — Nihil est. — Videas tamen istud,
    Quidquid id est.

(2) Ce vers est une imitation de celui de Perse, sat. III, v. 105 :
    In portam rigidos calces extendit ;
ou une allusion à la coutume qui règne aux environs de Paris et dans quelques autres endroits, d'exposer les morts sur le devant des portes assez longtemps avant l'enterrement.

(3) Perse, sat. III, v. 165 :
    ... Fugit hora ; hoc quod loquor inde est.

(4) Virg., *Géorg.*, liv. I, v. 124 :
    Ante Jovem nulli subigebant arva coloni.
Et Ov., *Métam.*, I, v. 101 :
    Ipsa quoque immunis, rastroque intacta nec ullis
    Saucia vomeribus, per se dabat omnia tellus.

86 ÉPITRE III. LA FAUSSE HONTE.

La vigne offrait partout des grappes toujours pleines,
Et des ruisseaux de lait serpentaient dans les plaines (1).
Mais dès ce jour, Adam, déchu de son état,
D'un tribut de douleur paya son attentat.
Il fallut qu'au travail son corps rendu docile
Forçât la terre avare à devenir fertile.
Le chardon importun hérissa les guérets (2) ;
Le serpent venimeux rampa dans les forêts;
La Canicule en feu désola les campagnes (3) ;
L'aquilon en fureur gronda sur les montagnes.
Alors, pour se couvrir durant l'âpre saison,
Il fallut aux brebis dérober leur toison.
La peste, en même temps, la guerre et la famine (4)
Des malheureux humains jurèrent la ruine.
Mais aucun de ces maux n'égala les rigueurs
Que la mauvaise honte exerça dans les cœurs.
De ce nid à l'instant sortirent tous les vices.
L'avare, des premiers, en proie à ses caprices,
Dans un infâme gain mettant l'honnêteté,
Pour toute honte alors compta la pauvreté.
L'honneur et la vertu n'osèrent plus paroître (5).
La piété chercha les déserts et le cloître.
Depuis on n'a point vu de cœur si détaché
Qui par quelque lien ne tint à ce péché.
Triste et funeste effet du premier de nos crimes !
Moi-même, Arnauld, ici, qui te prêche en ces rimes,
Plus qu'aucun des mortels par la honte abattu,
En vain j'arme contre elle une faible vertu.
Ainsi, toujours douteux, chancelant et volage,
A peine du limon où le vice m'engage

---

(1) Ov., *ib.* 1
Flumina jam lactis, jam flumina nectaris ibant.
(2) Virg. :
Segnisquè horreret in arvis carduus.
(3) Ov., *ib.* :
*Tum primum siccis aer fervoribus ustus
Canduit.*
(4) Hor., liv. I, od. III, v. 30 :
....*Macies et nova febrium
Terris incubuit cohors.*
5) *Paroître* et *cloître*, rimes pour les yeux

J'arrache un pied timide (1), et sors en m'agitant,
Que l'autre m'y reporte et s'embourbe à l'instant..
Car si, comme aujourd'hui, quelque rayon de zèle
Allume dans mon cœur une clarté nouvelle,
Soudain aux yeux d'autrui s'il faut la confirmer,
D'un geste, d'un regard je me sens alarmer;
Et, même sur ces vers que je te viens d'écrire,
Je tremble en ce moment de ce que l'on va dire.

ÉPITRE IV.

AU ROI.

LE PASSAGE DU RHIN.

1672.

Le sujet de cette épître est la campagne de 1672. Parmi les événements qui la rendirent si glorieuse au roi, le poëte choisit le passage du Rhin par l'armée de France, le 12 juin 1672, comme le sujet le plus brillant, et par conséquent le plus susceptible des ornements de la poésie.

En vain pour te louer ma muse toujours prête
Vingt fois de la Hollande a tenté la conquête :
Ce pays, où cent murs n'ont pu te résister,
Grand roi, n'est pas en vers si facile à dompter.
Des villes que tu prends les noms durs et barbares
N'offrent de toutes parts que syllabes bizarres;
Et, l'oreille effrayée, il faut, depuis l'Yssel (2),
Pour trouver un beau mot, courir jusqu'au Tessel (3).

(1) Hor., l. II, sat. VII, v. 26 :
Aut quia non firmus rectum defendis, et hæres,
Nequicquam cœno cupiens evellere plantam.
(2) Rivière des Pays-Bas qui se jette dans le Zuyderzée.
(3) Ou Texel, île de la Hollande, à l'entrée du Zuyderzée.

Oui, partout de son nom chaque place munie
Tient bon contre le vers, en détruit l'harmonie.
Et qui peut, sans frémir, aborder Woërden (1)?
Quel vers ne tomberait au seul nom de Heusden (2)?
Quelle muse, à rimer en tous lieux disposée,
Oserait approcher des bords du Zuyderzée?
Comment en vers heureux assiéger Doësbourg,
Zutphen, Wageninghen, Harderwic, Knotzembourg (3)?
Il n'est fort, entre ceux que tu prends par centaines,
Qui ne puisse arrêter un rimeur six semaines;
Et partout sur le Whal, ainsi que sur le Leck (4),
Le vers est en déroute, et le poëte à sec.

   Encor si tes exploits, moins grands et moins rapides,
Laissaient prendre courage à nos Muses timides,
Peut-être avec le temps, à force d'y rêver,
Par quelque coup de l'art nous pourrions nous sauver.
Mais dès qu'on veut tenter cette vaste carrière,
Pégase s'effarouche et recule en arrière.
Mon Apollon s'étonne; et Nimègue (5) est à toi,
Que ma muse est encore au camp devant Orsoi (6).

   Aujourd'hui toutefois mon zèle m'encourage:
Il faut au moins du Rhin tenter l'heureux passage;
Un trop juste devoir veut que nous l'essayions.
Muses, pour le tracer, cherchez tous vos crayons:
Car, puisqu'en cet exploit tout paraît incroyable,
Que la vérité pure y ressemble à la fable;
De tous vos ornements vous pouvez l'égayer.
Venez donc, et surtout gardez bien d'ennuyer.
Vous savez des grands vers les disgrâces tragiques;
Et souvent on ennuie en termes magnifiques.

   Au pied du mont Adule (7), entre mille roseaux,

---

(1) Ville de Hollande, sur le Rhin.
(2) Autre ville de la même province, près de la Meuse.
(3) Villes de Hollande prises par Louis XIV ou par ses généraux.
(4) Le Whal ou Wahal et le Leck sont deux branches du Rhin qui se mêlent avec la Meuse.
(5) Ville considérable des Provinces-Unies, prise par Turenne après six jours de siége.
(6) Place forte sur la rive gauche du Rhin, assiégée au commencement de la campagne, et prise en deux jours.
(7) Montagne d'où le Rhin prend sa source, *Adula*, selon Ptolémée et Strabon. On l'appelle maintenant le *mont Saint-Gothard*.

LE PASSAGE DU RHIN.

Le Rhin, tranquille et fier du progrès de ses eaux,
Appuyé d'une main sur son urne penchante,
Dormait au bruit flatteur de son onde naissante,
Lorsqu'un cri tout à coup, suivi de mille cris,
Vient d'un calme si doux retirer ses esprits.
Il se trouble, il regarde, et partout sur ses rives
Il voit fuir à grands pas ses Naïades craintives,
Qui toutes, accourant vers leur humide roi,
Par un récit affreux redoublent son effroi.
Il apprend qu'un héros, conduit par la Victoire,
A de ses bords fameux flétri l'antique gloire ;
Que Rhinberg et Wesel (1), terrassés en deux jours,
D'un joug déjà prochain menacent tout son cours.
« Nous l'avons vu, dit l'une, affronter la tempête
De cent foudres d'airain tournés contre sa tête.
Il marche vers Tholus (2), et tes flots en courroux
Au prix de sa fureur sont tranquilles et doux.
Il a de Jupiter la taille et le visage ;
Et, depuis ce Romain (3) dont l'insolent passage
Sur un pont en deux jours trompa tous tes efforts,
Jamais rien de si grand n'a paru sur tes bords. »
  Le Rhin tremble et frémit à ces tristes nouvelles ;
Le feu sort à travers ses humides prunelles :
« C'est donc trop peu, dit-il, que l'Escaut, en deux mois,
Ait appris à couler sous de nouvelles lois (4) ;
Et de mille remparts mon onde environnée
De ces fleuves sans nom suivra la destinée ?
Ah ! périssent mes eaux, ou par d'illustres coups
Montrons qui doit céder des mortels ou de nous. »
A ces mots, essuyant sa barbe limoneuse (5),
Il prend d'un vieux guerrier la figure poudreuse.
Son front cicatrisé rend son air furieux,

(1) Deux villes situées sur le Rhin, l'une sur la rive gauche du fleuve, l'autre sur la rive droite.
(2) Village sur la rive gauche du Rhin. C'est en cet endroit que les Français passèrent le Rhin à la nage.
(3) Jules-César, qui jeta, en dix jours, un pont sur le Rhin, à Cologne.
(4) En 1667, Louis XIV avait conquis la partie de la Flandre arrosée par l'Escaut, ou la Flandre espagnole.
(5) Mieux que le *Rheni luteum caput* d'Hor., liv I sat. X, v. 37.

Et l'ardeur du combat étincelle en ses yeux.
En ce moment il part; et, couvert d'une nue,
Du fameux fort de Skink (1) prend la route connue.
Là, contemplant son cours, il voit de toutes parts
Ses pâles défenseurs par la frayeur épars :
Il voit cent bataillons qui, loin de se défendre,
Attendent sur des murs l'ennemi pour se rendre.
Confus, il les aborde ; et, renforçant sa voix :
« Grands arbitres, dit-il, des querelles des rois (2),
Est-ce ainsi que votre âme, aux périls aguerrie,
Soutient sur ces remparts l'honneur et la patrie (3) ?
Votre ennemi superbe, en cet instant fameux,
Du Rhin, près de Tholus, fend les flots écumeux.
Du moins, en vous montrant sur la rive opposée,
N'oseriez-vous saisir une victoire aisée ?
Allez, vils combattants, inutiles soldats ;
Laissez là ces mousquets (4) trop pesants pour vos bras ;
Et, la faux à la main, parmi vos marécages,
Allez couper vos joncs et presser vos laitages ;
Ou, gardant les seuls bords qui vous peuvent couvrir,
Avec moi, de ce pas, venez vaincre ou mourir. »
 Ce discours d'un guerrier que la colère enflamme
Ressuscite l'honneur déjà mort en leur âme ;
Et, leurs cœurs s'allumant d'un reste de chaleur,
La honte fait en eux l'effet de la valeur.
Ils marchent droit au fleuve où Louis en personne,
Déjà prêt à passer, instruit, dispose, ordonne.
Par son ordre, Gramont (5), le premier dans les flots,
S'avance soutenu des regards du héros.
Son coursier, écumant sous son maître intrépide,

---

 (1) Ou Schenk, fort situé à l'endroit où le Rhin se divise en deux bras.
 (2) Ironie amère. Les Hollandais s'étaient vantés d'avoir forcé Louis XIV à faire la paix avec l'Espagne, par le traité d'Aix-la-Chapelle. Ils avaient même fait frapper une médaille dans laquelle ils prenaient les titres fastueux d'*arbitres des rois*, de *réformateurs de la religion*, de *protecteurs des lois*, et plusieurs autres.
 (3) Il y avait sur les drapeaux des Hollandais : *Pro honore et patria*.
 (4) Espèce de fusil que l'on faisait partir au moyen d'une mèche allumée.
 (5) Le comte de Guiche, fils aîné du maréchal de Gramont.

Nage tout orgueilleux de la main qui le guide.
Revel (1) le suit de près : sous ce chef redouté
Marche des cuirassiers l'escadron indompté.
Mais déjà devant eux une chaleur guerrière
Emporte loin du bord le bouillant Lesdiguière (2),
Vivonne (3), Nantouillet (4), et Coislin (5), et Salart (6) :
Chacun d'eux au péril veut la première part.
Vendôme (7), que soutient l'orgueil de sa naissance,
Au même instant dans l'onde impatient s'élance.
La Salle (8), Beringhen (9), Nogent (10), d'Ambre (11).
  Cavois (12),
Fendent les flots tremblants sous un si noble poids.
Louis, les animant du feu de son courage,
Se plaint de sa grandeur qui l'attache au rivage.
Par ses soins cependant trente légers vaisseaux (13)
D'un tranchant aviron déjà coupent les eaux :
Cent guerriers s'y jetant signalent leur audace.
Le Rhin les voit d'un œil qui porte la menace.
Il s'avance en courroux. Le plomb vole à l'instant,
Et pleut de toutes parts sur l'escadron flottant.
Du salpêtre en fureur l'air s'échauffe et s'allume,
Et des coups redoublés tout le rivage fume.
Déjà du plomb mortel plus d'un brave est atteint :
Sous les fougueux coursiers l'onde écume et se plaint.
De tant de coups affreux la tempête orageuse

(1) Le marquis de Revel, colonel des cuirassiers.
(2) Le comte de Saux, duc de *Lesdiguières* : quoique blessé dans le passage, il sortit de l'eau le premier, et porta les premiers coups.
(3) Louis-Victor de Rochechouart, duc de Mortemart et de *Vivonne*.
(4) Le chevalier de *Nantouillet*.
(5) Armant de Cambout, duc de *Coislin*.
(6) Armand-Nicolas de *Salart*, capitaine au régiment des gardes françaises.
(7) Le chevalier de *Vendôme*, depuis grand-prieur de France, arrière-petit-fils de Henri IV.
(8) Le marquis de la *Salle*.
(9) Le marquis de *Beringhen*, 1ᵉʳ écuyer du roi, et colonel du régiment Dauphin.
(10) Arnauld de Bautru, comte de *Nogent*, maréchal de camp.
(11) Le comte de Gelon, marquis de Vignoles, baron d'*Ambres*.
(12) Louis d'Oger, marquis de *Cavois*, grand-maréchal des logis de la maison du roi.
(13) Les pontons de cuivre, inventés par Martinet.

ÉPITRE IV. LE PASSAGE DU RHIN

Tient un temps sur les eaux la fortune douteuse
Mais Louis d'un regard sait bientôt la fixer :
Le Destin à ses yeux n'oserait balancer.
Bientôt avec Gramont courent Mars et Bellone ;
Le Rhin à leur aspect d'épouvante frissonne :
Quand, pour nouvelle alarme à ses esprits glacés,
Un bruit s'épand qu'Enghien et Condé (1) sont passés ;
Condé, dont le seul nom fait tomber les murailles.
Force les escadrons et gagne les batailles ;
Enghien, de son hymen le seul et digne fruit,
Par lui dès son enfance à la victoire instruit.
L'ennemi renversé fuit, et gagne la plaine :
Le dieu lui-même cède au torrent qui l'entraîne,
Et seul, désespéré, pleurant ses vains efforts,
Abandonne à Louis la victoire et ses bords.
  Du fleuve ainsi dompté la déroute éclatante
A Wurts (2) jusqu'en son camp va porter l'épouvante :
Wurts, l'espoir du pays et l'appui de ses murs ; [Wurts !
Wurts... Ah ! quel nom, grand roi ! quel Hector que ce
Sans ce terrible nom, mal né pour les oreilles,
Que j'allais à tes yeux étaler de merveilles !
Bientôt on eût vu Skink, dans mes vers emporté,
De ses fameux remparts démentir la fierté (3) :
Bientôt... Mais Wurts s'oppose à l'ardeur qui m'anime.
Finissons, il est temps : aussi bien si la rime
Allait mal à propos m'engager dans Arnheim (4),
Je ne sais pour sortir de porte qu'Hildesheim (5)
  Oh ! que le ciel, soigneux de notre poésie,
Grand roi, ne nous fit-il plus voisins de l'Asie (6) ?
Bientôt, victorieux de cent peuples altiers,
Tu nous aurais fourni des rimes à milliers.

---

(1) Le prince de *Condé*, Louis II de Bourbon, l'un des plus grands capitaines de l'Europe ; le duc d'Enghien était son fils.

(2) Maréchal de camp des Hollandais, qui commandait le camp destiné à s'opposer au passage du Rhin.

(3) Le fort de Skink fut assiégé le 18 juin et pris le 21.

(4) Ville considérable des Provinces-Unies, dans le duché de Gueldre.

(5) Petite ville de l'électorat de Trèves.

(6) De la Grèce asiatique, dans laquelle était située la fameuse ville de Troie ou d'Ilion, qui ne fut prise par les Grecs qu'au bout de dix ans.

Il n'est plaine en ces lieux si sèche et si stérile
Qui ne soit en beaux mots partout riche et fertile.
Là, plus d'un bourg, fameux par son antique nom,
Vient offrir à l'oreille un agréable son.
Quel plaisir de te suivre aux rives du Scamandre,
D'y trouver d'Ilion la poétique cendre,
De juger si les Grecs, qui brisèrent ses tours,
Firent plus en dix ans que Louis en dix jours !
Mais pourquoi sans raison désespérer ma veine ?
Est-il dans l'univers de plage si lointaine
Où ta valeur, grand roi, ne te puisse porter,
Et ne m'offre bientôt des exploits à chanter ?
Non, non, ne faisons plus de plaintes inutiles :
Puisque ainsi dans deux mois tu prends quarante villes,
Assuré des beaux vers dont ton bras me répond,
Je t'attends dans deux ans aux bords de l'Hellespont (1).

ÉPITRE V.

A M. DE GUILLERAGUES.

LA CONNAISSANCE DE SOI-MÊME.

1674.

Boileau prouve, dans cette épître, que le véritable bonheur consiste dans la connaissance de soi-même, et qu'on se trompe quand on le cherche autre part que chez soi.

ESPRIT né pour la cour, et maître en l'art de plaire,
Guilleragues (2), qui sais et parler et te taire (3),

(1) Maintenant détroit des Dardanelles, qui joint l'Archipel (mer Égée) à la mer de Marmara (Propontide).
(2) Le comte de Lavergne de Guilleragues, l'un des hommes les plus aimables et les plus recherchés de la cour, secrétaire de la chambre et du cabinet du roi, puis ambassadeur à Constantinople.
(3) Perse, sat. V :
....*Dicenda tacendaque calles.*

ÉPITRE V.

Apprends-moi si je dois ou me taire ou parler.
Faut-il dans la satire encor me signaler,
Et, dans ce champ fécond en plaisantes malices,
Faire encore aux auteurs redouter mes caprices ?
Jadis, non sans tumulte, on m'y vit éclater,
Quand mon esprit plus jeune, et prompt à s'irriter,
Aspirait moins au nom de discret et de sage ;
Que mes cheveux plus noirs ombrageaient mon visage.
Maintenant que le temps a mûri mes désirs ;
Que mon âge, amoureux de plus sages plaisirs,
Bientôt s'en va frapper à son neuvième lustre (1),
J'aime mieux mon repos qu'un embarras illustre.
Que d'une égale ardeur mille auteurs animés
Aiguisent contre moi leurs traits envenimés ;
Que tout, jusqu'à Pinchêne (2), et m'insulte et m'accable :
Aujourd'hui, vieux lion, je suis doux et traitable.
Je n'arme point contre eux mes ongles émoussés.
Ainsi que mes beaux jours, mes chagrins sont passés :
Je ne sens plus l'aigreur de ma bile première,
Et laisse aux froids rimeurs une libre carrière.

Ainsi donc, philosophe à la raison soumis,
Mes défauts désormais sont mes seuls ennemis.
C'est l'erreur que je fuis, c'est la vertu que j'aime.
Je songe à me connaître, et me cherche en moi-même (3).
C'est là l'unique étude où je veux m'attacher.
Que, l'astrolabe (4) en main, un autre aille chercher
Si le soleil est fixe ou tourne sur son axe ;
Si Saturne à nos yeux peut faire un parallaxe (5) ;

---

(1) Espace de cinq ans chez les Romains. Le 9e lustre commence avec la 41e année.
(2) Neveu de Voiture, auteur de poésies fades.
(3) Perse, sat. I :
   ....Nec te quæsiveris extra.
Et sat. IV :
   Tecum habita.
Et plus loin :
   Ut nemo in sese tentat descendere, nemo !
(4) Instrument destiné à mesurer la hauteur des astres, et non à découvrir si le soleil est fixe.
(5) Ce mot est féminin. On appelle *parallaxe* la différence qui est entre le *lieu véritable* d'un astre et son *lieu apparent*, c'est-à-dire, entre le lieu du firmament auquel cet astre répondrait s'il était vu du centre

LA CONNAISSANCE DE SOI-MÊME.

Que Rohaut (1) vainement sèche pour concevoir
Comment, tout étant plein, tout a pu se mouvoir ;
Ou que Bernier compose et le sec et l'humide
Des corps ronds et crochus, errants parmi le vide :
Pour moi, sur cette mer qu'ici-bas nous courons,
Je songe à me pourvoir d'esquif et d'avirons ;
A régler mes désirs, à prévenir l'orage,
Et sauver, s'il se peut, ma raison du naufrage.

   C'est au repos d'esprit que nous aspirons tous ;
Mais ce repos heureux se doit chercher en nous.
Un fou rempli d'erreurs, que le trouble accompagne,
Et malade à la ville ainsi qu'à la campagne,
En vain monte à cheval pour tromper son ennui :
Le chagrin monte en croupe, et galope avec lui (2).
Que crois-tu qu'Alexandre, en ravageant la terre,
Cherche parmi l'horreur, le tumulte et la guerre ?
Possédé d'un ennui qu'il ne saurait dompter,
Il craint d'être à soi-même, et songe à s'éviter.
C'est là ce qui l'emporte aux lieux où naît l'aurore,
Où le Perse est brûlé de l'astre qu'il adore.

   De nos propres malheurs auteurs infortunés,
Nous sommes loin de nous à toute heure entraînés.
A quoi bon ravir l'or au sein du nouveau monde ?
Le bonheur, tant cherché sur la terre et sur l'onde,
Est ici comme aux lieux où mûrit le coco (3),
Et se trouve à Paris de même qu'à Cusco (4) :
On ne le tire point des veines du Potose (5).

de la terre, et le lieu auquel cet astre répond étant vu de la surface de la terre.

(1) Rohaut disait avec Descartes que, tout espace étant corps, ce qu'on appelle *vide* serait espace, et corps par conséquent ; et qu'ainsi non-seulement il n'y avait point de vide, mais qu'il n'y en peut même point avoir. Bernier prétendait, au contraire, d'après Gassendi, son maître, que le monde est composé d'atomes indivisibles qui errent dans un espace vide infini, et que ces atomes ne peuvent se mouvoir sans laisser nécessairement entre eux de petits espaces vides.

(2) Hor., liv. III, ode I, v. 40 :
    Post equitem sedet atra cura.
Et liv. II, sat. VII, v. 115 :
    ...*Comes atra premit (cura) sequiturque fugacem.*

(3) Dans les Indes orientales et en Afrique.

(4) Capitale du Pérou, dans l'Amérique, sous les Incas.

(5) Montagnes où sont les mines d'argent dans le Pérou.

ÉPITRE V.

Qui vit content de rien possède toute chose.
Mais sans cesse, ignorants de nos propres besoins,
Nous demandons au ciel ce qu'il nous faut le moins.
   Oh! que si cet hiver un rhume salutaire (1),
Guérissant de tous maux mon avare beau-père,
Pouvait, bien confessé, l'étendre en un cercueil,
Et remplir sa maison d'un agréable deuil ;
Que mon âme, en ce jour de joie et d'opulence,
D'un superbe convoi plaindrait peu la dépense !
Disait, le mois passé, doux, honnête et soumis,
L'héritier affamé de ce riche commis,
Qui, pour lui préparer cette douce journée,
Tourmenta quarante ans sa vie infortunée.
La mort vient de saisir le vieillard catarrheux :
Voilà son gendre riche ; en est-il plus heureux ?
Tout fier du faux éclat de sa vaine richesse,
Déjà nouveau seigneur, il vante sa noblesse.
Quoique fils de meunier, encor blanc du moulin,
Il est prêt à fournir ses titres en vélin.
En mille vains projets à toute heure il s'égare :
Le voilà fou, superbe, impertinent, bizarre,
Rêveur, sombre, inquiet, à soi-même ennuyeux.
Il vivrait plus content, si, comme ses aïeux,
Dans un habit conforme à sa vraie origine,
Sur le mulet encore il chargeait la farine.
   Mais ce discours n'est pas pour le peuple ignorant
Que le faste éblouit d'un bonheur apparent.
L'argent, l'argent (2), dit-on ; sans lui tout est stérile :
La vertu sans l'argent n'est qu'un meuble inutile.
L'argent en honnête homme érige un scélérat ;
L'argent seul au palais peut faire un magistrat (3).

---

(1) Perse, sat. I, v. 9 :
    . . . . *O! si*
  Ebullit patrui præclarum funus! etc.
(2) Hor., liv. I, ép. I, v. 53 :
  O cives, cives, quærenda pecunia primum est ;
  Virtus post nummos.
Et Juv., sat. I, v. 74 :
  Probitas laudatur, et alget.
(3) Les charges de la magistrature se vendaient alors.

Qu'importe qu'en tous lieux on me traite d'infâme (1) ?
Dit ce fourbe sans foi, sans honneur et sans âme :
Dans mon coffre, tout plein de rares qualités,
J'ai cent mille vertus en louis bien comptés (2).
Est-il quelque talent que l'argent ne me donne?
C'est ainsi qu'en son cœur ce financier raisonne.
Mais pour moi, que l'éclat ne saurait décevoir,
Qui mets au rang des biens l'esprit et le savoir,
J'estime autant Patru, même dans l'indigence,
Qu'un commis engraissé des malheurs de la France.
Non que je sois du goût de ce sage insensé (3)
Qui, d'un argent commode esclave embarrassé,
Jeta tout dans la mer pour crier : Je suis libre !
De la droite raison je sens mieux l'équilibre ;
Mais je tiens qu'ici-bas, sans faire tant d'apprêts,
La vertu se contente et vit à peu de frais.
Pourquoi donc s'égarer en des projets si vagues?
  Ce que j'avance ici, crois-moi, cher Guilleragues,
Ton ami dès l'enfance ainsi l'a pratiqué.
Mon père (4), soixante ans au travail appliqué,
En mourant me laissa, pour rouler et pour vivre,
Un revenu léger (5), et son exemple à suivre.
Mais bientôt, amoureux d'un plus noble métier, [tier,
Fils (6), frère(7), oncle(8), cousin(9), beau-frère(10) de gref-

---

(1) Juv., sat. I, v. 48 :
    Quid enim salvis infamia nummis ?
(2) Hor., liv. I, sat. 1, v. 66 :
    ....*Populus me sibilat, at mihi plaudo*
    Ipse domi, simul ac nummos contemplor in arca.
(3) Aristippe fit cette action, et Diogène conseilla à Cratès, philosophe cynique, de l'imiter. V. Hor., liv. II, sat. III, v. 99.
(4) Gilles Boileau, greffier, également recommandable par sa probité et par son expérience dans les affaires.
(5) Environ douze mille écus de patrimoine.
(6) Voy plus haut.
(7) *Frère* de Jérôme Boileau, son aîné, qui posséda la charge de son père.
(8) *Oncle* de Nicolas Dongois, greffier de l'audience à la grand'-chambre.
(9) *Cousin* du même Dongois, qui avait épousé une cousine germaine du poète.
(10) *Beau-frère* de Jean Dongois, Ch. Langlois et Joachim Boyvin, greffiers à la chambre des comptes et à celle des requêtes.

ÉPITRE V. LA CONNAISSANCE DE SOI-MÊME.

Pouvant charger mon bras d'une utile liasse (1),
J'allai, loin du palais, errer sur le Parnasse.
La famille en pâlit, et vit en frémissant
Dans la poudre du greffe un poëte naissant :
On vit avec horreur une muse effrénée
Dormir chez un greffier la grasse matinée (2).
Dès lors à la richesse il fallut renoncer :
Ne pouvant l'acquérir, j'appris à m'en passer ;
Et surtout, redoutant la basse servitude,
La libre vérité fût toute mon étude (3).
Dans ce métier, funeste à qui veut s'enrichir,
Qui l'eût cru que pour moi le sort dût se fléchir ?
Mais du plus grand des rois la bonté sans limite,
Toujours prête à courir au-devant du mérite,
Crut voir dans ma franchise un mérite inconnu,
Et d'abord de ses dons enfla mon revenu.
La brigue ni l'envie à mon bonheur contraires,
Ni les cris douloureux de mes vains adversaires,
Ne purent dans leur course arrêter ses bienfaits.
C'en est trop : mon bonheur a passé mes souhaits.
Qu'à son gré désormais la fortune me joue ;
On me verra dormir au branle de sa roue.
  Si quelque soin encore agite mon repos,
C'est l'ardeur de louer un si fameux héros.
Ce soin ambitieux, me tirant par l'oreille,
La nuit, lorsque je dors, en sursaut me réveille ;
Me dit que ses bienfaits, dont j'ose me vanter,
Par des vers immortels ont dû se mériter.
C'est là le seul chagrin qui trouble encor mon âme :
Mais si, dans le beau feu du zèle qui m'enflamme,
Par un ouvrage enfin des critiques vainqueur,
Je puis sur ce sujet satisfaire mon cœur,
Guilleragues, plains-toi de mon humeur légère,
Si jamais, entraîné d'une ardeur étrangère,
Ou d'un vil intérêt reconnaissant la loi,
Je cherche mon bonheur autre part que chez moi.

---

(1) De pièces de procédures lucratives.
(2) Il était grand dormeur, particulièrement dans sa jeunesse.
(3) Hor., liv. I, ép. I, v. 11 :
   Quid verum atque decens curo et rogo, et omnis in hoc sum.

ÉPITRE VI.

A M. DE LAMOIGNON,

AVOCAT-GÉNÉRAL.

LES PLAISIRS DES CHAMPS.

1677.

Boileau décrit dans cette épitre les douceurs dont il jouit à la campagne, et les chagrins qui l'attendent à la ville. Horace a fait une satire sur le même sujet ; elle est la sixième du livre II.

Oui, Lamoignon (1), je fuis les chagrins de la ville,
Et contre eux la campagne est mon unique asile.
Du lieu qui m'y retient veux-tu voir le tableau ?
C'est un petit village, ou plutôt un hameau (2)
Bâti sur le penchant d'un long rang de collines,
D'où l'œil s'égare au loin dans les plaines voisines.
La Seine, au pied des monts que son flot vient laver,
Voit du sein de ses eaux vingt îles s'élever,
Qui, partageant son cours en diverses manières,
D'une rivière seule y forment vingt rivières.
Tous ses bords sont couverts de saules non plantés,
Et de noyers souvent du passant insultés (3).
Le village au-dessus forme un amphithéâtre :
L'habitant ne connaît ni la chaux ni le plâtre ;
Et dans le roc, qui cède et se coupe aisément,

---

(1) Chrétien-François de Lamoignon, fils aîné du 1er président qui figure dans le *Lutrin*, sous le nom d'Ariste.

(2) Hautile, près de la Roche-Guyon, du côté de Mantes, à 45 kil. de Paris.

(3) Ovide fait dire au noyer, dans l'élégie intitulée *Nux* :
  A populo saxis prætereunte petor.

ÉPITRE VI.

Chacun sait de sa main creuser son logement.
La maison du seigneur, seule un peu plus ornée,
Se présente au dehors de murs environnée.
Le soleil en naissant la regarde d'abord (1),
Et le mont la défend des outrages du nord.
 C'est là, cher Lamoignon, que mon esprit tranquille
Met à profit les jours que la Parque me file.
Ici, dans un vallon bornant tous mes désirs,
J'achète à peu de frais de solides plaisirs.
Tantôt, un livre en main, errant dans les prairies,
J'occupe ma raison d'utiles rêveries :
Tantôt, cherchant la fin d'un vers que je construi,
Je trouve au coin d'un bois le mot qui m'avait fui ;
Quelquefois, aux appâts d'un hameçon perfide,
J'amorce en badinant le poisson trop avide ;
Ou d'un plomb qui suit l'œil, et part avec l'éclair,
Je vais faire la guerre aux habitants de l'air.
Une table, au retour, propre et non magnifique,
Nous présente un repas agréable et rustique.
Là, sans s'assujettir aux dogmes du Broussain (2),
Tout ce qu'on boit est bon, tout ce qu'on mange est sain.
La maison le fournit, la fermière l'ordonne,
Et mieux que Bergerat (3) l'appétit l'assaisonne.
O fortuné séjour ! ô champs aimés des cieux (4) !
Que pour jamais, foulant vos prés délicieux,
Ne puis-je ici fixer ma course vagabonde,
Et, connu de vous seuls, oublier tout le monde !
 Mais à peine, du sein de vos vallons chéris
Arraché malgré moi, je rentre dans Paris,
Qu'en tous lieux les chagrins m'attendent au passage.

---

(1) Hor., liv. I, ép. 16, v. 5 :
  Continui montes, nisi dissocientur opaca
  Valle; sed ut veniens dextrum latus adspiciat sol,
  Lævum discedens curru fugiente vaporet.
(2) René Brulart, comte du Broussain, l'un des gourmets les plus célèbres de l'époque.
(3) Fameux traiteur.
(4) Hor., liv. II, sat. VI, v. 60 :
  O rus, quando ego te aspiciam? Quandoque licebit,
  Nunc veterum libris, nunc somno et inertibus horis
  Ducere sollicitæ jucunda oblivia vitæ !......
  Oblitusque meorum, obliviscendus et illis.

Un cousin, abusant d'un fâcheux parentage,
Veut qu'encor tout poudreux, et sans me débotter,
Chez vingt juges pour lui j'aille solliciter :
Il faut voir de ce pas les plus considérables ;
L'un demeure au Marais (1), et l'autre aux Incurables (2).
Je reçois vingt avis qui me glacent d'effroi.
Hier, dit-on, de vous on parla chez le roi,
Et, d'attentat horrible on traita la satire.
— Et le roi, que dit-il? — Le roi se prit à rire.
Contre vos derniers vers on est fort en courroux.
Pradon a mis au jour un livre contre vous ;
Et, chez le chapelier du coin de notre place,
Autour d'un caudebec (3) j'en ai lu la préface.
L'autre jour sur un mot la cour vous condamna :
Le bruit court qu'avant-hier on vous assassina ;
Un écrit scandaleux sous votre nom se donne ; [çonne.
D'un pasquin (4) qu'on a fait, au Louvre on vous soup-
— Moi ? — Vous. On nous l'a dit dans le Palais-Royal (5).
  Douze ans sont écoulés depuis le jour fatal
Qu'un libraire, imprimant les essais de ma plume,
Donna, pour mon malheur, un trop heureux volume.
Toujours, depuis ce temps, en proie aux sots discours,
Contre eux la vérité m'est un faible secours.
Vient-il de la province une satire fade,
D'un plaisant du pays insipide boutade,
Pour la faire courir on dit qu'elle est de moi,
Et le sot campagnard (6) le croit de bonne foi.
J'ai beau prendre à témoin et la cour et la ville :
Non ; à d'autres, dit-il ; on connaît votre style.
Combien de temps ces vers vous ont-ils bien coûté?

(1) Grand quartier, à l'est.
(2) Hôpital à l'ouest, rue de Sèvres. Hor., liv. II, ép. 2, v. 68
  ....*Cubat ille in colle Quirini,*
  Hic extremo in Aventino.
(3) Chapeau fabriqué à Caudebec, en Normandie.
(4) Raillerie satirique ainsi nommée à cause d'une vieille statue mutilée de Rome, appelée *Pasquin*, et à laquelle on a accoutumé d'attacher ces sortes de satires.
(5) La plupart des nouvellistes s'assemblaient dans le jardin du Palais-Royal, et l'on appelait ordinairement des nouvelles fausses et suspectes, des nouvelles du *Palais-Royal*.
(6 Pour *provincial.*

6.

— Ils ne sont point de moi, monsieur, en vérité.
Peut-on m'attribuer ces sottises étranges?
— Ah! monsieur, vos mépris vous servent de louanges.
   Ainsi de cent chagrins dans Paris accablé,
Juge si, toujours triste, interrompu, troublé,
Lamoignon, j'ai le temps de courtiser les Muses (1).
Le monde cependant se rit de mes excuses ;
Croit que, pour m'inspirer sur chaque événement,
Apollon doit venir au premier mandement.
   Un bruit court que le roi va tout réduire en poudre,
Et dans Valencienne (2) est entré comme un foudre ;
Que Cambrai (3), des Français l'épouvantable écueil,
A vu tomber enfin ses murs et son orgueil ;
Que, devant Saint-Omer, Nassau, par sa défaite,
De Philippe vainqueur rend la gloire complète (4).
Dieu sait comme les vers chez vous s'en vont couler !
Dit d'abord un ami qui veut me cajoler ;
Et, dans ce temps guerrier et fécond en Achilles,
Croit que l'on fait les vers comme l'on prend les villes.
Mais moi, dont le génie est mort en ce moment,
Je ne sais que répondre à ce vain compliment ;
Et, justement confus de mon peu d'abondance,
Je me fais un chagrin du bonheur de la France.
   Qu'heureux est le mortel qui, du monde ignoré,
Vit content de soi-même en un coin retiré ;
Que l'amour de ce rien qu'on nomme renommée
N'a jamais enivré d'une vaine fumée ;
Qui de sa liberté forme tout son plaisir,
Et ne rend qu'à lui seul compte de son loisir !

(1) Hor., liv. II, ép. 2, v. 79 :
   Tu me inter strepitus nocturnos atque diurnos
   Vis canere, et contracta sequi vestigia vatum?

(2) Ville qui, après quelques jours de siége, fut emportée d'assaut en moins d'une demi-heure, en 1677.

(3) Sous les regnes précédents, Cambrai avait été assiégé inutilement par les Français ; mais, après vingt jours de siége, le roi se rendit maitre de la ville et de la citadelle, le 17 avril 1677.

(4) Philippe de France, duc d'Orléans, fit le siége de Saint-Omer pendant que le roi assiégeait Cambrai. Guillaume de Nassau, prince d'Orange, désespérant de sauver Cambrai, marcha avec trente mille hommes pour secourir Saint-Omer, et vint se poster sur les hauteurs de Cassel, où il fut battu.

Il n'a point à souffrir d'affronts ni d'injustice
Et du peuple inconstant il brave les caprices.
Mais nous autres faiseurs de livres et d'écrits,
Sur les bords du Permesse aux louanges nourris,
Nous ne saurions briser nos fers et nos entraves,
Du lecteur dédaigneux honorables esclaves.
Du rang où notre esprit une fois s'est fait voir,
Sans un fâcheux éclat nous ne saurions déchoir.
Le public, enrichi du tribut de nos veilles,
Croit qu'on doit ajouter merveilles sur merveilles.
Au comble parvenus, il veut que nous croissions ;
Il veut en vieillissant que nous rajeunissions (1).
Cependant tout décroit, et moi-même, à qui l'âge (2)
D'aucune ride encor n'a flétri le visage,
Déjà moins plein de feu, pour animer ma voix,
J'ai besoin du silence et de l'ombre des bois.
Ma muse, qui se plait dans leurs routes perdues,
Ne saurait plus marcher sur le pavé des rues.
Ce n'est que dans ces bois propres à m'exciter
Qu'Apollon quelquefois daigne encor m'écouter.

Ne demande donc plus par quelle humeur sauvage
Tout l'été, loin de toi, demeurant au village,
J'y passe obstinément les ardeurs du Lion (3),
Et montre pour Paris si peu de passion.
C'est à toi, Lamoignon, que le rang, la naissance,
Le mérite éclatant et la haute éloquence
Appellent dans Paris aux sublimes emplois,
Qu'il sied bien d'y veiller pour le maintien des lois (4).
Tu dois là tous tes soins au bien de ta patrie :
Tu ne t'en peux bannir que l'orphelin ne crie ;
Que l'oppresseur ne montre un front audacieux ;
Et Thémis (5), pour voir clair, a besoin de tes yeux.

(1) C'est pour se plaindre de cette injustice qu'il a composé l'épître X à ses vers.
(2) Il était dans sa quarante-unième année.
(3) Le mois de juillet, où le soleil parcourt ce signe du zodiaque. Hor., liv. I, ép. 10, v. 15 :
Ubi gratior aura
Leniat et rabiem Canis, et momenta Leonis, etc.
(4) Allusion aux fonctions d'avocat-général.
(5) Déesse de la justice, représentée avec un bandeau sur les yeux.

ÉPITRE VI. LES PLAISIRS DES CHAMPS.

Mais pour moi, de Paris citoyen inhabile,
Qui ne lui puis fournir qu'un rêveur inutile,
Il me faut du repos, des prés et des forêts.
Laisse-moi donc ici, sous leurs ombrages frais,
Attendre que septembre ait ramené l'automne,
Et que Cérès (1) contente ait fait place à Pomone.
Quand Bacchus comblera de ses nouveaux bienfaits
Le vendangeur ravi de ployer sous le faix,
Aussitôt ton ami, redoutant moins la ville,
T'ira joindre à Paris pour s'enfuir à Bâville (2).
Là, dans le seul loisir que Thémis t'a laissé,
Tu me verras souvent à te suivre empressé,
Pour monter à cheval rappelant mon audace,
Apprenti cavalier, galoper sur ta trace.
Tantôt sur l'herbe assis, au pied de ces coteaux,
Où Polycrène épand ses libérales eaux (3),
Lamoignon, nous irons, libres d'inquiétude,
Discourir des vertus dont tu fais ton étude;
Chercher quels sont les biens véritables ou faux (4);
Si l'honnête homme en soi doit souffrir des défauts;
Quel chemin le plus droit à la gloire nous guide,
Ou la vaste science, ou la vertu solide:
C'est ainsi que chez toi tu sauras m'attacher.
Heureux si les fâcheux, prompts à nous y chercher,
N'y viennent point semer l'ennuyeuse tristesse!
Car, dans ce grand concours d'hommes de toute espèce,
Que sans cesse à Bâville attire le devoir,
Au lieu de quatre amis qu'on attendait le soir,
Quelquefois de fâcheux arrivent trois volées,
Qui du parc à l'instant assiègent les allées.
Alors sauve qui peut! et quatre fois heureux
Qui sait pour s'échapper quelque antre ignoré d'eux!

(1) Cérès, déesse des moissons, et Pomone, des fruits.
(2) Terre qui appartenait à M. de Lamoignon. Elle est à 31 kil. de Paris, du côté d'Étampes.
(3) Fontaine à une demi-lieue de Bâville, ainsi nommée par M. le président de Lamoignon, à cause de l'abondance de ses eaux.
(4) Horace, liv. II, sat. VI, v. 71:
    Quod magis ad nos
 Pertinet, et nescire malum est, agitamus, etc

ÉPITRE VII.

A M. RACINE (1).

L'UTILITÉ DES ENNEMIS.

1677.

Cette épître fut composée à l'occasion de la tragédie de *Phèdre*, que Racine fit représenter pour la première fois le 1ᵉʳ janvier 1677, et contre laquelle le duc de Nevers, la duchesse de Bouillon, madame Deshoulières, etc., formèrent une ligue puissante pour assurer la supériorité à la *Phèdre* de Pradon.

QUE tu sais bien, Racine, à l'aide d'un acteur,
Émouvoir, étonner, ravir un spectateur !
Jamais Iphigénie (2), en Aulide (3) immolée,
N'a coûté tant de pleurs à la Grèce assemblée,
Que dans l'heureux spectacle, à nos yeux étalé,
En a fait sous son nom verser la Champmeslé (4).
Ne crois pas toutefois, par les savants ouvrages,
Entraînant tous les cœurs, gagner tous les suffrages.
Sitôt que d'Apollon un génie inspiré
Trouve loin du vulgaire un chemin ignoré,
En cent lieux contre lui les cabales s'amassent ;
Ses rivaux obscurcis autour de lui croassent (5) ;

---

(1) Jean Racine, poëte tragique, né à la Ferté-Milon le 21 décembre 1639.
(2) Tragédie de Racine, représentée pour la première fois à Paris le 31 décembre 1674.
(3) Aulis, où eut lieu le sacrifice, était une ville et non une province, comme l'exprime *en Aulide*.
(4) Célèbre actrice. Racine, qui récitait admirablement bien, avait pris soin de la former lui-même.
(5) Comme des corbeaux autour de leur proie.

Et son trop de lumière, importunant les yeux (1),
De ses propres amis lui fait des envieux.
La mort seule ici-bas, en terminant sa vie,
Peut calmer sur son nom l'injustice et l'envie (2),
Faire au poids du bon sens peser tous ses écrits,
Et donner à ses vers leur légitime prix.
  Avant qu'un peu de terre, obtenu par prière,
Pour jamais sous la tombe eût enfermé Molière (3),
Mille de ses beaux traits, aujourd'hui si vantés,
Furent des sots esprits à nos yeux rebutés.
L'Ignorance et l'Erreur, à ses naissantes pièces (4),
En habits de marquis, en robes de comtesses,
Venaient pour diffamer son chef-d'œuvre nouveau,
Et secouaient la tête à l'endroit le plus beau.
Le commandeur (5) voulait la scène plus exacte ;
Le vicomte (6) indigné sortait au second acte.
Mais sitôt que d'un trait de ses fatales mains
La Parque l'eut rayé du nombre des humains,
On reconnut le prix de sa muse éclipsée :
L'aimable Comédie, avec lui terrassée,
En vain d'un coup si rude espéra revenir,
Et sur ses brodequins (7) ne put plus se tenir.

(1) Hor., liv. II, ép. I, v. 13 :
    Urit enim fulgore suo, qui prægravat artes
    Infra se positas.
(2) *Id.*, liv. III, ode XVIII, v. 30 :
    Virtutem incolumem odimus,
    Sublatam ex oculis quærimus invidi.
  Id. :
    . . . . *Duram qui contudit Hydram,*
    Comperit invidiam supremo fine domari.
    . . . . *Exstinctus amabitur idem.*
(3) Molière étant mort excommunié comme comédien, sa veuve n'obtint pour lui qu'avec peine la sépulture ecclésiastique.
(4) L'*École des femmes*, l'une des premières comédies de Molière fort suivie, et encore plus critiquée.
(5) Le commandeur de Souvré (sat. III, v. 23) n'approuvait pas la comédie de l'*École des femmes.*
(6) Le comte du Broussain (ép. VI, v. 35), pour faire sa cour au commandeur, sortit un jour au second acte de la comédie, disant qu'il ne savait pas comment on avait la patience d'écouter une aussi mauvaise pièce.
(7) Chaussure des acteurs dans la comédie des anciens.

Tel fut chez nous le sort du théâtre comique.
  Toi donc qui, t'élevant sur la scène tragique,
Suis les pas de Sophocle, et, seul de tant d'esprits,
De Corneille vieilli (1) sais consoler Paris (2),
Cesse de t'étonner si l'envie animée,
Attachant à ton nom sa rouille envenimée,
La calomnie en main, quelquefois te poursuit (3).
En cela, comme en tout, le ciel qui nous conduit,
Racine, fait briller sa profonde sagesse.
Le mérite en repos s'endort dans la paresse ;
Mais par les envieux un génie excité
Au comble de son art est mille fois monté :
Plus on veut l'affaiblir, plus il croît et s'élance.
Au Cid persécuté Cinna doit sa naissance (4) ;
Et peut-être ta plume aux censeurs de Pyrrhus
Doit les plus nobles traits dont tu peignis Burrhus (5).
  Moi-même, dont la gloire ici moins répandue
Des pâles envieux ne blesse point la vue,
Mais qu'une humeur trop libre, un esprit peu soumis,
De bonne heure a pourvu d'utiles ennemis,
Je dois plus à leur haine, il faut que je l'avoue,
Qu'au faible et vain talent dont la France me loue.
Leur venin, qui sur moi brûle de s'épancher,
Tous les jours en marchant m'empêche de broncher
Je songe, à chaque trait que ma plume hasarde,
Que d'un œil dangereux leur troupe me regarde.
Je sais sur leurs avis corriger mes erreurs,
Et je mets à profit leurs malignes fureurs.
Sitôt que sur un vice ils pensent me confondre,
C'est en me guérissant que je sais leur répondre ;
Et plus en criminel ils pensent m'ériger,

---

(1) Corneille, âgé de 71 ans, venait de donner *Suréna*, sa dernière tragédie, fruit d'une muse *vieillie*.
(2) Par *Andromaque*, *Iphigénie* et *Phèdre*.
(3) Allusion à un sonnet de madame Deshoulières contre *Phèdre*.
(4) Le *Cid* et *Cinna*, deux pièces de Corneille (sat. IX).
(5) Ces deux vers désignent *Andromaque* et *Britannicus*, tragédies de Racine. Dans la 1re, on condamnait surtout le caractère de Pyrrhus, comme trop violent. Racine composa ensuite *Britannicus* ; dans cette pièce il s'attacha à donner dans le personnage de Burrhus le caractère d'un parfait honnête homme.

Plus, croissant en vertu, je songe à me venger.
   Imite mon exemple; et, lorsqu'une cabale (1),
Un flot de vains auteurs follement te ravale,
Profite de leur haine et de leur mauvais sens;
Ris du bruit passager de leurs cris impuissants.
Que peut contre tes vers une ignorance vaine?
Le Parnasse français, ennobli par ta veine,
Contre tous ces complots saura te maintenir,
Et soulever pour toi l'équitable avenir.
Et qui, voyant un jour la douleur vertueuse
De Phèdre, malgré soi, perfide, incestueuse,
D'un si noble travail justement étonné,
Ne bénira d'abord le siècle fortuné
Qui, rendu plus fameux par tes illustres veilles,
Vit naître sous ta main ces pompeuses merveilles?
   Cependant laisse ici gronder quelques censeurs
Qu'aigrissent de tes vers les charmantes douceurs.
Et qu'importe à nos vers que Perrin les admire (2);
Que l'auteur du Jonas (3) s'empresse pour les lire;
Qu'ils charment de Senlis le poëte idiot (4),
Ou le sec traducteur du français d'Amyot (5):
Pourvu qu'avec éclat leurs rimes débitées
Soient du peuple, des grands, des provinces goûtées;
Pourvu qu'ils sachent plaire au plus puissant des rois;
Qu'à Chantilly Condé les souffre quelquefois (6);

(1) Voy. plus haut.
(2) Hor., liv. I, sat. X, v. 78:
   Men' moveat cimex Pantilius, aut cruciet, quod
   Vellicet absentem Demetrius? aut quod ineptus
   Fannius Hermogenis lædat conviva Tigelli?
   Plotius et Varius, Mæcenas, Virgiliusque,
   Valgius, et probet hæc Octavius.
Sur Perrin, v. sat. VII, v. 44.
(3) Coras (sat. IX, v. 91).
   (4) Linière avait l'air d'un idiot. Il ne réussissait qu'à faire des chansons impies; c'est pourquoi Boileau lui reprocha un jour qu'il n'avait de l'esprit que contre Dieu. On l'appelait l'*Athée de Senlis*.
   (5) Jacques Amyot, traducteur de Plutarque. L'abbé Tallemant entreprit d'en faire une nouvelle traduction, dans laquelle il ne fit que regretter celle d'Amyot et la mettre en meilleur langage, sans consulter l'original grec.
   (6) Le grand Condé passa les dernières années de sa vie au château de Chantilly.

Qu'Enghien en soit touché; que Colbert et Vivonne,
Que la Rochefoucauld, Marsillac et Pomponne (1),
Et mille autres qu'ici je ne puis faire entrer (2),
A leurs traits délicats se laissent pénétrer?
Et plût au ciel encor, pour couronner l'ouvrage,
Que Montausier (3) voulût leur donner son suffrage!
C'est à de tels lecteurs que j'offre mes écrits.
Mais, pour un tas grossier de frivoles esprits,
Admirateurs zélés de toute œuvre insipide,
Que, non loin de la place où Brioché (4) préside,
Sans chercher dans les vers ni cadence ni son,
Il s'en aille admirer le savoir de Pradon (5)!

(1) Le duc de la Rochefoucauld, auteur du livre des *Maximes morales*, Marsillac, son fils; le marquis de Pomponne, ministre d'État.

(2) Hor., liv. I, sat. X, v. 87 :

> *Complures alios, doctos ego quos et amicos*
> *Prudens prætereo, etc.*

(3) Ce souhait obligeant et flatteur produisit sur le cœur du duc de Montausier tout l'effet que l'auteur s'en était promis. Ce duc passa de l'estime qu'il avait pour Boileau à une véritable amitié qui a duré toute sa vie.

(4) Fameux joueur de marionnettes, logé près du théâtre Guénégaud, où se jouait la *Phèdre* de Pradon.

(5) Pradon était fort ignorant. Un jour, au sortir d'une de ses tragédies, le prince de Conti lui reprocha d'avoir mis en Asie une ville d'Europe : *Je prie Votre Altesse de m'excuser*, dit Pradon, *car je ne sais pas trop bien la* CHRONOLOGIE.

ÉPITRE VIII.

AU ROI.

SES DÉLASSEMENTS PENDANT LA PAIX.

1675.

Boileau appelait cette épître son *Remercîment.* En effet, il y marque, plus particulièrement que dans le reste de ses ouvrages, sa reconnaissance pour les bienfaits dont le roi l'avait honoré.

GRAND roi, cesse de vaincre, ou je cesse d'écrire.
Tu sais bien que mon style est né pour la satire ;
Mais mon esprit, contraint de la désavouer,
Sous ton règne étonnant ne veut plus que louer.
Tantôt, dans les ardeurs de ce zèle incommode,
Je songe à mesurer les syllabes d'une ode ;
Tantôt, d'une Énéide auteur ambitieux,
Je m'en forme déjà le plan audacieux.
Ainsi, toujours flatté d'une douce manie,
Je sens de jour en jour dépérir mon génie ;
Et mes vers, en ce style (1), ennuyeux, sans appas,
Déshonorent ma plume, et ne t'honorent pas.
  Encor si ta valeur, à tout vaincre obstinée,
Nous laissait pour le moins respirer une année,
Peut-être mon esprit, prompt à ressusciter,
Du temps qu'il a perdu saurait se racquitter (2).
Sur ses nombreux défauts, merveilleux à décrire,
Le siècle m'offre encor plus d'un bon mot à dire.
Mais à peine Dinan et Limbourg sont forcés,

(1) Dans le style de l'éloge.
(2) Se dédommager.

Qu'il faut chanter Bouchain et Condé terrassés (1).
Ton courage, affamé de péril et de gloire,
Court d'exploits en exploits, de victoire en victoire
Souvent ce qu'un seul jour te voit exécuter
Nous laisse pour un an d'actions à conter.
 Que si quelquefois, las de forcer des murailles,
Le soin de tes sujets te rappelle à Versailles,
Tu viens m'embarrasser de mille autres vertus :
Te voyant de plus près, je t'admire encor plus.
Dans les nobles douceurs d'un séjour plein de charmes,
Tu n'es pas moins héros qu'au milieu des alarmes :
De ton trône agrandi portant seul tout le faix,
Tu cultives les arts, tu répands les bienfaits ;
Tu sais récompenser jusqu'aux muses critiques (2).
Ah ! crois-moi, c'en est trop. Nous autres satiriques,
Propres à relever les sottises du temps,
Nous sommes un peu nés pour être mécontents :
Notre muse, souvent paresseuse et stérile,
A besoin pour marcher de colère et de bile.
Notre style languit dans un remerciment :
Mais, grand roi, nous savons nous plaindre élégamment.
 Oh ! que si je vivais sous les règnes sinistres
De ces rois nés valets de leurs propres ministres (3),
Et qui, jamais en main ne prenant le timon (4),
Aux exploits de leur temps ne prêtaient que leur nom ;
Que, sans les fatiguer d'une louange vaine,
Aisément les bons mots couleraient de ma veine !
Mais toujours sous ton règne il faut se récrier ;
Toujours, les yeux au ciel, il faut remercier.
Sans cesse à t'admirer ma critique forcée
N'a plus en écrivant de maligne pensée ;
Et mes chagrins, sans fiel et presque évanouis,
Font grâce à tout le siècle en faveur de Louis.

---

(1) Dinan et Limbourg furent pris au commencement de la campagne de 1675 ; Bouchain et Condé, en 1676.

(2) Allusion à la pension de 2000 livres que le roi, de son propre mouvement, avait accordée à Boileau.

(3) Les derniers Mérovingiens laissaient toute l'administration des affaires aux maires du palais.

(4) Pour le gouvernail, et le gouvernail, pour le gouvernement.

En tous lieux cependant la Pharsale approuvée (1),
Sans crainte de mes vers, va la tête levée ;
La licence partout règne dans les écrits :
Déjà le mauvais sens, reprenant ses esprits,
Songe à nous redonner des poëmes épiques (2),
S'empare des discours mêmes (3) académiques.
Perrin a de ses vers obtenu le pardon,
Et la scène française est en proie à Pradon.
Et moi, sur ce sujet, loin d'exercer ma plume,
J'amasse de tes faits le pénible volume ;
Et ma muse, occupée à cet unique emploi,
Ne regarde, n'entend, ne connait plus que toi.
 Tu le sais bien pourtant, cette ardeur empressée
N'est point en moi l'effet d'une âme intéressée.
Avant que tes bienfaits courussent me chercher,
Mon zèle impatient ne se pouvait cacher :
Je n'admirais que toi. Le plaisir de le dire
Vint m'apprendre à louer au sein de la satire ;
Et, depuis que tes dons sont venus m'accabler,
Loin de sentir mes vers avec eux redoubler,
Quelquefois, le dirai-je ? un remords légitime,
Au fort de mon ardeur, vient refroidir ma rime.
Il me semble, grand roi, dans mes nouveaux écrits,
Que mon encens payé n'est plus de même prix.
J'ai peur que l'univers, qui sait ma récompense,
N'impute mes transports à ma reconnaissance,
Et que par tes présents mon vers décrédité
N'ait moins de poids pour toi dans la postérité.
 Toutefois je sais vaincre un remords qui te blesse.
Si tout ce qui reçoit des fruits de ta largesse
A peindre tes exploits ne doit point s'engager,
Qui d'un si juste soin se pourra donc charger ?
Ah ! plutôt de nos sons redoublons l'harmonie :
Le zèle à mon esprit tiendra lieu de génie.
Horace, tant de fois dans mes vers imité,
De vapeurs en son temps, comme moi, tourmenté,

---

(1) La *Pharsale* de Lucain, traduite par Brébeuf.
(2) *Childebrand* et *Charlemagne*, poëmes qui n'ont point réussi.
         (Boileau.)
(3) Licence, poétique pour *même*.

Pour amortir le feu de sa rate indocile,
Dans l'encre quelquefois sut égayer sa bile.
Mais de la même main qui peignit Tullius (1),
Qui d'affronts immortels couvrit Tigellius (2),
Il sut chanter le vin, il sut vanter Auguste,
Et marquer sur la lyre une cadence juste.
Suivons les pas fameux d'un si noble écrivain.
A ces mots, quelquefois prenant la lyre en main,
Au récit que pour toi je suis près d'entreprendre,
Je crois voir les rochers accourir pour m'entendre ;
Et déjà mon vers coule à flots précipités,
Quand j'entends le lecteur qui me crie : « Arrêtez !
Horace eut cent talents ; mais la nature avare
Ne vous a rien donné qu'un peu d'humeur bizarre.
Vous passez en audace et Perse et Juvénal ;
Mais sur le ton flatteur Pinchêne (3) est votre égal. »
A ce discours, grand roi, que pourrais-je répondre ?
Je me sens sur ce point trop facile à confondre ;
Et, sans trop relever des reproches si vrais,
Je m'arrête à l'instant, j'admire, et je me tais.

(1) César l'exclut du sénat ; mais il y rentra après la mort du dictateur. Hor., liv. I, sat. VI, v. 24 :
   . . . . *Quo tibi, Tilli,*
 Sumere depositum clavum, fierique tribuno?
(2) Fameux musicien de cette époque, bel-esprit, chéri d'Auguste, et dont Horace se moque, liv. I, sat. IV, v. 71, et sat. IX, v. 25.
(3) Étienne Martin, sieur de Pinchène, neveu de Voiture. Il avait fait imprimer un gros recueil de mauvaises poésies, contenant les *Éloges du Roi, des Princes et des Princesses de son sang, et de toute sa Cour.*

ÉPITRE IX.

A M. LE MARQUIS DE SEIGNELAY,
SECRÉTAIRE D'ÉTAT.

RIEN N'EST BEAU QUE LE VRAI.

1675.

Cette épître contient l'éloge du vrai : Boileau y fait voir que rien n'est plus beau que le vrai, et que le vrai seul est aimable.

DANGEREUX ennemi de tout mauvais flatteur,
Seignelay (1), c'est en vain qu'un ridicule auteur,
Prêt à porter ton nom *de l'Èbre jusqu'au Gange* (2),
Croit te prendre aux filets d'une sotte louange.
Aussitôt ton esprit, prompt à se révolter,
S'échappe, et rompt le piége où l'on veut l'arrêter (3).
Il n'en est pas ainsi de ces esprits frivoles
Que tout flatteur endort au son de ses paroles ;
Qui, dans un vain sonnet placés au rang des dieux,
Se plaisent à fouler l'Olympe radieux ;
Et, fiers du haut étage où la Serre (4) les loge,
Avalent sans dégoût le plus grossier éloge.
Tu ne te repais point d'encens à si bas prix :
Non que tu sois pourtant de ces rudes esprits
Qui regimbent toujours, quelque main qui les flatte.

(1) Fils aîné de Colbert, et ministre de la marine.
(2) Expression commune, et usitée parmi les poëtes médiocres. L'Èbre, fleuve d'Espagne. Le *Gange*, fleuve des Indes.
(3) Hor., liv. II, sat. I, v. 20 :
   Cui male si palpere, recalcitrat undique tutus.
(4) Ce fade panégyriste se flattait d'être capable de composer des éloges pour toutes sortes de personnes.

Tu souffres la louange adroite et délicate,
Dont la trop forte odeur n'ébranle point les sens.
Mais un auteur novice à répandre l'encens,
Souvent à son héros, dans un bizarre ouvrage,
Donne de l'encensoir au travers du visage ;
Va louer Monterey d'Oudenarde forcé (1),
Ou vante aux électeurs Turenne repoussé (2).
Tout éloge imposteur blesse une âme sincère.
Si, pour faire sa cour à ton illustre père (3),
Seignelay, quelque auteur, d'un faux zèle emporté,
Au lieu de peindre en lui la noble activité,
La solide vertu, la vaste intelligence,
Le zèle pour son roi, l'ardeur, la vigilance,
La constante équité, l'amour pour les beaux-arts,
Lui donnait les vertus d'Alexandre ou de Mars ;
Et, pouvant justement l'égaler à Mécène,
Le comparait au fils de Pélée (4) ou d'Alcmène (5) ;
Ses yeux, d'un tel discours faiblement éblouis,
Bientôt dans ce tableau reconnaîtraient Louis (6),
Et, glaçant d'un regard la muse et le poëte,
Imposeraient silence à sa verve indiscrète.
Un cœur noble est content de ce qu'il trouve en lui,
Et ne s'applaudit point des qualités d'autrui.

(1) Après la bataille de Senef, gagnée par le prince de Condé, les alliés voulurent effacer la honte de leur défaite par la prise de quelqu'une de nos villes. Le comte de Monterey, gouverneur des Pays-Bas pour l'Espagne, assiégea Oudenarde ; mais le prince de Condé marcha contre lui, et l'obligea de lever le siége avec précipitation le 12 septembre 1674.

(2) Ce vers, comme le précédent, est une contre-vérité. Celui-ci désigne la bataille de Turkheim en Alsace, gagnée par Turenne contre les Allemands le 5 janvier 1675. On appelait *électeurs* les membres du collége qui, depuis le xiiie siècle, élisait les empereurs d'Allemagne.

(3) Horace, liv. I, ép. XVI, v. 25
 Si quis bella tibi terra pugnata marique
 Dicat, et his verbis vacuas permulceat aures :
 « *Tene magis salvum populus velit, an populum tu,*
 « *Servet in ambiguo, qui consulit et tibi et urbi,*
 « *Jupiter, etc.* »

(4) Achille.
(5) Hercule.
(6) Hor., *ib.*, v. 29 :
 ....*Augusti laudes agnoscere possis.*

Que me sert en effet qu'un admirateur fade
Vante mon embonpoint, si je me sens malade;
Si, dans cet instant même, un feu séditieux
Fait bouillonner mon sang et petiller mes yeux ?
Rien n'est beau que le vrai : le vrai seul est aimable ;
Il doit régner partout, et même dans la fable :
De toute fiction l'adroite fausseté
Ne tend qu'à faire aux yeux briller la vérité.

   Sais-tu pourquoi mes vers sont lus dans les provinces,
Sont recherchés du peuple et reçus chez les princes?
Ce n'est pas que leurs sons, agréables, nombreux,
Soient toujours à l'oreille également heureux ;
Qu'en plus d'un lieu le sens n'y gêne la mesure,
Et qu'un mot quelquefois n'y brave la césure :
Mais c'est qu'en eux le vrai, du mensonge vainqueur,
Partout se montre aux yeux, et va saisir le cœur;
Que le bien et le mal y sont prisés au juste ;
Que jamais un faquin n'y tint un rang auguste ;
Et que mon cœur, toujours conduisant mon esprit,
Ne dit rien aux lecteurs qu'à soi-même il n'ait dit.
Ma pensée au grand jour partout s'offre et s'expose;
Et mon vers, bien ou mal, dit toujours quelque chose.
C'est par là quelquefois que ma rime surprend.
C'est là ce que n'ont point Jonas (1) ni Childebrand (2),
Ni tous ces vains amas de frivoles sornettes,
Montre, Miroir d'Amour, Amitiés, Amourettes (3),
Dont le titre souvent est l'unique soutien,
Et qui, parlant beaucoup, ne disent jamais rien.

   Mais peut-être, enivré des vapeurs de ma muse,
Moi-même en ma faveur, Seignelay, je m'abuse.
Cessons de nous flatter. Il n'est esprit si droit
Qui ne soit imposteur et faux par quelque endroit :
Sans cesse on prend le masque, et, quittant la nature,
On craint de se montrer sous sa propre figure.
Par là le plus sincère assez souvent déplaît :
Rarement un esprit ose être ce qu'il est.

---

(1) De Coras.
(2) De Sainte-Garde.
(3) *La Montre*, petit ouvrage mêlé de vers et de prose, par Bonnecorse; *Miroir d'Amour*, ouvrage de Perrault ; *Amitiés*, etc., recueils de vers par le Pays.

Vois-tu cet importun que tout le monde évite,
Cet homme à toujours fuir, qui jamais ne vous quitte?
Il n'est pas sans esprit; mais, né triste et pesant,
Il veut être folâtre, évaporé, plaisant;
Il s'est fait de sa joie une loi nécessaire,
Et ne déplaît enfin que pour vouloir trop plaire.
La simplicité plaît sans étude et sans art.
Tout charme en un enfant dont la langue sans fard
A peine du filet encor débarrassée,
Sait d'un air innocent bégayer sa pensée.
Le faux est toujours fade, ennuyeux, languissant;
Mais la nature est vraie, et d'abord on la sent;
C'est elle seule en tout qu'on admire et qu'on aime.
Un esprit né chagrin plaît par son chagrin même.
Chacun, pris dans son air, est agréable en soi :
Ce n'est que l'air d'autrui qui peut déplaire en moi.
 Ce marquis était né doux, commode, agréable :
On vantait en tous lieux son ignorance aimable;
Mais, depuis quelques mois devenu grand docteur,
Il a pris un faux air, une sotte hauteur :
Il ne veut plus parler que de rime et de prose;
Des auteurs décriés il prend en main la cause;
Il rit du mauvais goût de tant d'hommes divers,
Et va voir l'opéra seulement pour les vers (1).
Voulant se redresser, soi-même on s'estropie,
Et d'un original on fait une copie.
L'ignorance vaut mieux qu'un savoir affecté.
Rien n'est beau, je reviens, que par la vérité :
C'est par elle qu'on plaît et qu'on peut longtemps plaire.
L'esprit lasse aisément, si le cœur n'est sincère.
En vain par sa grimace un bouffon odieux (2)
A table nous fait rire, et divertit nos yeux :
Ses bons mots ont besoin de farine et de plâtre.
Prenez-le tête à tête, ôtez-lui son théâtre;
Ce n'est plus qu'un cœur bas, un coquin ténébreux;
Son visage essuyé n'a plus rien que d'affreux.
J'aime un esprit aisé qui se montre, qui s'ouvre,

(1) Trait de satire contre Quinault.
(2) Boileau désigne ici le musicien Lulli, bouffon et excellent pantomime.

Et qui plaît d'autant plus que plus il se découvre
Mais la seule vertu peut souffrir la clarté :
Le vice, toujours sombre, aime l'obscurité ;
Pour paraitre au grand jour, il faut qu'il se déguise :
C'est lui qui de nos mœurs a banni la franchise.

Jadis l'homme vivait au travail occupé,
Et, ne trompant jamais, n'était jamais trompé.
On ne connaissait point la ruse et l'imposture ;
Le Normand même alors ignorait le parjure (1).
Aucun rhéteur encore, arrangeant le discours,
N'avait d'un art menteur enseigné les détours.
Mais sitôt qu'aux humains, faciles à séduire,
L'abondance eut donné le loisir de se nuire,
La mollesse amena la fausse vanité
Chacun chercha pour plaire un visage emprunté.
Pour éblouir les yeux, la fortune arrogante
Affecta d'étaler une pompe insolente :
L'or éclata partout sur les riches habits ;
On polit l'émeraude, on tailla le rubis ;
Et la laine et la soie, en cent façons nouvelles,
Apprirent à quitter leurs couleurs naturelles (2).
La trop courte beauté monta sur des patins :
La coquette tendit ses lacs tous les matins ;
Et, mettant la céruse et le plâtre en usage,
Composa de sa main les fleurs de son visage (3).
L'ardeur de s'enrichir chassa la bonne foi :
Le courtisan n'eut plus de sentiments à soi.
Tout ne fut plus que fard, qu'erreur, que tromperie :
On vit partout régner la basse flatterie.
Le Parnasse surtout, fécond en imposteurs,
Diffama le papier par ses propos menteurs.
De là vint cet amas d'ouvrages mercenaires,

---

(1) *Je date de loin,* disait Boileau ; *c'était deux cents ans avant le déluge.*

(2) Virg., égl. IV :
   Nec varios discet mentiri lana colores.

(3) Ov. :
   Scitis et inducta candorem quærere creta :
   Sanguine, quæ vero non rubet, arte rubet.
   Arte supercilii confinia nuda repletis,
   Parvaque sinceras velat aluta genas

Stances, odes, sonnets, épîtres liminaires (1),
Où toujours le héros passe pour sans pareil,
Et, fût-il louche et borgne (2), est réputé soleil (3).
    Ne crois pas toutefois, sur ce discours bizarre,
Que, d'un frivole encens malignement avare,
J'en veuille sans raison frustrer tout l'univers.
La louange agréable est l'âme des beaux vers.
Mais je tiens, comme toi, qu'il faut qu'elle soit vraie,
Et que son tour adroit n'ait rien qui nous effraie.
Alors, comme j'ai dit, tu la sais écouter,
Et sans crainte à tes yeux on pourrait t'exalter.
Mais, sans t'aller chercher des vertus dans les nues,
Il faudrait peindre en toi des vérités connues ;
Décrire ton esprit ami de la raison,
Ton ardeur pour ton roi, puisée en ta maison ;
A servir ses desseins ta vigilance heureuse ;
Ta probité sincère, utile, officieuse.
Tel, qui hait à se voir peint en de faux portraits,
Sans chagrin voit tracer ses véritables traits.
Condé même, Condé, ce héros formidable,
Et non moins qu'aux Flamands aux flatteurs redoutable,
Ne s'offenserait pas si quelque adroit pinceau
Traçait de ses exploits le fidèle tableau ;
Et, dans Senef (4) en feu contemplant sa peinture,
Ne désavouerait pas Malherbe ni Voiture.
Mais malheur au poëte insipide, odieux,
Qui viendrait le glacer d'un éloge ennuyeux !
Il aurait beau crier : *Premier prince du monde,
Courage sans pareil, lumière sans seconde* (5)?
Ses vers, jetés d'abord sans tourner le feuillet,
Iraient dans l'antichambre amuser Pacolet (6).

  (1) Dédicatoire, de *limen*, seuil, entrée.
  (2) Comme Abel Servien, ministre du roi.
  (3) Servien, surintendant des finances, n'avait qu'un œil, et on ne laissait pas de le traiter de *Soleil* dans les épîtres dédicatoires et les autres éloges qu'on lui adressait.
  (4) La bataille de Senef en Flandre, gagnée par le prince de Condé, le 11 août 1674, contre les Allemands, les Espagnols, et les Hollandais commandés par le prince d'Orange.
  (5) Début du poëme de *Charlemagne*, de Louis le Laboureur, qui le dédia au prince de Condé.
  (6) Valet de pied favori, auquel Condé envoyait ironiquement les livres qui l'ennuyaient.

ÉPITRE X.

A MES VERS.

1695.

Boileau avait une grande prédilection pour cette pièce, qu'il appelait ordinairement *ses inclinations.* L'idée en est prise d'une épitre d'Horace, la 20ᵉ du liv. I.

J'AI beau vous arrêter (1), ma remontrance est vaine;
Allez, partez mes Vers, dernier fruit de ma veine;
C'est trop languir chez moi dans un obscur séjour :
La prison vous déplait, vous cherchez le grand jour (2);
Et déjà chez Barbin (3), ambitieux libelles,
Vous brûlez d'étaler vos feuilles criminelles.
Vains et faibles enfants de ma vieillesse nés,
Vous croyez, sur les pas de vos heureux ainés,
Voir bientôt vos bons mots, passant du peuple aux princes,
Charmer également la ville et les provinces,
Et, par le prompt effet d'un sel réjouissant,
Devenir quelquefois proverbes en naissant (4).

(1) La publication de la Xᵉ satire avait soulevé contre Boileau une foule de critiques, et il avait dédaigné d'y répondre. Cette épître Xᵉ a pour but d'accroître le nombre de ses partisans.
(2) Hor., liv. I, ép. XX, v. 3 :
   Odisti claves et grata sigilla pudico :
   Paucis ostendi gemis...
  . . . . Fuge, quo descendere gestis.
(3) Libraire du palais.
(4) Il y a des expressions heureuses qui renferment un grand sens en peu de paroles; elles sont ordinairement adoptées par le public, et deviennent bientôt proverbes. Tels sont la plupart des vers de notre auteur :
 J'appelle un chat un chat, etc. Sat. II.
 La raison dit Virgile, et la rime, Quinault. Sat. II.
 Des sottises d'autrui nous vivons au palais. Ép. II.
 Un sot trouve toujours un plus sot qui l'admire. Art poét., ch. I.
 Un sot quelquefois ouvre un avis important. Ibid., ch. IV.

Mais perdez cette erreur dont l'appât vous amorce.
Le temps n'est plus, mes Vers, où ma muse en sa force,
Du Parnasse français formant les nourrissons,
De ses riches couleurs habillait ses leçons (1);
Quand mon esprit, poussé d'un courroux légitime,
Vint devant la raison plaider contre la rime (2),
A tout le genre humain sut faire le procès (3),
Et s'attaqua soi-même avec tant de succès (4).
Alors il n'était point de lecteur si sauvage
Qui ne se déridât en lisant mon ouvrage,
Et qui, pour s'égayer, souvent, dans ses discours,
D'un mot pris en mes vers n'empruntât le secours.
  Mais aujourd'hui qu'enfin la vieillesse venue,
Sous mes faux cheveux blonds déjà toute chenue,
A jeté sur ma tête, avec ses doigts pesants,
Onze lustres complets, surchargés de trois ans (5),
Cessez de présumer, dans vos folles pensées,
Mes Vers, de voir en foule à vos rimes glacées
Courir, l'argent en main, les lecteurs empressés :
Nos beaux jours sont finis, nos honneurs sont passés.
Dans peu vous allez voir vos froides rêveries
Du public exciter les justes moqueries ;
Et leur auteur, jadis à Regnier préféré,
A Pinchène, à Linière, à Perrin comparé.
Vous aurez beau crier : *O vieillesse ennemie!*
N'a-t-il donc tant vécu que pour cette infamie (6) ?
Vous n'entendrez partout qu'injurieux brocards
Et sur vous et sur lui fondre de toutes parts.
  Que veut-il? dira-t-on ; quelle fougue indiscrète
Ramène sur les rangs encor ce vain athlète ?
Quels pitoyables vers ! quel style languissant !
Malheureux ! laisse en paix ton cheval vieillissant (7),
De peur que tout à coup, efflanqué, sans haleine,
Il ne laisse en tombant son maître sur l'arène.
Ainsi s'expliqueront nos censeurs sourcilleux ;

(1) L'*Art poétique.* — (2) Sat. II. — (3) Sat. VIII. — (4) Sat. IX. —
(5) Pour dire 58 ans.
(6) Vers du *Cid*, act. I, sc. IV.
(7) Hor., liv. I, ép. I, v. 8 :
    Solve senescentem mature sanus equum, ne
    Peccet ad extremum ridendus, et ilia ducat.

Et bientôt vous verrez mille auteurs pointilleux,
Pièce à pièce épluchant vos sons et vos paroles,
Interdire chez vous l'entrée aux hyperboles,
Traiter tout noble mot de terme hasardeux,
Et dans tous vos discours, comme monstres hideux,
Huer la métaphore et la métonymie,
Grands mots que Pradon croit des termes de chimie;
Vous soutenir qu'un lit ne peut être effronté (1);
Que nommer la luxure est une impureté.
En vain, contre ce flot d'aversion publique,
Vous tiendrez quelque temps ferme sur la boutique:
Vous irez à la fin, honteusement exclus,
Trouver au magasin Pyrame et Régulus (2),
Ou couvrir chez Thierry (3), d'une feuille encor neuve,
Les Méditations de Buzée et d'Hayneuve (4);
Puis, en tristes lambeaux semés dans les marchés,
Souffrir tous les affronts au Jonas reprochés (5).

Mais quoi! de ces discours bravant la vaine attaque,
Déjà, comme les vers de Cinna, d'Andromaque (6),
Vous croyez à grands pas chez la postérité
Courir, marqués au coin de l'immortalité!
Eh bien! contentez donc l'orgueil qui vous enivre;
Montrez-vous, j'y consens; mais du moins, dans mon livre,
Commencez par vous joindre à mes premiers écrits.
C'est là qu'à la faveur de vos frères chéris,
Peut-être enfin soufferts comme enfants de ma plume,
Vous pourrez vous sauver, épars dans le volume.
Que si mêmes (7) un jour le lecteur gracieux (8),

(1) Boileau avait dit, sat. X :
    .....Qui, sans mal toujours malades,
    Se font, des mois entiers, sur un lit *effronté*,
    Traiter d'une visible et parfaite santé.
(2) Tragédies de Pradon.
(3) Libraire du temps.
(4) Boileau, étant un jour dans la boutique de Thierry, son libraire, s'aperçut qu'on avait employé les tragédies de Pradon à envelopper les *Méditations* du P. Julien Hayneuve, jésuite, et du P. Buzée, aussi jésuite.
(5) *Jonas*, poëme héroïque, non vendu. Voy. sat. IX, v. 91.
(6) *Cinna*, tragédie de Corneille; *Andromaque*, tragédie de Racine.
(7) Pour *même*.
(8) Hor., liv. I, ép. XX :
    Quum tibi sol tepidus plures admoverit aures, etc.

A MES VERS.

Amorcé par mon nom, sur vous tourne les yeux,
Pour m'en récompenser, mes Vers, avec usure,
De votre auteur alors faites-lui la peinture :
Et surtout prenez soin d'effacer bien les traits
Dont tant de peintres faux ont flétri mes portraits.
Déposez hardiment qu'au fond cet homme horrible,
Ce censeur qu'ils ont peint si noir et si terrible,
Fut un esprit doux, simple, ami de l'équité,
Qui, cherchant dans ses vers la seule vérité,
Fit, sans être malin, ses plus grandes malices ;
Et qu'enfin sa candeur seule a fait tous ses vices.
Dites que, harcelé par les plus vils rimeurs,
Jamais, blessant leurs vers, il n'effleura leurs mœurs.
Libre dans ses discours, mais pourtant toujours sage,
Assez faible de corps, assez doux de visage,
Ni petit, ni trop grand, très-peu voluptueux,
Ami de la vertu plutôt que vertueux.
Que si quelqu'un, mes Vers, alors vous importune,
Pour savoir mes parents, ma vie et ma fortune,
Contez-lui qu'allié d'assez hauts magistrats (1),
Fils d'un père greffier, né d'aïeux avocats (2),
Dès le berceau perdant une fort jeune mère (3),
Réduit, seize ans après, à pleurer mon vieux père (4),
J'allai, d'un pas hardi, par moi-même guidé,
Et de mon seul génie en marchant secondé,
Studieux amateur et de Perse et d'Horace,
Assez près de Regnier m'asseoir sur le Parnasse ;
Que, par un coup du sort, au grand jour amené,
Et des bords du Permesse à la cour entraîné (5),
Je sus, prenant l'essor par des routes nouvelles,
Élever assez haut mes poétiques ailes ;

(1) MM. de *Bragelogne* ; *Amelot*, président à la cour des aides ; *Gilbert*, président aux enquêtes, gendre de M. Dongois ; de *Lionne*, premier audiencier de France, etc.

(2) Boileau tirait son origine de *Jean Boileau*, notaire et secrétaire du roi, qui obtint des lettres de noblesse pour lui et pour sa postérité en 1331. Quelques-uns de ses descendants ont été de célèbres avocats.

(3) Il n'avait que onze mois quand *Anne de Nyélé*, sa mère et seconde femme de son père, mourut âgée de 23 ans, en 1638.

(4) Il mourut en 1657, âgé de 73 ans.

(5) Ce fut le duc de Vivonne qui présenta Boileau à Louis XIV : le roi avait témoigné le désir de voir le poëte.

Que ce roi dont le nom fait trembler tant de rois
Voulut bien que ma main crayonnât ses exploits (1) ;
Que plus d'un grand m'aima jusques à la tendresse (2) ;
Que ma vue à Colbert inspirait l'allégresse ;
Qu'aujourd'hui même encor, de deux sens affaibli (3),
Retiré de la cour, et non mis en oubli (4),
Plus d'un héros (5), épris des fruits de mon étude,
Vient quelquefois chez moi goûter la solitude.
. . . .
   Mais je vous retiens trop. C'est assez vous parler.
Déjà, plein du beau feu qui pour vous le transporte,
Barbin impatient chez moi frappe à la porte ;
Il vient pour vous chercher. C'est lui : j'entends sa voix.
Adieu, mes Vers, adieu pour la dernière fois.

   (1) Boileau fut nommé pour écrire l'histoire du roi avec Racine, au mois d'octobre 1677.
   (2) Madame la duchesse d'Orléans, première femme du grand Condé, et M. le Prince, son fils, le prince de Conti, le premier président de Lamoignon, le maréchal de Vivonne, etc.
   (3) De la vue et de l'ouïe.
   (4) Boileau n'allait plus à la cour depuis l'année 1690, et il s'en était retiré pour jouir de la liberté et du repos. Après la mort de Racine, il alla voir Louis XIV pour lui apprendre cette mort, et recevoir ses ordres par rapport à son histoire, dont il se trouvait seul chargé. Le roi le reçut avec bonté, et quand il voulut se retirer, il lui dit obligeamment, en lui donnant sa montre qu'il tenait par hasard à la main : *Souvenez-vous que j'ai toujours à vous donner une heure par semaine, quand vous voudrez venir.*
   (5) Le marquis de Termes, de Pont-Chartrain, M. d'Aguesseau, et plusieurs autres, mais particulièrement le duc et le prince de Conti, qui l'honoraient souvent de leurs visites à Auteuil. Hor., liv. I, ép. XX :
   Me primis urbis belli placuisse domique, etc.

ÉPITRE XI.

A MON JARDINIER (1).

1695.

Dans cette épitre, l'auteur s'entretient avec son jardinier, et, par des discours proportionnés aux connaissances d'un villageois, il lui explique les difficultés de la poésie, et la peine qu'il y a surtout d'exprimer noblement et avec élégance les choses les plus communes et les plus sèches. De là il prend occasion de lui démontrer que le travail est nécessaire à l'homme pour être heureux. Horace a aussi adressé une épitre à son fermier (liv. I, ép. XIV).

LABORIEUX valet du plus commode maitre
Qui, pour te rendre heureux, ici-bas pouvait naître;
Antoine, gouverneur de mon jardin d'Auteuil,
Qui diriges chez moi l'if et le chèvrefeuil (2),
Et sur mes espaliers, industrieux génie,
Sais si bien exercer l'art de la Quintinie (3);
Oh! que de mon esprit triste et mal ordonné,
Ainsi que de ce champ par toi si bien orné,
Ne puis-je faire ôter les ronces, les épines (4),
Et des défauts sans nombre arracher les racines!
  Mais parle : raisonnons. Quand du matin au soir,
Chez moi poussant la bêche ou portant l'arrosoir,
Tu fais d'un sable aride une terre fertile,
Et rends tout mon jardin à tes lois si docile;
Que dis-tu de m'y voir rêveur, capricieux,

---

(1) Antoine Riquié, né à Paris, était déjà dans la maison que Boileau acheta, en 1666, à Auteuil; il le garda toujours à son service.
(2) Pour *chèvrefeuille*.
(3) Directeur-général des jardins du roi.
(4) Horace, liv. I, ép. XIV:
  Certemus, spinas animone ego fortius, an tu
  Evellas agro; et melior sit Horatius, an res.

ÉPITRE XI.

Tantôt baissant le front, tantôt levant les yeux,
De paroles dans l'air par élans envolées,
Effrayer les oiseaux perchés dans mes allées (1)?
Ne soupçonnes-tu point qu'agité du démon,
Ainsi que ce cousin (2) des quatre fils Aimon (3),
Dont tu lis quelquefois la merveilleuse histoire,
Je rumine en marchant quelque endroit du grimoire (4)?
Mais non : tu te souviens qu'au village on t'a dit
Que ton maitre est nommé pour coucher par écrit
Les faits d'un roi plus grand en sagesse, en vaillance,
Que Charlemagne aidé des douze pairs de France (5).
Tu crois qu'il y travaille, et qu'au long de ce mur
Peut-être en ce moment il prend Mons et Namur.

Que penserais-tu donc, si l'on t'allait apprendre
Que ce grand chroniqueur des gestes d'Alexandre,
Aujourd'hui méditant un projet tout nouveau,
S'agite, se démène, et s'use le cerveau
Pour te faire à toi-même, en rimes insensées,
Un bizarre portrait de ses folles pensées?
Mon maitre, dirais-tu, passe pour un docteur,
Et parle quelquefois mieux qu'un prédicateur.
Sous ces arbres, pourtant, de si vaines sornettes
Il n'irait point troubler la paix de ces fauvettes,
S'il lui fallait toujours comme moi s'exercer,
Labourer, couper, tondre, aplanir, palisser;
Et, dans l'eau de ces puits sans relâche tirée,

(1) Boileau se promenait un jour dans son jardin d'Auteuil. Il composait son *Ode sur la prise de Namur*, et marchait vite, s'arrêtait court, parlait et gesticulait à tel point que son jardinier avait interrompu son travail, et regardait avec un étonnement très-marqué son maitre, livré aux transports de l'enthousiasme. Celui-ci, ayant aperçu Antoine ébahi, le trouva non moins plaisant qu'il l'était lui-même aux yeux de son serviteur; et de là lui vint l'idée d'expliquer à cette intelligence villageoise les difficultés de la poésie.

(2) Maugis, surnommé l'*Enchanteur, vaillant et preux chevalier*, lequel au monde n'avait son pareil en l'art de nécromancie.

(3) C'étaient *Adelard* ou *Alard*, *Richard*, *Guichard* ou *Guiscard* et *Renaud*, fils du duc de Dordogne.

(4) Livre dont on dit que les magiciens se servent pour évoquer les démons.

(5) Allusion à un ouvrage intitulé : *la Conquête de Charlemagne, grand roi de France et des Espagnes, avec les faits et gestes des douze pairs de France* etc.

De ce sable étancher la soif démesurée.

Antoine, de nous deux tu crois donc, je le voi,
Que le plus occupé dans ce jardin, c'est toi?
Oh! que tu changerais d'avis et de langage,
Si, deux jours seulement libre du jardinage,
Tout à coup devenu poëte et bel esprit,
Tu t'allais engager à polir un écrit
Qui dît, sans s'avilir, les plus petites choses;
Fît des plus secs chardons des œillets et des roses,
Et sût même aux discours de la rusticité
Donner de l'élégance et de la dignité;
Un ouvrage, en un mot, qui, juste en tous ces termes,
Sût plaire à d'Aguesseau (1), sût satisfaire Termes,
Sût, dis-je, contenter, en paraissant au jour,
Ce qu'ont d'esprits plus fins et la ville et la cour.
Bientôt, de ce travail revenu sec et pâle,
Et le teint plus jauni que de vingt ans de hâle,
Tu dirais, reprenant ta pelle et ton râteau :
J'aime mieux mettre encor cent arpents au niveau,
Que d'aller, follement égaré dans les nues,
Me lasser à chercher des visions cornues;
Et, pour lier des mots si mal s'entr'accordants,
Prendre dans ce jardin la lune avec les dents.

Approche donc, et viens : qu'un paresseux t'apprenne,
Antoine, ce que c'est que fatigue et que peine.
L'homme ici-bas, toujours inquiet et gêné,
Est, dans le repos même, au travail condamné;
La fatigue l'y suit. C'est en vain qu'aux poëtes
Les neuf trompeuses Sœurs, dans leurs douces retraites,
Promettent du repos sous leurs ombrages frais;
Dans ces tranquilles bois pour eux plantés exprès,
La cadence aussitôt, la rime, la césure,
La riche expression, la nombreuse mesure,
Sorcières dont l'amour sait d'abord les charmer,
De fatigues sans fin viennent les consumer.
Sans cesse poursuivant ces fugitives fées (2),
On voit sous les lauriers haleter les Orphées (3).

(1) Alors avocat-général au parlement de Paris, et depuis chancelier de France.
(2) Les Muses.
(3) Célèbre poëte grec.

Leur esprit toutefois se plaît dans son tourment,
Et se fait de sa peine un noble amusement.
Mais je ne trouve point de fatigue si rude
Que l'ennuyeux loisir d'un mortel sans étude (1),
Qui, jamais ne sortant de sa stupidité,
Soutient dans les langueurs de son oisiveté,
D'une lâche indolence esclave volontaire,
Le pénible fardeau de n'avoir rien à faire.
Vainement offusqué de ses pensers épais,
Loin du trouble et du bruit, il croit trouver la paix :
Dans le calme odieux de sa sombre paresse,
Tous les honteux plaisirs, enfants de la mollesse,
Usurpant sur son âme un absolu pouvoir (2),
De monstrueux désirs le viennent émouvoir,
Irritent de ses sens la fureur endormie,
Et le font le jouet de leur triste infamie.
Puis sur leurs pas soudain arrivent les remords ;
Et bientôt avec eux tous les fléaux du corps,
La pierre, la colique et les gouttes cruelles ; [qu'elles,
Guenaud, Rainssant, Brayer (3), presque aussi tristes
Chez l'indigne mortel courent tous s'assembler,
De travaux douloureux le viennent accabler ;
Sur le duvet d'un lit, théâtre de ses gênes,
Lui font scier des rocs, lui font fendre des chênes,
Et le mettent au point d'envier ton emploi.
Reconnais donc, Antoine, et conclus avec moi
Que la pauvreté mâle, active et vigilante,
Est, parmi les travaux, moins lasse et plus contente
Que la richesse oisive au sein des voluptés.
 Je te vais sur cela prouver deux vérités :
L'une, que le travail, aux hommes nécessaire,
Fait leur félicité plutôt que leur misère ;

---

(1) Sén., ép. LXXXII : *Otium sine litteris mors est, et hominis vivi sepultura.*

(2) Perse, sat. V, v. 129 :
  . . . . *Si intus et in jecore ægro*
  Nascuntur domini.

Hor., liv. 1, sat. II, v. 39 :
  Atque illis multo corrupta dolore voluptas,
  Atque hæc rara cadat dura inter sæpe pericla.

(3) Trois fameux médecins de Paris.

Et l'autre, qu'il n'est point de coupable en repos.
C'est ce qu'il faut ici montrer en peu de mots.
Suis-moi donc. Mais je vois, sur ce début de prône (1),
Que ta bouche déjà s'ouvre large d'une aune,
Et que, les yeux fermés, tu baisses le menton.
Ma foi, le plus sûr est de finir ce sermon :
Aussi bien j'aperçois ces melons qui t'attendent,
Et ces fleurs qui là-bas entre elles se demandent
S'il est fête au village, et pour quel saint nouveau
On les laisse aujourd'hui si longtemps manquer d'eau.

ÉPITRE XII.

A M. L'ABBÉ RENAUDOT.

L'AMOUR DE DIEU.

Boileau s'est proposé dans cette épitre de montrer que la poésie peut traiter, en vers nobles, le sujet le plus relevé et le plus délicat, puisqu'il traite ici un sujet théologique.

DOCTE abbé (2), tu dis vrai, l'homme, au crime attaché,
En vain, sans aimer Dieu, croit sortir du péché.
Toutefois, n'en déplaise aux transports frénétiques
Du fougueux moine auteur des troubles germaniques (3),
Des tourments de l'enfer la salutaire peur

(1) Instruction chrétienne faite à la messe paroissiale.
(2) Eusèbe Renaudot, l'un des quarante de l'Académie française, regardé comme un des premiers hommes de son siècle par la connaissance profonde qu'il avait des langues étrangères, et surtout des langues orientales. Il était lié d'une étroite amitié avec Boileau.
(3) Luther était d'Allemagne. Il condamnait toute pénitence faite par un motif de crainte, parce que la crainte, selon lui, ne pouvait faire que des hypocrites. Il disait encore que la peur des peines de l'enfer est criminelle, et qu'elle offense la bonté de Dieu.

N'est pas toujours l'effet d'une noire vapeur,
Qui, de remords sans fruit agitant le coupable,
Aux yeux de Dieu le rende encor plus haïssable.
Cette utile frayeur, propre à nous pénétrer,
Vient souvent de la grâce en nous prête d'entrer (1),
Qui veut dans notre cœur se rendre la plus forte,
Et, pour se faire ouvrir, déjà frappe à la porte.
  Si le pécheur, poussé de ce saint mouvement,
Reconnaissant son crime, aspire au sacrement,
Souvent Dieu tout à coup d'un vrai zèle l'enflamme :
Le Saint-Esprit revient habiter dans son âme,
Y convertit enfin les ténèbres en jour,
Et la crainte servile en filial amour.
C'est ainsi que souvent la sagesse suprême,
Pour chasser le démon, se sert du démon même.
  Mais lorsqu'en sa malice un pécheur obstiné,
Des horreurs de l'enfer vainement étonné,
Loin d'aimer, humble fils, son véritable Père,
Craint et regarde Dieu comme un tyran sévère,
Au bien qu'il nous promet ne trouve aucun appas,
Et souhaite en son cœur que ce Dieu ne soit pas :
En vain, la peur sur lui remportant la victoire,
Aux pieds d'un prêtre il court décharger sa mémoire ;
Vil esclave toujours sous le joug du péché,
Au démon qu'il redoute il demeure attaché.
  Quoi donc ! cher Renaudot, un chrétien effroyable,
Qui jamais, servant Dieu, n'eut d'objet que le diable,
Pourra, marchant toujours dans des sentiers maudits,
Par des formalités gagner le paradis ;
Et parmi les élus, dans la gloire éternelle,
Pour quelques sacrements reçus sans aucun zèle,
Dieu fera voir aux yeux des saints épouvantés
Son ennemi mortel assis à ses côtés !
Un si bas, si honteux, si faux christianisme
Ne vaut pas des Platons (2) l'éclairé paganisme ;
Et chérir les vrais biens, sans en savoir l'auteur,

---

(1) Il fallait *prête à entrer* ou *près d'entrer*.
(2) Rien de plus pur que la morale de Platon. Il n'a manqué à ce philosophe que d'être éclairé de l'esprit du christianisme. Les anciens regardaient comme sublimes les écrits de ce fameux disciple de Socrate, et ils l'appelaient le *divin* Platon.

L'AMOUR DE DIEU.

Vaut mieux que, sans l'aimer, connaître un Créateur.
Expliquons-nous pourtant. Par cette ardeur si sainte
Que je veux qu'en un cœur amène enfin la crainte,
Je n'entends pas ici ce doux saisissement,
Ces transports pleins de joie et de ravissement
Qui font des bienheureux la juste récompense,
Et qu'un cœur rarement goûte ici par avance.
Dans nous l'amour de Dieu, fécond en saints désirs,
N'y produit pas toujours de sensibles plaisirs.
Souvent le cœur qui l'a ne le sait pas lui-même;
Tel craint de n'aimer pas, qui sincèrement aime;
Et tel croit au contraire être brûlant d'ardeur,
Qui n'eut jamais pour Dieu que glace et que froideur.
C'est ainsi quelquefois qu'un indolent mystique (1),
Au milieu des péchés tranquille fanatique,
Du plus parfait amour pense avoir l'heureux don,
Et croit posséder Dieu dans les bras du démon.

Voulez-vous donc savoir si la foi dans votre âme
Allume les ardeurs d'une sincère flamme?
Consultez-vous vous-même. A ses règles soumis,
Pardonnez-vous sans peine à tous vos ennemis?
Combattez-vous vos sens? domptez-vous vos faiblesses?
Dieu, dans le pauvre, est-il l'objet de vos largesses?
Enfin, dans tous ses points, pratiquez-vous sa loi?
Oui, dites-vous. Allez, vous l'aimez, croyez-moi.
Qui fait exactement ce que ma loi commande,
A pour moi, dit ce Dieu, *l'amour que je demande.*
Faites-le donc, et, sûr qu'il nous veut sauver tous,
Ne vous alarmez point pour quelques vains dégoûts
Qu'en sa ferveur souvent la plus sainte âme éprouve:
Marchez, courez à lui; qui le cherche le trouve;
Et plus de votre cœur il paraît s'écarter,
Plus par vos actions songez à l'arrêter.

Mais quoi! j'entends déjà plus d'un fier scolastique
Qui, me voyant ici sur ce ton dogmatique
En vers audacieux traiter ces points sacrés,
Curieux, me demande où j'ai pris mes degrés (2);

(1) Les quiétistes, dont les erreurs ont été condamnées par les papes Innocent XI et Innocent XII.
(2) Prendre ses degrés, c'est se faire recevoir maître ès-arts, bachelier, licencié, docteur.

Et si, pour m'éclairer sur ces sombres matières,
Deux cents auteurs extraits m'ont prêté leurs lumières.
Non. Mais pour décider que l'homme, qu'un chrétien
Est obligé d'aimer l'unique Auteur du bien,
Le Dieu qui le nourrit, le Dieu qui le fit naître,
Qui nous vint par sa mort donner un second être,
Faut-il avoir reçu le bonnet doctoral,
Avoir extrait Gamache, Isambert et Duval (1)?
Dieu, dans son livre saint, sans chercher d'autre ouvrage,
Ne l'a-t-il pas écrit lui-même à chaque page?

Je ne m'en puis défendre; il faut en finissant,
Cher abbé, t'égayer d'un trait assez plaisant.
Au sujet d'un écrit qu'on nous venait de lire,
Un docteur m'insulta, sur ce que j'osai dire
Qu'il faut, pour être absous d'un crime confessé,
Avoir pour Dieu du moins un amour commencé.
Ce dogme, me dit-il, est un pur calvinisme.
O ciel! me voilà donc dans l'erreur, dans le schisme,
Et partant réprouvé! Mais, poursuivis-je alors,
Quand Dieu viendra juger les vivants et les morts,
Et des humbles agneaux, objets de sa tendresse,
Séparera des boucs la troupe pécheresse,
A tous il nous dira, sévère ou gracieux,
Ce qui nous fit impurs ou justes à ses yeux.
Selon vous donc, à moi réprouvé, bouc infâme.
Va brûler, dira-t-il, en l'éternelle flamme,
Malheureux qui soutins que l'homme dut m'aimer;
Et qui, sur ce sujet trop prompt à déclamer,
Prétendis qu'il fallait, pour fléchir ma justice,
Que le pécheur, touché de l'horreur de son vice,
De quelque ardeur pour moi sentit les mouvements,
Et gardât le premier de mes commandements!
Dieu, si je vous en crois, me tiendra ce langage.
Mais à vous, tendre agneau, son plus cher héritage,
Orthodoxe ennemi d'un dogme si blâmé,
Venez, vous dira-t-il, venez, mon bien-aimé;
Vous qui, dans les détours de vos raisons subtiles,
Embarrassant les mots d'un des plus saints conciles (2),

(1) Trois célèbres docteurs de Sorbonne, au XVIIe siècle, et dont les ouvrages ont été imprimés.
(2) Le concile de Trente, tenu au XVIe siècle, contre la Réforme.

Avez délivré l'homme, ô l'utile docteur !
De l'importun fardeau d'aimer son Créateur :
Entrez au ciel ; venez, comblé de mes louanges,
Du besoin d'aimer Dieu désabuser les anges.
A de tels mots, si Dieu pouvait les prononcer,
Pour moi je répondrais, je crois, sans l'offenser : [che,
Oh ! que pour vous mon cœur moins dur et moins farou-
Seigneur, n'a-t-il, hélas! parlé comme ma bouche !
Ce serait ma réponse à ce Dieu fulminant.
Mais vous, de ses douceurs objet fort surprenant,
Je ne sais pas comment, ferme en votre doctrine,
Des ironiques mots de sa bouche divine
Vous pourriez, sans rougeur et sans confusion,
Soutenir l'amertume et la dérision.
   L'audace du docteur, par ce discours frappée,
Demeura sans réplique à ma prosopopée.
Il sortit tout à coup, et, murmurant tout bas
Quelques termes d'aigreur que je n'entendis pas,
S'en alla chez Binsfeld, ou chez Basile Ponce (1),
Sur l'heure, à mes raisons chercher une réponse.

   (1) *Binsfeld*, docteur en théologie ; *Basile Ponce*, religieux de l'ordre de Saint-Augustin.

L'ART POÉTIQUE.

CHANT PREMIER.

1669 — 1674 (les 4 premiers chants).

Dans ce premier chant, Boileau donne des règles générales pour la poésie ; mais ces règles n'appartiennent point si proprement à cet art, qu'elles ne puissent aussi être pratiquées utilement dans les autres genres d'écrits. Une courte digression renferme l'histoire de la poésie française depuis Villon jusqu'à Malherbe.

C'EST en vain qu'au Parnasse un téméraire auteur
Pense de l'art des vers atteindre la hauteur :
S'il ne sent point du ciel l'influence secrète,
Si son astre, en naissant, ne l'a formé poëte,
Dans son génie étroit il est toujours captif ;
Pour lui Phébus est sourd, et Pégase est rétif (1).
O vous donc qui, brûlant d'une ardeur périlleuse,
Courez du bel esprit la carrière épineuse,
N'allez pas sur des vers sans fruit vous consumer,
Ni prendre pour génie un amour de rimer.
Craignez d'un vain plaisir les trompeuses amorces,
Et consultez longtemps votre esprit et vos forces (2).

---

(1) Hor., v. 409 :
    . . . . *Ego nec studium sine divite vena,*
    Nec rude quid possit video ingenium ; alterius sic,
    Altera poscit opem res, et conjurat amice.

(2) *Id.*, v. 39 :
    Sumite materiam vestris, qui scribitis, æquam
    Viribus, et versate diu, quid ferre recusent,
    Quid valeant humeri.

CHANT PREMIER.

La nature, fertile en esprits excellents,
Sait entre les auteurs partager les talents :
L'un peut tracer en vers une amoureuse flamme ;
L'autre, d'un trait plaisant aiguiser l'épigramme.
Malherbe (1) d'un héros peut vanter les exploits ;
Racan (2), chanter Philis, les bergers et les bois.
Mais souvent un esprit qui se flatte et qui s'aime
Méconnaît son génie, et s'ignore soi-même.
Ainsi tel (3) autrefois qu'on vit avec Faret (4)
Charbonner de ses vers les murs d'un cabaret (5),
S'en va mal à propos, d'une voix insolente,
Chanter du peuple hébreu la fuite triomphante,
Et, poursuivant Moïse au travers des déserts,
Court avec Pharaon se noyer dans les mers.

Quelque sujet qu'on traite, ou plaisant, ou sublime,
Que toujours le bon sens s'accorde avec la rime :
L'un l'autre vainement ils semblent se haïr ;
La rime est une esclave, et ne doit qu'obéir.
Lorsqu'à la bien chercher d'abord on s'évertue,
L'esprit à la trouver aisément s'habitue ;
Au joug de la raison sans peine elle fléchit,
Et, loin de la gêner, la sert et l'enrichit ;
Mais lorsqu'on la néglige elle devient rebelle,
Et, pour la rattraper, le sens court après elle.
Aimez donc la raison : que toujours vos écrits
Empruntent d'elle seule et leur lustre et leur prix (6).

La plupart, emportés d'une fougue insensée,
Toujours loin du droit sens vont chercher leur pensée :
Ils croiraient s'abaisser, dans leurs vers monstrueux,

---

(1) C'est-à-dire faire des odes.
(2) Les Bergeries de Racan.
(3) Saint-Amand, auteur de *Moïse sauvé*.
(4) Faret, de l'Académie française, ami particulier de Saint-Amand, qui l'a célébré dans ses vers comme un illustre débauché, moins à cause du déréglement de ses mœurs, qui étaient assez bonnes, que parce que son nom rimait avec *cabaret*.
(5) Martial, épig. LXII:
> Nigri fornicis ebrium poetam
> Qui carbone rudi, putrique creta
> Scribit carmina.
(6) Hor., v. 209 :
> Scribendi recte sapere est et principium et fons.

S'ils pensaient ce qu'un autre a pu penser comme eux.
Évitons ces excès : laissons à l'Italie
De tous ces faux brillants l'éclatante folie.
Tout doit tendre au bon sens ; mais, pour y parvenir,
Le chemin est glissant et pénible à tenir :
Pour peu qu'on s'en écarte, aussitôt on se noie.
La raison pour marcher n'a souvent qu'une voie.

   Un auteur quelquefois, trop plein de son objet,
Jamais sans l'épuiser n'abandonne un sujet.
S'il rencontre un palais, il m'en dépeint la face (1);
Il me promène après de terrasse en terrasse ;
Ici s'offre un perron, là règne un corridor ;
Là ce balcon s'enferme en un balustre d'or.
Il compte des plafonds les ronds et les ovales :
Ce ne sont que festons, ce ne sont qu'astragales (2).
Je saute vingt feuillets pour en trouver la fin,
Et je me sauve à peine au travers du jardin.
Fuyez de ces auteurs l'abondance stérile,
Et ne vous chargez point d'un détail inutile.
Tout ce qu'on dit de trop est fade et rebutant ;
L'esprit rassasié le rejette à l'instant (3).
Qui ne sait se borner ne sut jamais écrire.
Souvent la peur d'un mal nous conduit dans un pire (4) :
Un vers était trop faible, et vous le rendez dur ;
J'évite d'être long, et je deviens obscur (5).

  (1) Scudéri, liv. III de son *Alaric*, emploie seize grandes pages de trente vers chacune à la description d'un palais, commençant par la façade et finissant par le jardin.
  (2) On lit dans Scudéri :
    Ce ne sont que festons, ce ne sont que couronnes.
Boileau a changé ce dernier mot pour faire mieux sentir l'abondance stérile de ces faiseurs de longues descriptions, qui s'amusent à décrire jusqu'aux plus petites circonstances ; car l'*astragale* est une petite moulure ronde qui entoure le haut fût d'une colonne.
  (3) Hor., v. 338 :
    Omne supervacuum pleno de pectore manat.
  (4) Ib., v. 31 :
    In vitium ducit culpæ fuga, si caret arte.
  (5) Id., v. 25, 28, 230 :
    Brevis esse laboro,
Obscurus fio ; sectantem lævia, nervi
Deficiunt animique ; professus grandia, turget ;
Serpit humi tutus nimium timidusque procellæ,
Aut, dum vitat humum, nubes et inania captet.

CHANT PREMIER.

L'un n'est point trop fardé, mais sa muse est trop nue ;
L'autre a peur de ramper, il se perd dans la nue.
   Voulez-vous du public mériter les amours ?
Sans cesse, en écrivant, variez vos discours.
Un style trop égal et toujours uniforme,
En vain brille à nos yeux, il faut qu'il nous endorme.
On lit peu ces auteurs nés pour nous ennuyer,
Qui toujours sur un ton semblent psalmodier.
   Heureux qui, dans ses vers, sait d'une voix légère (1)
Passer du grave au doux, du plaisant au sévère !
Son livre, aimé du ciel et chéri des lecteurs,
Est souvent chez Barbin entouré d'acheteurs.
   Quoi que vous écriviez, évitez la bassesse :
Le style le moins noble a pourtant sa noblesse.
Au mépris du bon sens, le burlesque (2) effronté
Trompa les yeux d'abord, plut par sa nouveauté.
On ne vit plus en vers que pointes triviales ;
Le Parnasse parla le langage des halles ;
La licence à rimer alors n'eut plus de frein (3) :
Apollon travesti (4) devint un Tabarin (5).
Cette contagion infecta les provinces,
Du clerc et du bourgeois passa jusques aux princes :
Le plus mauvais plaisant eut ses approbateurs ;
Et, jusqu'à d'Assouci (6), tout trouva des lecteurs.
Mais de ce style enfin la cour désabusée
Dédaigna de ces vers l'extravagance aisée,
Distingua le naïf du plat et du bouffon,
Et laissa la province admirer le Typhon (7).

(1) Hor., *Art poétique*, v. 343 :
    Omne tulit punctum, qui miscuit utile dulci,
    Lectorem delectando pariterque monendo.
(2) Le style burlesque ou bouffon fut extrêmement en vogue depuis le commencement du xve siècle jusque vers l'an 1660.
(3) Elle alla si loin, que l'on s'avisa de mettre la Passion de Jésus-Christ en vers burlesques.
(4) Allusion au *Virgile travesti* de Scarron.
(5) Bouffon très-grossier, valet de Mondor, charlatan qui étalait son théâtre sur la place Dauphine.
(6) Poëte fort méprisable, qui a mis en vers burlesques le *Ravissement de Proserpine* de Claudien, et une partie des *Métamorphoses d'Ovide*, sous le titre d'*Ovide en belle humeur*.
(7) *Typhon* ou la *Gigantomachie*, poëme burlesque de Scarron, dans lequel il décrit la guerre des géants contre les dieux.

Que ce style jamais ne souille votre ouvrage.
Imitons de Marot (1) l'élégant badinage,
Et laissons le burlesque aux plaisants du Pont-Neuf (2)
  Mais n'allez point aussi, sur les pas de Brébeuf,
Même en une Pharsale, entasser sur les rives
De morts et de mourants cent montagnes plaintives (3).
Prenez mieux votre ton. Soyez simple avec art,
Sublime sans orgueil, agréable sans fard.
  N'offrez rien au lecteur que ce qui peut lui plaire.
Ayez pour la cadence une oreille sévère :
Que toujours dans vos vers le sens coupant les mots
Suspende l'hémistiche, en marque le repos.
Gardez qu'une voyelle, à courir trop hâtée,
Ne soit d'une voyelle en son chemin heurtée (4).
Il est un heureux choix de mots harmonieux.
Fuyez des mauvais sons le concours odieux :
Le vers le mieux rempli, la plus noble pensée
Ne peut plaire à l'esprit quand l'oreille est blessée.
  Durant les premiers ans du Parnasse françois
Le caprice tout seul faisait toutes les lois.
La rime, au bout des mots assemblés sans mesure,
Tenait lieu d'ornement, de nombre et de césure.
Villon (5) sut le premier, dans ces siècles grossiers,
Débrouiller l'art confus de nos vieux romanciers (6).
Marot, bientôt après, fit fleurir les ballades (7),
Tourna des triolets (8), rima des mascarades (9),

(1) Poëte du xvie siècle, qui a donné son nom au style marotique. J.-B. Rousseau fournit des exemples de ce style dans quelques-unes de ses épîtres.

(2) Les joueurs de marionnettes se plaçaient ordinairement sur le Pont-Neuf.

(3) Vers de Brébeuf, dans sa *Pharsale*, liv. VII.

(4) Concours vicieux de voyelles, appelé *hiatus* ou bâillement.

(5) Il vivait dans le xve siècle, environ soixante ans avant Clément Marot.

(6) C.-à-d. poëtes en vers *romans*, parce qu'au moyen âge les histoires réelles ou feintes qui en étaient le sujet étaient écrites en langue *romane*.

(7) Pièce de trois strophes, chacune de huit, dix ou douze vers, avec un envoi de quatre à sept vers les rimes de la première stance réglaient l'ordre des rimes pour les deux autres, et le dernier vers était le même dans les stances et dans l'envoi.

(8 et 9) Marot n'a fait ni triolets ni mascarades. Le triolet est une

A des refrains réglés asservit les rondeaux (1),
Et montra, pour rimer, des chemins tout nouveaux.
Ronsard, qui le suivit, par une autre méthode,
Réglant tout, brouilla tout, fit un art à sa mode (2),
Et toutefois longtemps eut un heureux destin.
Mais sa muse, en français parlant grec et latin (3),
Vit dans l'âge suivant, par un retour grotesque,
Tomber de ses grands mots le faste pédantesque.
Ce poëte orgueilleux, trébuché de si haut,
Rendit plus retenus Desportes et Bertaut (4).
Enfin Malherbe vint, et, le premier en France,
Fit sentir dans les vers une juste cadence;
D'un mot mis en sa place enseigna le pouvoir,
Et réduisit la muse aux règles du devoir.
Par ce sage écrivain la langue réparée
N'offrit plus rien de rude à l'oreille épurée;
Les stances (5) avec grâce apprirent à tomber,
Et le vers sur le vers n'osa plus enjamber (6).
Tout reconnut ses lois, et ce guide fidèle
Aux auteurs de ce temps sert encor de modèle.
Marchez donc sur ses pas; aimez sa pureté,
Et de son tour heureux imitez la clarté.
Si le sens de vos vers tarde à se faire entendre,
Mon esprit aussitôt commence à se détendre;

petite pièce de vers dont le premier se retrouve le quatrième; et les deux premiers, les septième et huitième. Les mascarades étaient des pièces de vers faites spécialement pour les danses des bals masqués.

(1) Le rondeau avait, sur deux rimes, treize vers divisés en deux stances de cinq vers, séparées par un tercet, avec refrain du commencement de la première stance à la fin du tercet et de la deuxième stance.

(2) Ronsard conseillait d'employer indifféremment *tous les dialectes*: Préface sur la Franciade. *Et ne se fault soucier*, dit-il ailleurs, *si les vocables sont gascons, poitevins, normands, manceaux, lyonnais ou d'autres pays*. Abrégé de l'Art poétique.

(3) Ronsard a tellement chargé ses poésies d'exemples, d'allusions et de mots tirés du grec et du latin, qu'il les a rendues presque inintelligibles, et même ridicules.

(4) Poëtes assez estimés, qui vivaient sous les règnes d'Henri III et d'Henri IV.

(5) Nombre déterminé de vers qui forment un sens complet.

(6) Il y a *enjambement* lorsque le sens commence dans un vers et finit dans une partie du vers suivant.

Et, de vos vains discours prompt à se détacher,
Ne suit point un auteur qu'il faut toujours chercher.
　Il est certains esprits dont les sombres pensées
sont d'un nuage épais toujours embarrassées :
Le jour de la raison ne le saurait percer.
Avant donc que d'écrire, apprenez à penser.
Selon que notre idée est plus ou moins obscure,
L'expression la suit, ou moins nette, ou plus pure;
Ce que l'on conçoit bien s'énonce clairement,
Et les mots, pour le dire, arrivent aisément (1).
　Surtout qu'en vos écrits la langue révérée
Dans vos plus grands excès vous soit toujours sacrée.
En vain vous me frappez d'un son mélodieux :
Si le terme est impropre ou le tour vicieux,
Mon esprit n'admet point un pompeux barbarisme (2),
Ni d'un vers ampoulé l'orgueilleux solécisme (3) :
Sans la langue, en un mot, l'auteur le plus divin
Est toujours, quoi qu'il fasse, un méchant écrivain.
　Travaillez à loisir, quelque ordre (4) qui vous presse,
Et ne vous piquez point d'une folle vitesse :
Un style si rapide, et qui court en rimant,
Marque moins trop d'esprit que peu de jugement.
J'aime mieux un ruisseau qui, sur la molle arène,
Dans un pré plein de fleurs lentement se promène,
Qu'un torrent débordé qui, d'un cours orageux,
Roule, plein de gravier, sur un terrain fangeux.
Hâtez-vous lentement, et, sans perdre courage,
Vingt fois sur le métier remettez votre ouvrage (5).
Polissez-le sans cesse et le repolissez ;

---

(1) Hor., *Art poétique*, v. 40 et 311 :

　　　....Cui lecta potenter erit res,
　Nec facundia deseret hunc, nec lucidus ordo....
　　Verbaque provisam rem non invita sequentur.

Et Cic., *de Fin.*, liv. III, chap. VII : *Ipsæ res verba rapiunt.*
(2) Faute qui consiste à employer des mots forgés ou altérés, etc.
(3) Faute contre les règles grammaticales.
(4) Scudéry disait qu'il avait toujours *ordre* de finir.
(5) Hor., *Art poétique*, v. 292 :

　　　Carmen reprehendite quod non
　Multa dies et multa litura coercuit, etc.

CHANT PREMIER.

Ajoutez quelquefois, et souvent effacez (1).
 C'est peu qu'en un ouvrage où les fautes fourmillent
Des traits d'esprit semés de temps en temps pétillent :
Il faut que chaque chose y soit mise en son lieu (2) ;
Que le début, la fin, répondent au milieu (3) ;
Que d'un art délicat les pièces assorties
N'y forment qu'un seul tout de diverses parties (4) ;
Que jamais du sujet le discours s'écartant
N'aille chercher trop loin quelque mot éclatant.
 Craignez-vous pour vos vers la censure publique ?
Soyez-vous à vous-même un sévère critique.
L'ignorance toujours est prête à s'admirer (5).
Faites-vous des amis prompts à vous censurer
Qu'ils soient de vos écrits les confidents sincères,
Et de tous vos défauts les zélés adversaires.
Dépouillez devant eux l'arrogance d'auteur ;
Mais sachez de l'ami discerner le flatteur (6).
Tel vous semble applaudir qui vous raille et vous joue (7).
Aimez qu'on vous conseille, et non pas qu'on vous loue.
 Un flatteur aussitôt cherche à se récrier (8).
Chaque vers qu'il entend le fait extasier.
Tout est charmant, divin ; aucun mot ne le blesse :
Il trépigne de joie, il pleure de tendresse ;

(1) Hor., liv. I, sat. X, v. 72 :
　Sæpe stylum vertas, iterum quæ digna legi sint
　Scripturus.
(2) Hor., *Art poétique*, v. 92 :
　Singula quæque locum teneant sortita decentem.
(3) Hor., *Id.*, v. 152 :
　Primo ne medium, medio ne discrepet imum.
(4) Hor., *Id.*, v. 23 :
　Denique sit quodvis simplex duntaxat, et unum.
(5) Hor., liv. II, ép. II, v. 106 :
　Ridentur mala qui componunt carmina, verum
　Gaudent scribentes.
(6) Hor., *Art poétique*, v. 424 :
　　　　Mirabor, si sciet inter-
　Noscere mendacem, verumque beatus amicum.
(7) *Ib.*, v. 433 :
　Derisor vero plus laudatore movetur.
(8) Hor., *ibid.*, v. 428 :
　....Clamabit enim : Pulchre ! bene ! recte !
　Pallescet super his : etiam stillabit amicis
　Ex oculis rorem ; saliet, tundet pede terram.

Il vous comble partout d'éloges fastueux.
La vérité n'a point cet air impétueux.
 Un sage ami, toujours rigoureux, inflexible (1),
Sur vos fautes jamais ne vous laisse paisible.
Il ne pardonne point les endroits négligés ;
Il renvoie en leur lieu les vers mal arrangés ;
Il réprime des mots l'ambitieuse emphase ;
Ici le sens le choque, et plus loin c'est la phrase :
Votre construction semble un peu s'obscurcir ;
Ce terme est équivoque, il le faut éclaircir.
C'est ainsi que vous parle un ami véritable.
 Mais souvent sur ses vers un auteur intraitable
A les protéger tous se croit intéressé,
Et d'abord prend en main le droit de l'offensé.
De ce vers, direz-vous, l'expression est basse.
— Ah ! monsieur, pour ce vers je vous demande grâce,
Répondra-t-il d'abord. — Ce mot me semble froid ;
Je le retrancherais. — C'est le plus bel endroit !
— Ce tour ne me plait pas. — Tout le monde l'admire.
 Ainsi, toujours constant à ne point se dédire,
Qu'un mot dans son ouvrage ait paru vous blesser,
C'est un titre chez lui pour ne point l'effacer :
Cependant, à l'entendre, il chérit la critique (2) ;
Vous avez sur ses vers un pouvoir despotique.
Mais tout ce beau discours dont il vient vous flatter
N'est rien qu'un piége adroit pour vous les réciter.
Aussitôt il vous quitte, et, content de sa muse,
S'en va chercher ailleurs quelque fat qu'il abuse :
Car souvent il en trouve. Ainsi qu'en sots auteurs,
Notre siècle est fertile en sots admirateurs ;
Et, sans ceux que fournit la ville et la province,
Il en est chez le duc, il en est chez le prince.
L'ouvrage le plus plat a, chez les courtisans,

---

(1) Hor., *Art poétique*, v. 445 :

> *Vir bonus et prudens versus reprehendet inertes,*
> *Culpabit duros : incomptis adlinet atrum*
> *Transverso calamo signum ; ambitiosa recidet*
> *Ornamenta ; parum claris lucem dare coget.*

(2) Perse, sat. I, v. 55 :

> *Et : Verum, inquis, amo · verum mihi dicito de me.*

De tout temps rencontré de zélés partisans;
Et, pour finir enfin par un trait de satire,
Un sot trouve toujours un plus sot qui l'admire.

CHANT II.

Le second chant est consacré aux œuvres secondaires de poésie. Boileau y décrit et caractérise l'idylle ou l'églogue, l'élégie, l'ode, le sonnet, l'épigramme, le rondeau, la ballade, le madrigal, la satire et le vaudeville. L'auteur a su varier ici son style avec tant d'art et d'habileté, qu'en parcourant toutes les différentes espèces de poésies, il emploie précisément le style qui convient à chacune d'elles en particulier.

TELLE qu'une bergère, au plus beau jour de fête,
De superbes rubis ne charge point sa tête,
Et, sans mêler à l'or l'éclat des diamants,
Cueille en un champ voisin ses plus beaux ornements;
Telle, aimable en son air, mais humble dans son style,
Doit éclater sans pompe une élégante idylle (1).
Son tour simple et naïf n'a rien de fastueux,
Et n'aime point l'orgueil d'un vers présomptueux.
Il faut que sa douceur flatte, chatouille, éveille,
Et jamais de grands mots n'épouvante l'oreille.
Mais souvent dans ce style un rimeur aux abois
Jette là, de dépit, la flûte et le hautbois;
Et follement pompeux, dans sa verve indiscrète,
Au milieu d'une églogue (2) entonne la trompette.
De peur de l'écouter, Pan fuit dans les roseaux,
Et les Nymphes, d'effroi, se cachent sous les eaux.

(1) Du grec εἰδύλλιον, petite forme, petite pièce. Sous ce nom, les anciens confondaient une foule de petits poëmes qui n'avaient rien de champêtre. Chez les modernes, l'églogue veut, en théorie, plus d'action et de mouvement que l'idylle, où l'on se contente de trouver des images, des récits, des sentiments ou des passions modérées.

(2) De ἐχ, de λέγω, *choisir*, veut dire proprement *pièce de choix*.

Au contraire, cet autre, abject en son langage,
Fait parler ses bergers comme on parle au village.
Ses vers plats et grossiers, dépouillés d'agrément,
Toujours baisent la terre et rampent tristement :
On dirait que Ronsard, sur ses *pipeaux rustiques,*
Vient encor fredonner ses idylles gothiques,
Et changer, sans respect de l'oreille et du son,
Lycidas en Pierrot, et Philis en Toinon (1).
   Entre ces deux excès la route est difficile.
Suivez, pour la trouver, Théocrite et Virgile :
Que leurs tendres écrits, par les Grâces dictés,
Ne quittent point vos mains, jour et nuit feuilletés (2).
Seuls, dans leurs doctes vers, ils pourront vous apprendre
Par quel art sans bassesse un auteur peut descendre,
Chanter Flore, les champs, Pomone, les vergers ;
Au combat de la flûte animer deux bergers ;
Des jeux et des plaisirs vanter la douce amorce ;
Changer Narcisse en fleur, couvrir Daphné d'écorce ;
Et par quel art encor l'églogue quelquefois
Rend dignes d'un consul la campagne et les bois (3).
Telle est de ce poëme et la force et la grâce.
   D'un ton un peu plus haut, mais pourtant sans audace,
La plaintive élégie (4), en longs habits de deuil (5),
Sait, les cheveux épars, gémir sur un cercueil.
   Je hais ces vains auteurs, dont la muse forcée (6)
M'entretient de ses feux, toujours froide et glacée ;
Qui s'affligent par art, et, sous de sens rassis,

---

  (1) Ronsard, dans ses églogues, appelle Henri II, *Henriot ;* Charles IX, *Carlin ;* Catherine de Médicis, *Catin.* Il emploie aussi les noms de *Margot, Pierrot,* etc.
  (2) Hor., *Art poétique,* v. 268.
            ... *Vos exemplaria græca*
    Nocturna versate manu, versate diurna.
  (3) *Si canimus silvas, silvæ sint consule dignæ.* (Virgile, Égl. IV.)
  (4) De ἔλεγος, nom dérivé de ἔ, ah ! hélas ! et λέγειν, dire.
  (5) Hor., *Art poétique,* v. 75 :
    Versibus impariter junctis querimonia primum,
    Post etiam inclusa est voti sententia compos.
  (6) Boileau, dans ces vers, nous montre que l'élégie ne s'est pas bornée à contempler les tombeaux et les ruines. Fille de la tristesse et de la plainte, elle sert aussi à peindre les joies et les tourments du cœur ; et, dans les tendres vers que soupirait Tibulle ou qu'écrivait Ovide, elle exhale les plus doux sons.

S'érigent pour rimer en amoureux transis.
Leurs transports les plus doux ne sont que phrases vai- [nes ;
Ils ne savent jamais que se charger de chaînes,
Que bénir leur martyre, adorer leur prison,
Et faire quereller les sens et la raison.
Il faut que le cœur seul parle dans l'élégie.

L'ode (1), avec plus d'éclat, et non moins d'énergie (2),
Élevant jusqu'au ciel son vol ambitieux,
Entretient dans ses vers commerce avec les dieux (3).
Aux athlètes dans Pise (4) elle ouvre la barrière,
Chante un vainqueur poudreux au bout de la carrière ;
Mène Achille sanglant aux bords du Simoïs,
Ou fait fléchir l'Escaut sous le joug de Louis.
Tantôt, comme une abeille ardente à son ouvrage (5),
Elle s'en va de fleurs dépouiller le rivage.
Son style impétueux souvent marche au hasard :
Chez elle un beau désordre est un effet de l'art.

Loin ces rimeurs craintifs, dont l'esprit flegmatique
Garde dans ses fureurs un ordre didactique ;
Qui, chantant d'un héros les progrès éclatants,
Maigres historiens, suivront l'ordre des temps.
Ils n'osent un moment perdre un sujet de vue :
Pour prendre Dôle, il faut que Lille soit rendue (6) ;
Et que leur vers, exact ainsi que Mézerai (7),
Ait fait déjà tomber les remparts de Courtrai.

(1) Du grec 'Ωδὴ, chant, parce que chez les anciens les odes étaient destinées à être chantées.
(2) Hor., *Art poétique*, v. 83 :
  Musa dedit fidibus divos, puerosque deorum,
  Et pugilem victorem, et equum certamine primum,
  Et juvenum curas, et libera vina referre.
(3) Hor., liv. I, ode XI :
  Quem virum aut heroa lyra vel acri
  Tibia sumes celebrare, Clio ?
  Quem Deum ?
(4) Ville d'Élide, où l'on célébrait les jeux Olympiques.
(5) Hor., liv. IV, ode I :
  Ego apis Matinæ
  More modoque,
  Grata carpentis thyma per laborem
  Plurimum, etc.
(6) Lille et Courtrai furent pris en 1667, et Dôle en 1668.
(7) Auteur d'une Histoire de France.

Apollon de son feu leur fut toujours avare.
  On dit, à ce propos, qu'un jour ce dieu bizarre,
Voulant pousser à bout tous les rimeurs françois,
Inventa du sonnet les rigoureuses lois ;
Voulut qu'en deux quatrains de mesure pareille
La rime avec deux sons frappât huit fois l'oreille,
Et qu'ensuite six vers, artistement rangés,
Fussent en deux tercets par le sens partagés.
Surtout de ce poëme il bannit la licence :
Lui-même en mesura le nombre et la cadence,
Défendit qu'un vers faible y pût jamais entrer,
Ni (1) qu'un mot déjà mis osât s'y remontrer.
Du reste, il l'enrichit d'une beauté suprême :
Un sonnet sans défauts vaut seul un long poëme (2).
Mais en vain mille auteurs y pensent arriver ;
Et cet heureux phénix est encore à trouver.
A peine dans Gombaud, Maynard et Malleville (3),
En peut-on admirer deux ou trois entre mille.
Le reste, aussi peu lu que ceux de Pelletier,
N'a fait de chez Sercy (4) qu'un saut chez l'épicier.
Pour enfermer son sens dans la borne prescrite,
La mesure est toujours trop longue ou trop petite.
  L'épigramme, plus libre, en son tour plus borné,
N'est souvent qu'un bon mot de deux rimes orné (5).
Jadis de nos auteurs les pointes ignorées
Furent de l'Italie en nos vers attirées.
Le vulgaire, ébloui de leur faux agrément,
A ce nouvel appât courut avidement.
La faveur du public excitant leur audace,
Leur nombre impétueux inonda le Parnasse.
Le madrigal d'abord en fut enveloppé ;
Le sonnet orgueilleux lui-même en fut frappé ;
La tragédie en fit ses plus chères délices ;

---

(1) Il faudrait, *et qu'un mot...*
(2) Hyperbole qu'il ne faut pas prendre à la lettre, surtout maintenant que les sonnets ne sont plus de mode.
(3) Trois académiciens, auteurs d'innombrables sonnets
(4) Libraire du palais.
(5) Telle est cette épigramme de Boileau sur une tragédie de Corneille :

        J'ai vu l'Agésilas..
          Hélas !

L'élégie en orna ses douloureux caprices;
Chaque mot eut toujours deux visages divers;
La prose la reçut aussi bien que les vers;
L'avocat au palais en hérissa son style,
Et le docteur en chaire en sema l'Évangile (1).
 La raison outragée enfin ouvrit les yeux,
La chassa pour jamais des discours sérieux;
Et, dans tous ses écrits la déclarant infâme,
Par grâce lui laissa l'entrée en l'épigramme,
Pourvu que sa finesse, éclatant à propos,
Roulât sur la pensée, et non pas sur les mots.
Ainsi de toutes parts les désordres cessèrent.
Toutefois à la cour les turlupins (2) restèrent,
Insipides plaisants, bouffons infortunés,
D'un jeu de mots grossier partisans surannés.
Ce n'est pas quelquefois qu'une muse un peu fine
Sur un mot en passant ne joue et ne badine,
Et d'un sens détourné n'abuse avec succès.
Mais fuyez sur ce point un ridicule excès,
Et n'allez pas toujours d'une pointe frivole
Aiguiser par la queue une épigramme folle.
 Tout poëme est brillant de sa propre beauté.
Le rondeau, né gaulois, a la naïveté.
La ballade, asservie à ses vieilles maximes,
Souvent doit tout son lustre au caprice des rimes.
 Le madrigal, plus simple et plus noble en son tour,
Respire la douceur, la tendresse et l'amour.
 L'ardeur de se montrer, et non pas de médire,
Arma la vérité du vers de la satire.
Lucile (3) le premier osa la faire voir,

(1) Pour, *des sermons sur l'Évangile.* Au commencement du xvii⁰ siècle, les sermons étaient souvent semés d'expressions triviales et de plaisanteries déplacées.
(2) *Turlupin* est le nom d'un comédien de Paris, qui divertissait le peuple par de méchantes pointes et par des jeux de mots qu'on a appelés *turlupinades.* Ses imitateurs ont été nommés *turlupins.* Pendant quelque temps on a vu régner en France le goût des *turlupinades,* et la cour même semblait être la source de cette corruption.
(3) C. Lucilius, chevalier romain, fut l'inventeur de la satire, en tant qu'elle est un poëme dont la fin est de reprendre les vices des hommes, car, bien que les Grecs aient composé des vers et des ouvrages satiriques, c'est-à-dire mordants, il est certain qu'ils ne leur ont donné ni

Aux vices des Romains présenta le miroir (1).
Vengea l'humble vertu de la richesse altière,
Et l'honnête homme à pied du faquin en litière.
  Horace à cette aigreur mêla son enjouement (2).
On ne fut plus ni fat ni sot impunément ;
Et malheur à tout nom qui, propre à la censure,
Put entrer dans un vers sans rompre la mesure !
  Perse, en ses vers obscurs, mais serrés et pressants,
Affecta d'enfermer moins de mots que de sens.
  Juvénal, élevé dans les cris de l'école (3),
Poussa jusqu'à l'excès sa mordante hyperbole.
Ses ouvrages, tout pleins d'affreuses vérités,
Étincellent pourtant de sublimes beautés :
Soit que, sur un écrit arrivé de Caprée (4),
Il brise de Séjan (5) la statue adorée;
Soit qu'il fasse au conseil courir les sénateurs (6),
D'un tyran (7) soupçonneux pâles adulateurs (8);

le caractère ni le tour de la satire latine. C'est pourquoi Quintilien a dit : *Satira quidam tota nostra est.*
  Et Hor., liv. II, sat. I, v. 62 :
    .....*Est Lucilius ausus*
    Primus in hunc operis componere carmina morem
  (1) Juv., sat. I, v. 165 :
    Ense velut stricto quoties Lucilius ardens
    Infremuit, rubet auditor, cui frigida mens est
    Criminibus ; tacita sudant præcordia culpa.
  (2) Perse, sat. I, v. 116 :
    Omne vafer vitium ridenti Flaccus amico
    Tangit ; et admissus circum præcordia ludit,
    Callidus excusso populum suspendere naso.
  (3) Pour, les écoles des rhéteurs ou déclamateurs de son temps.
  (4) Ile de la Méditerranée, dans le golfe de Naples, où l'infâme Tibère passa les onze dernières années de sa vie. Juv., sat. X, v. 70.
    ... *Verbosa et grandis epistola venit*
    A Caperis.
  (5) Ministre de Tibère, pendant son séjour à Caprée. Ayant conspiré, il fut étranglé l'an 31, et laissa une mémoire abhorrée. Juv., sat. X :
    Ardet adoratum populo caput, et crepat ingens
    Sejanus.
  (6) Satire IV, v. 72-5.
  (7) Tibère.
  (8) Juv., sat. IV, v. 74 :
    In quorum facie miseræ magnæque sedebat
    Pallor amicitiæ.

Ou que, poussant à bout la luxure latine,
Aux plus honteux excès il vende Messaline (1).
Ses écrits pleins de feu partout brillent aux yeux.

De ces maîtres savants disciple ingénieux,
Regnier, seul parmi nous, formé sur leurs modèles,
Dans son vieux style encore a des grâces nouvelles :
Heureux si ses discours, craints du chaste lecteur,
Ne se sentaient des lieux où fréquentait l'auteur ;
Et si du son hardi de ses rimes cyniques
Il n'alarmait souvent les oreilles pudiques !

Le latin, dans les mots, brave l'honnêteté ;
Mais le lecteur français veut être respecté :
Du moindre sens impur la liberté l'outrage,
Si la pudeur des mots n'en adoucit l'image.
Je veux dans la satire un esprit de candeur,
Et fuis un effronté qui prêche la pudeur.

D'un trait de ce poëme, en bons mots si fertile,
Le Français, né malin, forma le vaudeville (2);
Agréable indiscret qui, conduit par le chant,
Passe de bouche en bouche et s'accroit en marchant.
La liberté française en ses vers se déploie :
Cet enfant de plaisir veut naître dans la joie.
Toutefois n'allez pas, goguenard dangereux,
Faire Dieu le sujet d'un badinage affreux.
A la fin, tous ces jeux que l'athéisme élève,
Conduisent tristement le plaisant à la Grève (3).
Il faut, même en chansons, du bon sens et de l'art :
Mais pourtant on a vu le vin et le hasard
Inspirer quelquefois une muse grossière,
Et fournir sans génie un couplet à Linière (4).
Mais pour un vain bonheur qui vous a fait rimer,
Gardez qu'un sot orgueil ne vous vienne enfumer.

(1) Messaline était la 5ᵉ femme de l'empereur Claude.
(2) Mot qui vient de *Vaux de Vire*, chansons d'Olivier Basselin, poëte normand de Vire, au XIVᵉ siècle.
(3) Place où les criminels étaient exécutés. Quelques années avant la publication de ce poëme, un jeune homme nommé Petit fut surpris faisant imprimer des chansons impies et libertines de sa façon. On lui fit son procès, et il fut condamné à être pendu et brûlé, nonobstant de puissantes sollicitations qu'on fit agir en sa faveur.
(4) V. sat. IX, v. 236, et ép. VII, v. 89.

Souvent l'auteur altier de quelque chansonnette
Au même instant prend droit de se croire poëte :
Il ne dormira plus qu'il n'ait fait un sonnet ;
Il met tous les matins six impromptus au net.
Encore est-ce un miracle, en ses vagues furies,
Si bientôt, imprimant ses sottes rêveries,
Il ne se fait graver au-devant du recueil,
Couronné de lauriers par la main de Nanteuil (1).

CHANT III.

Les règles de la tragédie, de la comédie et du poëme épique font la matière du troisième chant. Il est le plus beau de tous, soit par la grandeur du sujet, soit par la manière dont Boileau l'a traité.

Il n'est point de serpent, ni de monstre odieux,
Qui, par l'art imité, ne puisse plaire aux yeux.
D'un pinceau délicat l'artifice agréable
Du plus affreux objet fait un objet aimable.
Ainsi, pour nous charmer, la tragédie en pleurs
D'OEdipe tout sanglant fit parler les douleurs (2) ;
D'Oreste parricide (3) exprima les alarmes,
Et, pour nous divertir, nous arracha des larmes.
Vous donc qui, d'un beau feu pour le théâtre épris,
Venez en vers pompeux y disputer le prix,
Voulez-vous sur la scène étaler des ouvrages
Où tout Paris en foule apporte ses suffrages,
Et qui, toujours plus beaux, plus ils sont regardés,
Soient au bout de vingt ans encor redemandés (4) ?
Que dans tous vos discours la passion émue
Aille chercher le cœur, l'échauffe et le remue (5).

(1) Fameux graveur de portraits.
(2) Allusion à l'OEdipe roi, de Sophocle.
(3) Sujet de tragédie, traité par Eschyle, Euripide et Sophocle.
(4) Hor., *Art poétique*, v. 190 :
   Fabula quæ posci vult, et spectata reponi.
(5) Hor., liv. II, ép 1, v. 211 :
   *....Meum qui pectus inaniter angit,
   Irritat, mulcet, falsis terroribus implet.*

Si d'un beau mouvement l'agréable fureur
Souvent ne nous remplit d'une douce *terreur*,
Ou n'excite en notre âme une *pitié* charmante,
En vain vous étalez une scène savante :
Vos froids raisonnements ne feront qu'attiédir
Un spectateur toujours paresseux d'applaudir,
Et qui, des vains efforts de votre rhétorique,
Justement fatigué, s'endort ou vous critique.
Le secret est d'abord de plaire et de toucher :
Inventez des ressorts qui puissent m'attacher.

Que dès les premiers vers l'action préparée
Sans peine du sujet aplanisse l'entrée.
Je me ris d'un acteur qui, lent à s'exprimer,
De ce qu'il veut d'abord ne sait pas m'informer,
Et qui, débrouillant mal une pénible intrigue,
D'un divertissement me fait une fatigue.
J'aimerais mieux encor qu'il déclinât son nom,
Et dît, je suis Oreste, ou bien Agamemnon,
Que d'aller, par un tas de confuses merveilles,
Sans rien dire à l'esprit, étourdir les oreilles.
Le sujet n'est jamais assez tôt expliqué.

Que le lieu de la scène y soit fixe et marqué.
Un rimeur, sans péril, delà les Pyrénées (1),
Sur la scène en un jour renferme des années.
Là, souvent le héros d'un spectacle grossier,
Enfant au premier acte, est barbon au dernier.
Mais nous, que la raison à ses règles engage,
Nous voulons qu'avec art l'action se ménage ;
Qu'en un lieu, qu'en un jour, un seul fait accompli
Tienne jusqu'à la fin le théâtre rempli.

Jamais au spectateur n'offrez rien d'incroyable (2) :
Le vrai peut quelquefois n'être pas vraisemblable.
Une merveille absurde est pour moi sans appas :
L'esprit n'est point ému de ce qu'il ne croit pas (3).

---

(1) Lope de Vega, poëte espagnol qui a composé un très grand nombre de pièces de théâtre. Dans l'une d'elles, il représente l'histoire de *Valentin* et *Orson*, qui naissent au premier acte, et sont fort âgés au dernier.

(2) Hor., *Art poétique*, v. 338 :
   Ficta voluptatis causa sint proxima veris.

(3) Hor., *ibid.*, v. 188 :
   Quodcumque ostendis mihi sic, incredulus odi.

Ce qu'on ne doit point voir, qu'un récit nous l'expose (1) :
Les yeux, en le voyant, saisiraient mieux la chose (2) ;
Mais il est des objets que l'art judicieux
Doit offrir à l'oreille et reculer des yeux.
    Que le trouble, toujours croissant de scène en scène,
A son comble arrivé, se débrouille sans peine.
L'esprit ne se sent point plus vivement frappé
Que lorsqu'en un sujet d'intrigue enveloppé,
D'un secret tout à coup la vérité connue
Change tout, donne à tout une face imprévue.
    La tragédie, informe et grossière en naissant (3),
N'était qu'un simple chœur où chacun, en dansant,
Et du dieu des raisins entonnant les louanges,
S'efforçait d'attirer de fertiles vendanges.
Là, le vin et la joie éveillant les esprits,
Du plus habile chantre un bouc était le prix (4).
Thespis (5) fut le premier qui, barbouillé de lie (6),
Promena par les bourgs cette heureuse folie,
Et, d'acteurs mal ornés chargeant un tombereau,
Amusa les passants d'un spectacle nouveau.
Eschyle dans le chœur jeta les personnages ;
D'un masque plus honnête habilla les visages ;
Sur les ais d'un théâtre, en public exhaussé,
Fit paraître l'acteur d'un brodequin chaussé (7).

  (1) Hor., *Art poétique*, v. 183 :
              Multaque tolles
    Ex oculis, quæ mox narret facundia præsens.
  (2) Hor., *ibid.*, v. 130 :
    Segnius irritant animos demissa per aurem, etc.
    ..... *Non tamen intus*
    Digna geri promes in scenam....
  (3) Ce qui est dit ici de la naissance et des progrès de la tragédie, est tiré d'Aristote et d'Horace dans leurs Poétiques, et de Diogène Laërce dans la vie de Solon.
  (4) Hor., *Art poétique*, v. 220 :
    Carmine qui tragico vilem certavit ob hircum.
C'est l'étymologie du mot tragédie, τράγος, *bouc*, ᾠδή, *chant*.
  (5) D'Icarie, en Attique. Il vivait dans le vi[e] siècle av. J.-C.
  (6) Hor., *ibid.*, v. 275 :
    Ignotum tragicæ genus invenisse Camœnæ
    Dicitur, et plaustris vexisse poemata Thespis.
  (7) Hor., *ibid.*, v. 278 :
    Post hunc personæ pallæque repertor hones æ

Sophocle (1) enfin, donnant l'essor à son génie,
Accrut encor la pompe, augmenta l'harmonie;
Intéressa le chœur dans toute l'action;
Des vers trop raboteux polit l'expression,
Lui donna chez les Grecs cette hauteur divine
Où jamais n'atteignit la faiblesse latine (2).

Chez nos dévots aïeux le théâtre abhorré
Fut longtemps dans la France un plaisir ignoré.
De pèlerins, dit-on, une troupe grossière
En public, à Paris, y monta la première,
Et, sottement zélée en sa simplicité,
Joua les Saints, la Vierge et Dieu par piété (3).
Le savoir, à la fin, dissipant l'ignorance,
Fit voir de ce projet la dévote imprudence;
On chassa ces docteurs prêchant sans mission;
On vit renaître Hector, Andromaque, Ilion (3).
Seulement, les acteurs laissant le masque antique,
Le violon tint lieu de chœur et de musique.

Un auteur peut montrer ses héros amoureux:
Mais qu'il n'en forme pas des bergers doucereux.
Qu'Achille aime autrement que Thyrsis et Philène (5).
N'allez pas d'un Cyrus (6) nous faire un Artamène;
Et que l'amour, souvent de remords combattu,
Paraisse une faiblesse, et non une vertu.

*Æschylus et modicis instravit pulpita tignis,
Et docuit magnumque loqui nitique cothurno.*

(1) Athénien, publia sa première tragédie à vingt-cinq ans, et remporta le prix sur Eschyle, qui jouissait alors de toute sa gloire. Égal à son rival par le talent, il approche de sa hardiesse, mais il est beaucoup plus châtié; il le surpasse par son génie et par la majesté de son style. On prétend qu'il mourut de joie, en apprenant une nouvelle victoire qu'il venait de remporter sur la scene.

(2) Pour la *faiblesse des Latins*, qui n'ont point réussi dans la tragédie.

(3) Il s'agit ici des *Mystères*, où l'on mettait en scène des faits de l'Ancien et du Nouveau Testament, le martyre des saints, les légendes, etc., d'une façon qui nous paraît aujourd'hui peu décente, mais qui ne laissait pas que d'édifier les populations.

(4) Ce ne fut que sous le règne de Louis XIII que la tragédie commença à prendre une nouvelle forme en France.

(5) Personnages d'églogue.

(6) Mademoiselle de Scudery, dans son roman de *Cyrus*, le fait agir, sous le nom d'*Artamène*, et débiter force propos galants qui étaient alors de mode dans le grand monde.

9.

Des héros de roman fuyez les petitesses :
Toutefois aux grands cœurs donnez quelques faiblesses.
Achille déplairait, moins bouillant et moins prompt (1) :
J'aime à lui voir verser des pleurs pour un affront.
A ces petits défauts marqués dans sa peinture,
L'esprit avec plaisir reconnaît la nature :
Qu'il soit sur ce modèle en vos écrits tracé.
Qu'Agamemnon soit fier, superbe, intéressé ;
Que pour ses dieux Énée ait un respect austère.
Conservez à chacun son propre caractère.
Des siècles, des pays étudiez les mœurs :
Les climats font souvent les diverses humeurs.
 Gardez donc de donner, ainsi que dans Clélie (2)
L'air ni l'esprit français à l'antique Italie ;
Et, sous des noms romains faisant notre portrait,
Peindre Caton galant (3) et Brutus (4) dameret (5).
Dans un roman frivole aisément tout s'excuse ;
C'est assez qu'en courant la fiction amuse ;
Trop de rigueur alors serait hors de saison :
Mais la scène demande une exacte raison.
L'étroite bienséance y veut être gardée.
 D'un nouveau personnage inventez-vous l'idée (6) ?
Qu'en tout avec soi-même il se montre d'accord,
Et qu'il soit jusqu'au bout tel qu'on l'a vu d'abord.
 Souvent, sans y penser, un écrivain qui s'aime
Forme tous ses héros semblables à soi-même :
Tout a l'humeur gasconne en un auteur gascon ;
Calprenède et Juba parlent du même ton (7).

(1) Hor., *Art poétique*, v. 120 :
  .... *Honoratum si forte reponis Achillem*
  Impiger, iracundus, inexorabilis, acer,
  Jura neget sibi nata, nihil non arroget armis.
(2) Roman de mademoiselle de Scudéry.
(3) *Caton* surnommé le *Censeur*. Il ne faut que lire le discours qu'il fit contre la parure des dames, pour voir qu'il n'était rien moins que galant. *Tite-Live,* liv. XXXIV, chap. 2.
(4) Celui qui chassa les Tarquins de Rome.
(5) Soigné dans sa parure, et fort empressé de plaire aux dames.
(6) Hor., *Art poétique*, v. 125 :
  Si quid inexpertum scenæ committis, et audes
  Personam formare novam, servetur ad imum
  Qualis ab incepto processerit, et sibi constet.
(7) Juba, héros du roman de *Cléopâtre*, composé par la Calprenède.

La nature est en nous plus diverse et plus sage :
Chaque passion parle un différent langage (1) :
La colère est superbe et veut des mots altiers ;
L'abattement s'explique en des termes moins fiers (2).
   Que devant Troie en flamme Hécube désolée
Ne vienne pas pousser une plainte ampoulée ;
Ni, sans raison, décrire en quel affreux pays
Par sept bouches l'Euxin reçoit le Tanaïs (3).
Tous ces pompeux amas d'expressions frivoles
Sont d'un déclamateur amoureux des paroles (4).
Il faut dans la douleur que vous vous abaissiez (5) :
Pour me tirer des pleurs, il faut que vous pleuriez (6).
Ces grands mots, dont alors l'acteur emplit sa bouche,
Ne partent point d'un cœur que sa misère touche.
   Le théâtre, fertile en censeurs pointilleux,
Chez nous pour se produire est un champ périlleux.
Un auteur n'y fait pas de faciles conquêtes ;
Il trouve à le siffler des bouches toujours prêtes.
Chacun le peut traiter de fat et d'ignorant ;
C'est un droit qu'à la porte on achète en entrant.
Il faut qu'en cent façons, pour plaire, il se replie ;
Que tantôt il s'élève, et tantôt s'humilie ;
Qu'en nobles sentiments il soit partout fécond ;
Qu'il soit aisé, solide, agréable, profond ;
Que de traits surprenants sans cesse il nous réveille ;
Qu'il coure dans ses vers de merveille en merveille ;
Et que tout ce qu'il dit, facile à retenir,
De son ouvrage en nous laisse un long souvenir.

(1) Hor., *Art poétique*, v. 105 :
        Tristia mœstum
  Vultum verba decent ; iratum, plena minarum.
(2) *Altiers, fiers*, rimes pour l'œil.
(3) Sénèque le Tragique, Troad., sc. I, v. 9 :
    Septena Tanaim ora pandentem bibit.
(4) L'auteur veut parler de Sénèque le Tragique ; mais il avait aussi en vue le grand Corneille, dans les tragédies duquel il y a quelques endroits qui sentent la déclamation.
(5) Hor., *Art poétique*, v. 95 :
    Et tragicus plerumque dolet sermone pedestri.
(6) Hor., *ibid.*, v. 102 :
    ....*Si vis me flere, dolendum est*
  Primum ipsi tibi.

Ainsi la tragédie agit, marche et s'explique (1).
   D'un air plus grand encor la poésie épique,
Dans le vaste récit d'une longue action,
Se soutient par la fable, et vit de fiction.
Là, pour nous enchanter, tout est mis en usage;
Tout prend un corps, une âme, un esprit, un visage.
Chaque vertu devient une divinité :
Minerve est la prudence, et Vénus, la beauté;
Ce n'est plus la vapeur qui produit le tonnerre,
C'est Jupiter armé pour effrayer la terre;
Un orage terrible aux yeux des matelots,
C'est Neptune en courroux qui gourmande les flots;
Écho n'est plus un son qui dans l'air retentisse,
C'est une nymphe en pleurs qui se plaint de Narcisse.
Ainsi, dans cet amas de nobles fictions,
Le poëte s'égaye en mille inventions,
Orne, élève, embellit, agrandit toutes choses,
Et trouve sous sa main des fleurs toujours écloses.
Qu'Énée et ses vaisseaux, par le vent écartés,
Soient aux bords africains d'un orage emportés;
Ce n'est qu'une aventure ordinaire et commune,
Qu'un coup peu surprenant des traits de la fortune.
Mais que Junon, constante en son aversion,
Poursuive sur les flots les restes d'Ilion;
Qu'Éole, en sa faveur, les chassant d'Italie,
Ouvre aux vents mutinés les prisons d'Éolie;
Que Neptune en courroux s'élevant sur la mer,
D'un mot calme les flots, mette la paix dans l'air,
Délivre les vaisseaux, des Syrtes (2) les arrache (3) :
C'est là ce qui surprend, frappe, saisit, attache.
Sans tous ces ornements le vers tombe en langueur,
La poésie est morte, ou rampe sans vigueur;
Le poëte n'est plus qu'un orateur timide,
Qu'un froid historien d'une fable insipide.

  (1) Comme en latin, *se explicat*, se développe.
  (2) Nom donné par les anciens aux deux golfes que forme la Méditerranée sur la côte septentrionale d'Afrique.
  (3) Virg., liv. I :
     Cymothoe, simul et Triton adnixus, acuto
     Detrudunt naves scopulo ; levat ipse tridenti,
     Et vastas aperit Syrtes.

CHANT III.

C'est donc bien vainement que nos auteurs déçus (1),
Bannissant de leurs vers ces ornements reçus,
Pensent faire agir Dieu, ses saints et ses prophètes,
Comme ces dieux éclos du cerveau des poëtes;
Mettent à chaque pas le lecteur en enfer;
N'offrent rien qu'Astaroth, Belzébuth, Lucifer.
De la foi d'un chrétien les mystères terribles
D'ornements égayés ne sont point susceptibles :
L'Évangile à l'esprit n'offre, de tous côtés,
Que pénitence à faire et tourments mérités;
Et de vos fictions le mélange coupable
Même à ces vérités donne l'air de la fable.

Et quel objet enfin à présenter aux yeux
Que le diable toujours hurlant contre les cieux,
Qui de votre héros veut rabaisser la gloire,
Et souvent avec Dieu balance la victoire!

Le Tasse, dira-t-on, l'a fait avec succès (2).
Je ne veux point ici lui faire son procès :
Mais, quoi que notre siècle à sa gloire publie,
Il n'eût point de son livre illustré l'Italie,
Si son sage héros (3), toujours en oraison,
N'eût fait que mettre enfin Satan à la raison;
Et si Renaud, Argant, Tancrède (4), et sa maîtresse (5),
N'eussent de son sujet égayé la tristesse.

Ce n'est pas que j'approuve, en un sujet chrétien,
Un auteur follement idolâtre et païen (6).
Mais, dans une profane et riante peinture,
De n'oser de la Fable employer la figure,
De chasser les Tritons de l'empire des eaux,
D'ôter à Pan sa flûte, aux Parques leurs ciseaux,
D'empêcher que Caron, dans la fatale barque,
Ainsi que le berger, ne passe le monarque :
C'est d'un scrupule vain s'alarmer sottement,

(1) Allusion à Saint-Sorlin Desmarets, auteur du poëme de *Clovis*, dans lequel il fait produire tout le merveilleux par l'intervention des démons, des anges, et de Dieu même.
(2) Dans son poëme de la *Jérusalem délivrée*.
(3) Godefroi de Bouillon.
(4) Personnages de la *Jérusalem*.
(5) Herminie.
(6) Comme Sannazar, qui, dans le *De partu Virginis*, introduit des Dryades; le Dante, l'*Achéron* et le *Léthé*; Camoëns, *Vénus, Cupidon*, etc.

Et vouloir aux lecteurs plaire sans agrément.
Bientôt ils défendront de peindre la Prudence,
De donner à Thémis ni bandeau ni balance,
De figurer aux yeux la Guerre au front d'airain,
Ou le Temps qui s'enfuit, une horloge à la main ;
Et partout des discours, comme une idolâtrie,
Dans leur faux zèle iront chasser l'allégorie.
Laissons-les s'applaudir de leur pieuse erreur :
Mais, pour nous, bannissons une vaine terreur ;
Et, fabuleux chrétiens, n'allons point, dans nos songes,
Du Dieu de vérité faire un dieu de mensonges.

 La Fable offre à l'esprit mille agréments divers :
Là, tous les noms heureux semblent nés pour les vers,
Ulysse, Agamemnon, Oreste, Idoménée,
Hélène, Ménélas, Pâris, Hector, Énée.
O le plaisant projet d'un poëte ignorant,
Qui de tant de héros va choisir Childebrand (1) !
D'un seul nom quelquefois le son dur ou bizarre
Rend un poëme entier, ou burlesque ou barbare.

 Voulez-vous longtemps plaire et jamais ne lasser ?
Faites choix d'un héros propre à m'intéresser,
En valeur éclatant, en vertus magnifique ;
Qu'en lui, jusqu'aux défauts, tout se montre héroïque ;
Que ses faits surprenants soient dignes d'être ouïs ;
Qu'il soit tel que César, Alexandre ou Louis ;
Non tel que Polynice et son perfide frère (2).
On s'ennuie aux exploits d'un conquérant vulgaire.

 N'offrez point un sujet d'incidents trop chargé.
Le seul courroux d'Achille (3), avec art ménagé,
Remplit abondamment une Iliade entière :
Souvent trop d'abondance appauvrit la matière.

 Soyez vif et pressé dans vos narrations ;

---

(1) Héros d'un poëme intitulé : *les Sarrasins chassés de France*, par Sainte-Garde.

(2) Allusion à la *Thébaïde* de Stace, dont le sujet est la haine funeste d'Étéocle et de Polynice, frères ennemis, auteurs de la guerre de Thèbes. Il faut que l'action du poëme soit heureuse pour laisser l'esprit du lecteur satisfait, et qu'elle soit louable pour être un exemple public de vertu

(3) Iliade, v. 1 :

Μῆνιν ἄειδε, Θεὰ, Πηληιάδεω Ἀχιλέως.

Soyez riche et pompeux dans vos descriptions.
C'est là qu'il faut des vers étaler l'élégance.
N'y présentez jamais de basse circonstance.
N'imitez pas ce fou (1) qui, décrivant les mers,
Et peignant, au milieu de leurs flots entr'ouverts,
L'Hébreu sauvé du joug de ses injustes maîtres,
Met pour les voir passer les poissons aux fenêtres (2) ;
Peint le petit enfant qui *va, saute, revient,
Et, joyeux, à sa mère offre un caillou qu'il tient.*
Sur de trop vains objets c'est arrêter la vue.
Donnez à votre ouvrage une juste étendue.

Que le début soit simple et n'ait rien d'affecté.
N'allez pas, dès l'abord, sur Pégase monté (3),
Crier à vos lecteurs, d'une voix de tonnerre :
Je chante le vainqueur des vainqueurs de la terre (4).
Que produira l'auteur après tous ces grands cris ?
La montagne en travail enfante une souris (5).
Oh ! que j'aime bien mieux cet auteur plein d'adresse
Qui, sans faire d'abord de si haute promesse,
Me dit, d'un ton aisé, doux, simple, harmonieux :
*Je chante les combats, et cet homme pieux
Qui, des bords phrygiens conduit dans l'Ausonie,
Le premier aborda les champs de Lavinie* (6).
Sa muse en arrivant ne met pas tout en feu,
Et, pour donner beaucoup, ne nous promet que peu ;
Bientôt vous la verrez, prodiguant les miracles,
Du destin des Latins prononcer les oracles ;
De Styx et d'Achéron peindre les noirs torrents,

---

(1) Saint-Amand, dans le *Moïse sauvé.*
(2) Voici le vers de Saint-Amand :
   Les poissons ébahis les regardent passer.
(3) Hor., *Art poétique*, v. 136 :
   Nec sic incipies, ut scriptor cyclicus olim :
   Fortunam Priami cantabo et nobile bellum.
(4) Premier vers du poëme d'*Alaric*, par Scudéry.
(5) Hor., *ibid.*, v. 138 :
   Quid dignum tanto feret hic promissor hiatu?
   Parturient montes, nascetur ridiculus mus.
(6) Traduction des premiers vers de l'*Énéide* :
   Arma virumque cano, Trojæ qui primus ab oris
   Italiam, fato profugus, Lavinaque venit
   Littora.

Et déjà les Césars dans l'Élysée errants (1).
 De figures sans nombre égayez votre ouvrage ;
Que tout y fasse aux yeux une riante image :
On peut être à la fois et pompeux et plaisant,
Et je hais un sublime ennuyeux et pesant.
J'aime mieux Arioste (2) et ses fables comiques,
Que ces auteurs toujours froids et mélancoliques,
Qui dans leur sombre humeur se croiraient faire affront,
Si les Grâces jamais leur déridaient le front.
 On dirait que pour plaire, instruit par la nature,
Homère ait à Vénus dérobé sa ceinture (3).
Son livre est d'agréments un fertile trésor :
Tout ce qu'il a touché se convertit en or ;
Tout reçoit dans ses mains une nouvelle grâce ;
Partout il divertit, et jamais il ne lasse.
Une heureuse chaleur anime ses discours :
Il ne s'égare point en de trop longs détours.
Sans garder dans ses vers un ordre méthodique,
Son sujet de soi-même et s'arrange et s'explique :
Tout, sans faire d'apprêts, s'y prépare aisément ;
Chaque vers, chaque mot court à l'événement (4).
Aimez donc ses écrits, mais d'un amour sincère :
C'est avoir profité que de savoir s'y plaire (5).
 Un poëme excellent, où tout marche et se suit,
N'est pas de ces travaux qu'un caprice produit :
Il veut du temps, des soins ; et ce pénible ouvrage
Jamais d'un écolier ne fut l'apprentissage.
Mais souvent parmi nous un poëte sans art,
Qu'un beau feu quelquefois échauffa par hasard,
Enflant d'un vain orgueil son esprit chimérique,
Fièrement prend en main la trompette héroïque.
Sa muse déréglée, en ses vers vagabonds,

---

(1) Allusion au vi^e livre de l'*Énéide*.
(2) Poëte italien, auteur du poëme de *Roland furieux*, qui est rempli de fictions ingénieuses, mais éloignées de toute vraisemblance.
(3) Cette ceinture merveilleuse de Vénus, l'une des plus ingénieuses fictions de l'*Iliade*, relevait extraordinairement l'éclat de sa beauté.
(4) Hor., *Art poétique*, v. 148 :
  Semper ad eventum festinat.
(5) Quintilien dit de Cicéron : *Ille se profecisse sciat, cui Cicero valde placebit* (lib. X, c. I).

Ne s'élève jamais que par sauts et par bonds ;
Et son feu, dépourvu de sens et de lecture,
S'éteint à chaque pas, faute de nourriture.
Mais en vain le public, prompt à le mépriser,
De son mérite faux le veut désabuser :
Lui-même, applaudissant à son maigre génie,
Se donne par ses mains l'encens qu'on lui dénie.
Virgile, au prix de lui, n'a point d'invention :
Homère n'entend point la noble fiction.
Si contre cet arrêt le siècle se rebelle,
A la postérité d'abord il en appelle.
Mais attendant qu'ici le bon sens de retour
Ramène triomphants ses ouvrages au jour,
Leurs tas, au magasin, cachés à la lumière,
Combattent tristement les vers et la poussière
Laissons-les donc entre eux s'escrimer en repos ;
Et, sans nous égarer, suivons notre propos.

   Des succès fortunés du spectacle tragique,
Dans Athènes naquit la comédie (1) antique.
Là, le Grec, né moqueur, par mille jeux plaisants,
Distilla le venin de ses traits médisants.
Aux accès insolents d'une bouffonne joie
La sagesse, l'esprit, l'honneur, furent en proie.
On vit par le public un poète avoué
S'enrichir aux dépens du mérite joué,
Et Socrate par lui, dans *un chœur de Nuées* (2),
D'un vil amas de peuple attirer les huées.
Enfin de la licence on arrêta le cours :
Le magistrat des lois emprunta le secours,
Et, rendant par édit les poëtes plus sages,
Défendit de marquer les noms et les visages.
Le théâtre perdit son antique fureur ;
La comédie apprit à rire sans aigreur,
Sans fiel et sans venin sut instruire et reprendre,

---

(1) La comédie, qui, primitivement, faisait partie des Dionysiaques ou fêtes de Bacchus, ne put, à cause de sa licence, obtenir l'entrée de la ville, et fut laissée dans la campagne, comme l'indique son étymologie, κώμη, *bourg, village,* ᾠδή, *chant.*

(2) C'est ainsi que Socrate figure dans les *Nuées*, comédie d'Aristophane, act. I, sc. 2 et 3.

Et plut innocemment dans les vers de Ménandre (1).
Chacun, peint avec art dans ce nouveau miroir,
S'y vit avec plaisir, ou crut ne s'y point voir.
L'avare, des premiers, rit du tableau fidèle
D'un avare souvent tracé sur son modèle ;
Et mille fois un fat, finement exprimé,
Méconnut le portrait sur lui-même formé.
 Que la nature donc soit votre étude unique,
Auteurs, qui prétendez aux honneurs du comique.
Quiconque voit bien l'homme, et, d'un esprit profond,
De tant de cœurs cachés a pénétré le fond ;
Qui (2) sait bien ce que c'est qu'un prodigue, un avare,
Un honnête homme, un fat, un jaloux, un bizarre,
Sur une scène heureuse il peut les étaler,
Et les faire, à nos yeux, vivre, agir et parler.
Présentez-en partout les images naïves ;
Que chacun y soit peint des couleurs les plus vives.
La nature, féconde en bizarres portraits,
Dans chaque âme est marquée à de différents traits ;
Un geste la découvre, un rien la fait paraître :
Mais tout esprit n'a pas des yeux pour la connaître.
 Le temps, qui change tout, change aussi nos humeurs :
Chaque âge a ses plaisirs, son esprit et ses mœurs (3).
 Un jeune homme, toujours bouillant dans ses caprices(4),

---

(1) La comédie a eu trois âges différents chez les Grecs. Dans la *comédie ancienne*, on se donnait la liberté non-seulement de représenter les aventures véritables et connues, mais de nommer publiquement les personnes que l'on voulait jouer. Cette licence fut réprimée par l'autorité des magistrats ; et les auteurs comiques, n'osant plus désigner les gens par leur nom, firent paraître des masques ressemblant aux personnes qu'ils jouaient, ou les désignaient de quelque autre manière semblable : ce fut la *comédie moyenne*. Ce nouvel abus, presque aussi grand que le premier, fut encore défendu : on ne marqua plus *les noms ni les visages*, et la comédie se réduisit aux règles de la bienséance. C'est la *comédie nouvelle* dont Ménandre fut le principal représentant, au siècle d'Alexandre le Grand.

(2) *Qui.... il*, faute grammaticale : *il* est de trop.

(3) Hor., *Art poétique*, v. 156 et s. :
 Ætatis cujusque notandi sunt tibi mores,
 Mobilibusque decor naturis dandus et annis, etc.

(4) Voyez le portrait des différents âges dans l'*Art poétique* d'Horace, v. 161 et s. :
 Imberbis juvenis, etc.

CHANT III.

Est prompt à recevoir l'impression des vices,
Est vain dans ses discours, volage en ses désirs,
Rétif à la censure, et fou dans les plaisirs.
    L'âge viril, plus mûr, inspire un air plus sage,
Se pousse auprès des grands, s'intrigue, se ménage,
Contre les coups du sort songe à se maintenir,
Et loin dans le présent regarde l'avenir.
    La vieillesse chagrine incessamment amasse;
Garde, non pas pour soi, les trésors qu'elle entasse;
Marche en tous ses desseins d'un pas lent et glacé;
Toujours plaint le présent et vante le passé;
Inhabile aux plaisirs dont la jeunesse abuse,
Blâme en eux (1) les douceurs que l'âge lui refuse.
    Ne faites point parler vos acteurs au hasard,
Un vieillard en jeune homme, un jeune homme en vieil-
    Étudiez la cour, et connaissez la ville.   [lard (2).
L'une et l'autre est toujours en modèles fertile.
C'est par là que Molière (3), illustrant ses écrits,
Peut-être de son art eût remporté le prix,
Si, moins ami du peuple (4), en ses doctes peintures,
Il n'eût point fait souvent grimacer ses figures,
Quitté pour le bouffon l'agréable et le fin,
Et sans honte à Térence allié Tabarin (5).
Dans ce sac ridicule où Scapin s'enveloppe (6),
Je ne reconnais plus l'auteur du Misanthrope.
    Le comique, ennemi des soupirs et des pleurs,
N'admet point en ses vers de tragiques douleurs (7).

---

(1) Syllepse pour *en elle*, se rapportant à *jeunesse*, pour *jeunes gens*.
(2) Hor., *Art poétique*, v. 176:
    Ne forte seniles
  Mandentur juveni partes, etc.
(3) De tous les auteurs modernes, Molière était celui que Boileau estimait et admirait le plus; il le trouvait plus parfait en son genre que Corneille et Racine dans le leur.
(4) C'est-à-dire *du parterre*.
(5) V. chant I, v. 8.
(6) Les *Fourberies de Scapin*, comédie de Molière. Ce n'est pas Scapin qui s'enveloppe dans un sac, c'est le vieux Géronte, à qui Scapin persuade de s'y envelopper. Mais cela est dit figurément dans ces vers, parce que Scapin est le héros de la pièce.
(7) Hor., *Art poétique*, v. 89:
    Versibus exponi tragicis res comica non vult.

Mais son emploi n'est pas d'aller dans une place
De mots sales et bas charmer la populace.
 Il faut que ses acteurs badinent noblement ;
Que son nœud bien formé se dénoue aisément ;
Que l'action, marchant où la raison la guide,
Ne se perde jamais dans une scène vide ;
Que son style humble et doux se relève à propos ;
Que ses discours, partout fertiles en bons mots,
Soient pleins de passions finement maniées,
Et les scènes toujours l'une à l'autre liées.
 J'aime sur le théâtre un agréable auteur
Qui, sans se diffamer aux yeux du spectateur,
Plait par la raison seule, et jamais ne la choque.
Mais pour un faux plaisant, à grossière équivoque,
Qui, pour me divertir, n'a que la saleté,
Qu'il s'en aille, s'il veut, sur deux tréteaux monté (1),
Amusant le Pont-Neuf de ses sornettes fades,
Aux laquais assemblés jouer ses mascarades.

CHANT IV.

Dans le quatrième chant, Boileau revient aux préceptes généraux. Il s'attache à former les poëtes, et leur donne d'utiles instructions sur la connaissance et l'usage des divers talents, sur le choix qu'ils doivent faire d'un censeur éclairé, sur leurs mœurs, sur leur conduite particulière ; il explique ensuite, par forme de digression, l'histoire de la poésie, son origine, son progrès, sa perfection et sa décadence.

 Dans Florence jadis vivait un médecin (2),
Savant hâbleur, dit-on, et célèbre assassin.
Lui seul y fit longtemps la publique misère.

 (1) A la manière des charlatans qui jouaient leurs farces à découvert et en plein air, au milieu du Pont-Neuf.
 (2) Cette métamorphose d'un médecin en architecte désigne Claude Perrault, médecin de la faculté de Paris, qui a bâti la colonnade du Louvre.

CHANT IV.

Là, le fils orphelin lui redemande un père;
Ici, le frère pleure un frère empoisonné;
L'un meurt vide de sang, l'autre plein de séné;
Le rhume à son aspect se change en pleurésie,
Et par lui la migraine est bientôt frénésie.
Il quitte enfin la ville, en tous lieux détesté.
De tous ses amis morts un seul ami resté
Le mène en sa maison de superbe structure.
C'était un riche abbé, fou de l'architecture.
Le médecin d'abord semble né dans cet art :
Déjà de bâtiments parle comme Mansart (1);
D'un salon qu'on élève il condamne la face,
Au vestibule obscur il marque une autre place,
Approuve l'escalier tourné d'autre façon.
Son ami le conçoit, et mande son maçon.
Le maçon vient, écoute, approuve, et se corrige.
Enfin, pour abréger un si plaisant prodige,
Notre assassin renonce à son art inhumain,
Et désormais, la règle et l'équerre à la main,
Laissant de Galien (2) la science suspecte,
De méchant médecin devient bon architecte.

Son exemple est pour nous un précepte excellent.
Soyez plutôt maçon, si c'est votre talent,
Ouvrier estimé dans un art nécessaire,
Qu'écrivain du commun et poëte vulgaire.
Il est dans tout autre art des degrés différents :
On peut avec honneur remplir les seconds rangs;
Mais dans l'art dangereux de rimer et d'écrire,
Il n'est point de degré du médiocre au pire (3).
Qui dit froid écrivain, dit détestable auteur.
Boyer (4) est à Pinchène (5) égal pour le lecteur.

---

(1) Célèbre architecte, surintendant des bâtiments du roi.
(2) Fameux médecin grec, du second siècle de notre ère.
(3) Hor., *Art poétique*, v. 368 et s.
    ....*Certis medium et tolerabile rebus*
    Recte concedi....
    ....*Mediocribus esse poetis*
    Non di', non homines, non concessere columnæ.
(4) Auteur médiocre; il composa des pièces de théâtre, entre autres *Judith.*
(5) V. ép. V, v. 17.

On ne lit guère plus Rampale et Mesnardière (1),
Que Magnon, du Souhait, Corbin, et la Morlière (2)
Un fou du moins fait rire et peut nous égayer ;
Mais un froid écrivain ne sait rien qu'ennuyer.
J'aime mieux Bergerac (3) et sa burlesque audace,
Que ces vers où Motin (4) se morfond et nous glace.
 Ne vous enivrez point des éloges flatteurs
Qu'un amas quelquefois de vains admirateurs
Vous donne en ces réduits (5), prompts à crier : Merveille !
Tel écrit récité se soutint à l'oreille,
Qui, dans l'impression au grand jour se montrant,
Ne soutient pas des yeux le regard pénétrant (6).
On sait de cent auteurs l'aventure tragique,
Et Gombaud (7) tant loué garde encor la boutique.
 Écoutez tout le monde, assidu consultant :
Un fat quelquefois ouvre un avis important.
Quelques vers toutefois qu'Apollon vous inspire,
En tous lieux aussitôt ne courez pas les lire.
Gardez-vous d'imiter ce rimeur furieux (8)
Qui, de ses vains écrits lecteur harmonieux,
Aborde en récitant quiconque le salue (9),
Et poursuit de ses vers les passants dans la rue.
Il n'est temple si saint (10), des anges respecté,
Qui soit contre sa muse un lieu de sûreté.

---

(1) Rampale, poëte qui vivait sous le règne de Louis XII ; la Mesnardière, autre poëte médiocre, du même temps.

(2) Misérables poëtes.

(3) Cyrano de Bergerac (1620-1655), auteur du *Voyage dans la Lune*, et de quelques autres ouvrages où l'imagination a eu plus de part que le jugement.

(4) Motin, auteur de quelques poésies qui sont imprimées dans des recueils avec celles de Malherbe, de Racan, et autres poëtes de son temps.

(5) Lieux particuliers où s'assemblaient des personnes choisies, et où quelquefois les auteurs allaient réciter leurs ouvrages avant de les publier.

(6) Allusion au sort de la *Pucelle* de Chapelain.

(7) V. chant II, v. 97.

(8) Charles Du Perrier, auteur de vers français et de vers latins.

(9) Horace, *Art poétique*, v. 474 :
  Indoctum doctumque fugat recitator acerbus.

(10) Du Perrier ne cessa un jour de réciter de ses vers à Boileau pendant toute une messe.

Je vous l'ai déjà dit (1), aimez qu'on vous censure,
Et, souple à la raison, corrigez sans murmure ;
Mais ne vous rendez pas dès qu'un sot vous reprend.
 Souvent dans son orgueil un subtil ignorant
Par d'injustes dégoûts combat toute une pièce,
Blâme des plus beaux vers la noble hardiesse.
On a beau réfuter ses vains raisonnements,
Son esprit se complaît dans ses faux jugements ;
Et sa faible raison, de clarté dépourvue,
Pense que rien n'échappe à sa débile vue.
Ses conseils sont à craindre, et, si vous les croyez,
Pensant fuir un écueil, souvent vous vous noyez.
 Faites choix d'un censeur solide et salutaire (2),
Que la raison conduise et le savoir éclaire,
Et dont le crayon sûr d'abord aille chercher
L'endroit que l'on sent faible et qu'on se veut cacher.
Lui seul éclaircira vos doutes ridicules ;
De votre esprit tremblant lèvera les scrupules.
C'est lui qui vous dira par quel transport heureux
Quelquefois dans sa course un esprit vigoureux,
Trop resserré par l'art, sort des règles prescrites,
Et de l'art même apprend à franchir leurs limites.
Mais ce parfait censeur se trouve rarement :
Tel excelle à rimer, qui juge sottement ;
Tel s'est fait par ses vers distinguer dans la ville,
Qui jamais de Lucain n'a distingué Virgile (3).
 Auteurs, prêtez l'oreille à mes instructions.
Voulez-vous faire aimer vos riches fictions ?
Qu'en savantes leçons votre muse fertile
Partout joigne au plaisant le solide et l'utile (4).
Un lecteur sage fuit un vain amusement,

---

(1) Ch. I, v. 192.
(2) Caractère de Patru, le plus habile et le plus sévère critique de son siècle. Il était en réputation de si grande rigidité, que quand Racine faisait à Boileau quelque observation un peu trop subtile sur des endroits de ses ouvrages, Boileau, au lieu de lui dire le proverbe, *Ne sis patruus mihi*, N'ayez point pour moi la sévérité d'un oncle, lui disait : *Ne sis Patru mihi*, N'ayez point pour moi la sévérité de Patru.
(3) Comme le grand Corneille.
(4) Horace, *Art poétique*, v. 343 :
 Omne tulit punctum qui miscuit utile dulci.

Et veut mettre à profit son divertissement (1).
   Que votre âme et vos mœurs, peintes dans vos ouvrages,
N'offrent jamais de vous que de nobles images.
Je ne puis estimer ces dangereux auteurs (2)
Qui, de l'honneur en vers infâmes déserteurs,
Trahissant la vertu sur un papier coupable,
Aux yeux de leurs lecteurs rendent le vice aimable.
   Un auteur vertueux, dans ses vers innocents,
Ne corrompt point le cœur en chatouillant les sens :
Son feu n'allume point de criminelle flamme.
Aimez donc la vertu, nourrissez-en votre âme.
En vain l'esprit est plein d'une noble vigueur;
Le vers se sent toujours des bassesses du cœur.
   Fuyez surtout, fuyez ces basses jalousies,
Des vulgaires esprits malignes frénésies.
Un sublime écrivain n'en peut être infecté :
C'est un vice qui suit la médiocrité.
Du mérite éclatant cette sombre rivale
Contre lui, chez les grands, incessamment cabale,
Et, sur les pieds en vain tâchant de se hausser,
Pour s'égaler à lui, cherche à le rabaisser.
Ne descendons jamais dans ces lâches intrigues :
N'allons point à l'honneur par de honteuses brigues.
   Que les vers ne soient pas votre éternel emploi (3).
Cultivez vos amis, soyez homme de foi.
C'est peu d'être agréable et charmant dans un livre;
Il faut savoir encore et converser et vivre.
   Travaillez pour la gloire, et qu'un sordide gain
Ne soit jamais l'objet d'un illustre écrivain.
Je sais qu'un noble esprit peut, sans honte et sans crime,
Tirer de son travail un tribut légitime;
Mais je ne puis souffrir ces auteurs renommés
Qui, dégoûtés de gloire, et d'argent affamés,
Mettent leur Apollon aux gages d'un libraire,
Et font d'un art divin un métier mercenaire.

---

(1) Hor., *ibid.*, v. 341 :
   Centuriæ seniorum agitant expertia frugis,
   Celsi prætereunt austera poemata Rhamnes.
(2) L'auteur avait en vue les *Contes* de la Fontaine.
(3) Allusion à la Fontaine.

Avant que la raison, s'expliquant par la voix,
Eût instruit les humains, eût enseigné des lois,
Tous les hommes suivaient la grossière nature,
Dispersés dans les bois, couraient à la pâture :
La force tenait lieu de droit et d'équité ;
Le meurtre s'exerçait avec impunité.
Mais du discours enfin l'harmonieuse adresse
De ces sauvages mœurs adoucit la rudesse,
Rassembla les humains dans les forêts épars,
Enferma les cités de murs et de remparts ;
De l'aspect du supplice effraya l'insolence,
Et sous l'appui des lois mit la faible innocence.
Cet ordre fut, dit-on, le fruit des premiers vers.
De là sont nés ces bruits, reçus dans l'univers, [ce (1)
Qu'aux accents dont Orphée emplit les monts de Thra-
Les tigres amollis dépouillaient leur audace ;
Qu'aux accords d'Amphion les pierres se mouvaient,
Et sur les murs thébains en ordre s'élevaient.
L'harmonie, en naissant, produisit ces miracles.
Depuis, le ciel en vers fit parler les oracles ;
Du sein d'un prêtre ému d'une divine horreur (2),
Apollon par des vers exhala sa fureur.
Bientôt, ressuscitant les héros des vieux âges,
Homère aux grands exploits anima les courages.
Hésiode (3) à son tour, par d'utiles leçons,
Des champs trop paresseux vint hâter les moissons.
En mille écrits fameux la sagesse tracée
Fut, à l'aide des vers, aux mortels annoncée ;
Et partout des esprits ses préceptes vainqueurs,
Introduits par l'oreille, entrèrent dans les cœurs.
Pour tant d'heureux bienfaits les Muses révérées
Furent d'un juste encens dans la Grèce honorées ;

---

(1) Hor., *Art poétique*, v. 391 et suiv. :
　　Silvestres homines sacer interpresque deorum
　　Cædibus et victu fœdo deterruit Orpheus, etc.
(2) Virgile, *Énéide*, liv. VI, v. 81 :
　　...... Immanis in antro
　　Bacchatur vates, magnum si pectore possit
　　Excussisse deum...
(3) Poëte grec, contemporain d'Homère, auteur des *Travaux et des Jours*, poëme didactique.

Et leur art, attirant le culte des mortels,
A sa gloire en cent lieux vit dresser des autels.
Mais enfin, l'indigence amenant la bassesse,
Le Parnasse oublia sa première noblesse.
Un vil amour du gain, infectant les esprits,
De mensonges grossiers souilla tous les écrits;
Et partout, enfantant mille ouvrages frivoles,
Trafiqua du discours et vendit les paroles.

 Ne vous flétrissez point par un vice si bas.
Si l'or seul a pour vous d'invincibles appas,
Fuyez ces lieux charmants qu'arrose le Permesse (1);
Ce n'est point sur ses bords qu'habite la richesse.
Aux plus savants auteurs, comme aux plus grands guerriers
Apollon ne promet qu'un nom et des lauriers.

 Mais quoi ! dans la disette une muse affamée
Ne peut pas, dira-t-on, subsister de fumée.
Un auteur qui, pressé d'un besoin importun,
Le soir entend crier ses entrailles à jeun,
Goûte peu d'Hélicon les douces promenades:
Horace a bu son soûl quand il voit les Ménades (2);
Et, libre du souci qui trouble Colletet,
N'attend pas, pour dîner, le succès d'un sonnet.

 Il est vrai; mais enfin cette affreuse disgrâce
Rarement parmi nous afflige le Parnasse.
Et que craindre en ce siècle, où toujours les beaux-arts
D'un astre favorable éprouvent les regards;
Où d'un prince éclairé la sage prévoyance
Fait partout au mérite ignorer l'indigence?
 Muses, dictez sa gloire à tous vos nourrissons.
Son nom vaut mieux pour eux que toutes vos leçons.
Que Corneille, pour lui rallumant son audace,
Soit encor le Corneille et du Cid et d'Horace.

---

(1) Rivière de Béotie, consacrée aux Muses.

(2) Nom des Bacchantes, femmes qui célébraient les fêtes de Bacchus avec tous les transports de la fureur; de là, leur nom de Ménades de μαίνομαι, être en fureur.

Juvénal a dit d'Horace, sat. VII, v. 59:
 ... *Neque enim cantare sub antro*
 Pierio, thyrsumve potest contingere sana
 Paupertas, atque æris inops, quo nocte dieque
 Corpus eget. Satur est quum dicit Horatius: Euæ!

CHANT IV.

Que Racine, enfantant des miracles nouveaux,
De ses héros sur lui forme tous les tableaux.
Mais quel heureux auteur, dans une autre Énéide,
Aux bords du Rhin tremblant conduira cet Alcide?
Quelle savante lyre, au bruit de ses exploits,
Fera marcher encor les rochers et les bois;
Chantera le Batave éperdu dans l'orage,
Soi-même se noyant pour sortir du naufrage (1);
Dira les bataillons sous Maestricht (2) enterrés,
Dans ces affreux assauts du soleil éclairés?
 Mais tandis que je parle, une gloire nouvelle
Vers ce vainqueur rapide aux Alpes vous appelle.
Déjà Dôle et Salins sur le joug ont ployé;
Besançon fume encor sous son roc foudroyé (3).
Où sont ces grands guerriers dont les fatales ligues (4)
Devaient à ce torrent opposer tant de digues?
Est-ce encore en fuyant qu'ils pensent l'arrêter,
Fiers du honteux honneur d'avoir su l'éviter (5)?
Que de remparts détruits! que de villes forcées!
Que de moissons de gloire en courant amassées!
 Auteurs, pour les chanter, redoublez vos transports :
Le sujet ne veut pas de vulgaires efforts.
 Pour moi, qui, jusqu'ici nourri dans la satire,
N'ose encor manier la trompette et la lyre,
Vous me verrez pourtant, dans ce champ glorieux,

---

(1) Après le passage du Rhin, Louis XIV s'était rendu maître de presque toute la Hollande, et Amsterdam même se disposait à lui envoyer les clefs. Les Hollandais, pour sauver le reste de leur pays, n'eurent d'autre ressource que de le submerger entièrement, en lâchant leurs écluses.

(2) Une des places les plus considérables qui restaient aux Hollandais après les pertes qu'ils avaient faites en 1672. Louis XIV en fit le siège en personne; et, après plusieurs assauts donnés en plein jour, cette forte place fut emportée.

(3) Conquête de la Franche-Comté sur les Espagnols, en 1673.

(4) Allusion à la grande ligue, composée de l'empereur, des rois d'Espagne et de Danemark, de la Hollande et de toute l'Allemagne, excepté les ducs de Bavière et de Hanovre.

(5) Montecuculli, général de l'armée d'Allemagne pour les alliés, évita ce combat, et s'applaudit de la retraite avantageuse qu'il avait faite. Hor., liv. IV, ode III :

   Sectamur ultro, quos opimus
   Fallere et effugere est triumphus.

Vous animer du moins de la voix et des yeux ;
Vous offrir ces leçons que ma muse au Parnasse
Rapporta, jeune encor, du commerce d'Horace ;
Seconder votre ardeur, échauffer vos esprits,
Et vous montrer de loin la couronne et le prix.
Mais aussi pardonnez, si, plein de ce beau zèle,
De tous vos pas fameux observateur fidèle,
Quelquefois du bon or je sépare le faux,
Et des auteurs grossiers j'attaque les défauts :
Censeur un peu fâcheux, mais souvent nécessaire,
Plus enclin à blâmer que savant à bien faire.

FIN DE L'ART POÉTIQUE.

(EXTRAIT DE L')
AVIS AU LECTEUR
(PAR BOILEAU.)

Il serait inutile maintenant de nier que le poëme suivant a été composé à l'occasion d'un différend assez léger qui s'émut dans une des plus célèbres églises de Paris, entre le trésorier et le chantre; mais c'est tout ce qu'il y a de vrai. Le reste, depuis le commencement jusqu'à la fin, est une pure fiction; et tous les personnages y sont non-seulement inventés, mais j'ai eu soin même de les faire d'un caractère directement opposé au caractère de ceux qui desservent cette église, dont la plupart, et principalement les chanoines, sont tous gens non-seulement d'une fort grande probité, mais de beaucoup d'esprit, et entre lesquels il y en a tel à qui je demanderais aussi volontiers son sentiment sur mes ouvrages, qu'à beaucoup de messieurs de l'Académie. Il ne faut donc pas s'étonner si personne n'a été offensé de l'impression de ce poëme, puisqu'il n'y a en effet personne qui y soit véritablement attaqué. Un prodigue ne s'avise guère de s'offenser de voir rire d'un avare, ni un dévot de voir tourner en ridicule un libertin. Je ne dirai point comment je fus engagé à travailler à cette bagatelle, sur une espèce de défi (1) qui me fut fait en riant par feu M. le premier président de Lamoignon, qui est celui que j'y peins sous le nom d'Ariste.

(1) Les dignitaires de la Sainte-Chapelle, église construite par saint Louis, jouissaient de grands privilèges. Du temps de Boileau, un procès eut lieu entre le trésorier et le chantre. Ce démêlé parut si plaisant au premier président de Lamoignon, qu'il proposa un jour à Boileau d'en faire le sujet d'un poëme que l'on pourrait intituler : *La conquête du Lutrin* ou *le Lutrin enlevé*; à l'exemple de l'Italien Tassoni, qui avait fait son poëme de la *Secchia rapita*, ou *le Seau enlevé*, sur un sujet presque semblable. Boileau répondit qu'il ne fallait jamais défier un fou, et qu'il l'était assez non-seulement pour entreprendre ce poëme, mais encore pour le dédier à M. le président lui-même. Ce magistrat n'en fit que rire; et l'auteur ayant pris cette plaisanterie pour une espèce de défi, forma dès le même jour l'idée et le plan de ce poëme, dont il fit même les premiers vers. Le plaisir que cet essai fit au premier président encouragea Boileau à continuer.

Les quatre premiers chants furent composés de 1672 à 1674; les chants V et VI ne parurent qu'en 1683.

ARGUMENT.

Le trésorier remplit la première dignité du chapitre dont il est ici parlé, et il officie avec toutes les marques de l'épiscopat. Le chantre remplit la seconde dignité. Il y avait autrefois dans le chœur, devant la place du chantre, un énorme pupitre ou lutrin qui le couvrait presque tout entier. Il le fit ôter. Le trésorier voulut le faire remettre. De là arriva une dispute qui fait le sujet de ce poëme.

LE LUTRIN,

POËME HÉROÏ-COMIQUE (1).

CHANT PREMIER.

Je chante les combats et ce prélat terrible (2)
Qui, par ses longs travaux et sa force invincible,
Dans une illustre église exerçant son grand cœur,
Fit placer à la fin un lutrin dans le chœur.
C'est en vain que le chantre, abusant d'un faux titre,
Deux fois l'en fit ôter par les mains du chapitre :
Ce prélat, sur le banc de son rival altier
Deux fois le reportant, l'en couvrit tout entier.
 Muse, redis-moi donc (3) quelle ardeur de vengeance
De ces hommes sacrés rompit l'intelligence,
Et troubla si longtemps deux célèbres rivaux.
Tant de fiel entre-t-il dans l'âme des dévots (4) ?

---

(1) Nom donné à un poëme qui a l'action et le merveilleux de l'épopée, mais au plus bas degré. Le style seul reste épique. L'action y est simple, commune, et presque toujours risible. Le merveilleux y consiste dans le ministère plaisant de quelque divinité païenne ou de quelque génie allégorique.
(2) Claude Auvry, ancien évêque de Coutances, alors trésorier de la Sainte-Chapelle.
(3) Virgile, *Énéide*, liv. I, v. 12 :
   Musa, mihi causas memora, etc.
(4) Virgile, *ibid.*, v. 15 :
   ... *Tantæne animis cælestibus iræ*

Et toi, fameux héros (1), dont la sage entremise
De ce schisme naissant débarrassa l'Église,
Viens d'un regard heureux animer mon projet,
Et garde-toi de rire en ce grave sujet.
    Parmi les doux plaisirs d'une paix fraternelle,
Paris voyait fleurir son antique chapelle :
Ses chanoines, vermeils et brillants de santé,
S'engraissaient d'une longue et sainte oisiveté.
Sans sortir de leurs lits, plus doux que leurs hermines,
Ces pieux fainéants faisaient chanter matines,
Veillaient à bien dîner, et laissaient en leur lieu
A des chantres gagés le soin de louer Dieu :
Quand la Discorde, encor toute noire de crimes,
Sortant des Cordeliers pour aller aux Minimes (2),
Avec cet air hideux qui fait frémir la Paix,
S'arrêta près d'un arbre (3) au pied de son palais.
Là, d'un œil attentif contemplant son empire,
A l'aspect du tumulte elle-même s'admire ;
Elle y voit, par le coche et d'Évreux et du Mans,
Accourir à grands flots ses fidèles Normands (4) ;
Elle y voit aborder le marquis, la comtesse,
Le bourgeois, le manant, le clergé, la noblesse ;
Et partout des plaideurs les escadrons épars
Faire autour de Thémis flotter ses étendards.
Mais une église seule, à ses yeux immobile,
Garde au sein du tumulte une assiette tranquille.
Elle seule la brave ; elle seule aux procès
De ses paisibles murs veut défendre l'accès.
La Discorde, à l'aspect d'un calme qui l'offense,
Fait siffler ses serpents, s'excite à la vengeance.
Sa bouche se remplit d'un poison odieux,
Et de longs traits de feu lui sortent par les yeux :

---

(1) M. le président de Lamoignon.

(2) Il y eut de grandes brouilleries dans ces deux couvents, au sujet de l'élection des supérieurs. Pour aller de l'un à l'autre de ces couvents, on passait près du Palais où était la Sainte-Chapelle ; et c'est la route que Boileau fait tenir à la Discorde.

(3) C'est le mai ou arbre que la communauté des clercs du Palais, nommée la Basoche, faisait planter tous les ans dans la vieille cour du palais, près de la sainte Chapelle.

(4) Les Normands sont connus par leur caractère processif.

« Quoi! dit-elle d'un ton qui fit trembler les vitres,
J'aurai pu jusqu'ici brouiller tous les chapitres ;
Diviser Cordeliers, Carmes et Célestins (1) ;
J'aurai fait soutenir un siége aux Augustins (2) ;
Et cette église seule, à mes ordres rebelle,
Nourrira dans son sein une paix éternelle !
Suis-je donc la Discorde? et parmi les mortels
Qui voudra désormais encenser mes autels (3) ? »
   A ces mots, d'un bonnet couvrant sa tête énorme,
Elle prend d'un vieux chantre et la taille et la forme ;
Elle peint de bourgeons son visage guerrier,
Et s'en va de ce pas trouver le trésorier.
   Dans le réduit obscur d'une alcove enfoncée
S'élève un lit de plume à grands frais amassée ;
Quatre rideaux pompeux, par un double contour,
En défendent l'entrée à la clarté du jour.
Là, parmi les douceurs d'un tranquille silence,
Règne sur le duvet une heureuse indolence.
C'est là que le prélat, muni d'un déjeuner,
Dormant d'un léger somme, attendait le dîner.
La jeunesse en sa fleur brille sur son visage :
Son menton sur son sein descend à double étage ;

(1) Dans ces couvents il y avait eu des brouilleries et des divisions qui donnèrent lieu à un arrêt que le parlement rendit au mois d'avril 1667, sur le réquisitoire de l'avocat-général Talon.

(2) Ces religieux ayant refusé de se conformer à un arrêt du parlement qui supprimait les nominations qu'ils avaient obtenues en faveur de quelques sujets de leur ordre pour le grade de bachelier, on envoya contre eux des archers qui essayèrent vainement de forcer les portes du couvent. Les religieux, prévoyant ce qui devait arriver, les avaient fait murer par derrière, et s'étaient préparés à faire bonne résistance. Ils soutinrent en effet une espèce de siége, et ne capitulèrent que lorsqu'ils virent les archers sur le bord de la brèche. Le cardinal Mazarin fit mettre les religieux en liberté par ordre du roi, après vingt-sept jours de prison. Ils furent mis dans les carrosses du roi, et menés en triomphe dans leurs couvents, au milieu des gardes françaises rangées en haie depuis la Conciergerie jusqu'aux Augustins. Leurs confrères allèrent les recevoir en procession, ayant des palmes à la main. Ils sonnèrent toutes leurs cloches, et chantèrent le *Te Deum* en actions de grâces. WALCKENAER.

(3) *Énéide*, liv. I, v. 52 :
..... *Et quisquam numen Junonis adoret*
Præterea, aut supplex aris imponat honorem?

Et son corps, ramassé dans sa courte grosseur,
Fait gémir les coussins sous sa molle épaisseur (1).
   La déesse, en entrant, qui voit la nappe mise,
Admire un si bel ordre, et reconnaît l'Église ;
Et, marchant à grands pas vers le lieu du repos,
Au prélat sommeillant elle adresse ces mots :
   « Tu dors (2), prélat, tu dors ! et là-haut (3), à ta place
Le chantre aux yeux du chœur étale son audace,
Chante les *Oremus*, fait des processions,
Et répand à grands flots les bénédictions.
Tu dors ! Attends-tu donc que, sans bulle (4) et sans titre,
Il te ravisse encor le rochet (5) et la mitre (6) ?
Sors de ce lit oiseux qui te tient attaché,
Et renonce au repos, ou bien à l'évêché (7). »
   Elle dit ; et, du vent de sa bouche profane,
Lui souffle avec ces mots l'ardeur de la chicane.
Le prélat se réveille, et plein d'émotion,
Lui donne toutefois la bénédiction.
   Tel qu'on voit un taureau qu'une guêpe en furie (8)
A piqué dans les flancs aux dépens de sa vie,
Le superbe animal, agité de tourments,
Exhale sa douleur en longs mugissements :
Tel le fougueux prélat, que ce songe épouvante,
Querelle en se levant et laquais et servante ;

---

(1) Boileau ajouta ces quatre vers pour faire une contre-vérité, car le trésorier était maigre, vieux, et de grande taille.

(2) Parodie du discours de l'Iliade, II, v. 28 : « Tu dors, fils puissant du belliqueux Atride, tu dors ! Convient-il qu'un chef, etc.

(3) La Sainte-Chapelle haute, où les chanoines faisaient l'office, était beaucoup plus élevée que la maison du trésorier, qui était dans la cour du Palais.

(4) Sans autorisation.

(5) Sorte de surplis à manches étroites, que portent les évêques et plusieurs autres dignitaires de l'Église.

(6) Coiffure que les évêques et certains abbés, dits *mitrés*, portent dans les grandes cérémonies.

(7) C'est-à-dire un droit d'officier *pontificalement* aux grandes fêtes de l'année, droit qui avait été accordé par l'anti-pape Benoît XIII au trésorier de la Sainte-Chapelle dans la personne de Hugues Boileau, confesseur du roi Charles V, et l'un des ancêtres de notre poëte

(8) Virg., *Géorg.*, liv. IV, v. 236, parlant des abeilles :

   .... *Læsæque venenum*
Morsibus inspirant, et spicula cæca relinquunt,
Adfixæ venis, animasque in vulnere ponunt.

Et, d'un juste courroux rallumant sa vigueur,
Même avant le dîner, parle d'aller au chœur.
Le prudent Gilotin (1), son aumônier fidèle,
En vain par ses conseils sagement le rappelle ;
Lui montre le péril ; que midi va sonner ;
Qu'il va faire, s'il sort, refroidir le dîner.
  « Quelle fureur, dit-il, quel aveugle caprice,
Quand le dîner est prêt, vous appelle à l'office ?
De votre dignité soutenez mieux l'éclat
Est-ce pour travailler que vous êtes prélat ?
A quoi bon ce dégoût et ce zèle inutile ?
Est-il donc, pour jeûner, quatre-temps (2) ou vigile (3) ?
Reprenez vos esprits, et souvenez-vous bien
Qu'un dîner réchauffé ne valut jamais rien. »
  Ainsi dit Gilotin ; et ce ministre sage
Sur table, au même instant, fait servir le potage.
Le prélat voit la soupe, et, plein d'un saint respect,
Demeure quelque temps muet à cet aspect.
Il cède, il dîne enfin ; mais, toujours plus farouche,
Les morceaux trop hâtés se pressent dans sa bouche.
Gilotin en gémit, et, sortant de fureur,
Chez tous ses partisans va semer la terreur.
On voit courir chez lui leurs troupes éperdues,
Comme l'on voit marcher les bataillons de grues (4),
Quand le Pygmée (5) altier, redoublant ses efforts,
De l'Hèbre ou du Strymon vient d'occuper les bords.
A l'aspect imprévu de leur foule agréable,

---

(1) Guéronet ou mieux Guironnet, à qui le trésorier donna postérieurement la cure de la Sainte-Chapelle.

(2) Trois jours de chaque saison de l'année, où l'Église ordonne le jeûne.

(3) En latin *vigilia*, veille ; ici veille des grandes fêtes, à la célébration desquelles on se prépare en jeûnant, en priant, etc.

(4) Iliade, III, v. 6 : « Les Troyens avancent en poussant d'horribles clameurs : tels on voit des bataillons de grues, fuyant l'hiver et ses frimas, voler vers les rivages de l'Océan, et, du sein des airs, porter aux Pygmées la guerre et la mort. »

(5) Peuple fabuleux, qui habitait les environs de l'Hèbre et du Strymon, fleuves de Thrace. Les Pygmées n'avaient, dit-on, qu'une coudée (un pied et demi) de hauteur, et étaient en guerre continuelle avec les grues, qui chassèrent ces petits hommes de la ville de Géranie (γερανός, grue).

Le prélat radouci veut se lever de table :
La couleur lui renaît, sa voix change de ton ;
Il fait par Gilotin rapporter un jambon.
Lui-même le premier, pour honorer la troupe,
D'un vin pur et vermeil il fait remplir sa coupe ;
Il l'avale d'un trait (1), et chacun l'imitant,
La cruche au large ventre est vide en un instant.
Sitôt que du nectar la troupe est abreuvée,
On dessert ; et soudain, la nappe étant levée,
Le prélat, d'une voix conforme à son malheur,
Leur confie en ces mots sa trop juste douleur :
« Illustres compagnons de mes longues fatigues (2),
Qui m'avez soutenu par vos pieuses ligues,
Et par qui, maître enfin d'un chapitre insensé,
Seul à *Magnificat* je me vois encensé ;
Souffrirez-vous toujours qu'un orgueilleux m'outrage ;
Que le chantre à vos yeux détruise votre ouvrage,
Usurpe tous mes droits, et, s'égalant à moi,
Donne à votre lutrin et le ton et la loi ?
Ce matin même encor, ce n'est point un mensonge,
Une divinité me l'a fait voir en songe ;
L'insolent, s'emparant du fruit de mes travaux,
A prononcé pour moi le *Benedicat vos !* [mes. »
Oui, pour mieux m'égorger, il prend mes propres ar-
Le prélat, à ces mots, verse un torrent de larmes.
Il veut, mais vainement, poursuivre son discours ;
Ses sanglots redoublés en arrêtent le cours.
Le zélé Gilotin, qui prend part à sa gloire,
Pour lui rendre la voix fait rapporter à boire ;
Quand Sidrac (3), à qui l'âge allonge le chemin,
Arrive dans la chambre, un bâton à la main.

---

(1) Virg., *Énéide*, I, v. 738 :
.....*Impiger hausit*
Spumantem pateram, et pleno se proluit auro

(2) Rapprochez de ce discours celui d'Agamemnon (Iliade, II, 110), où il expose aux Grecs les prétendus motifs qui l'obligent à lever le siége de Troie.

(3) C'était le véritable nom d'un vieux chapelain-clerc, ou d'un chantre-musicien dont le caractère est formé sur celui de Nestor, si renommé par la sagesse de ses conseils.

Ce vieillard dans le chœur a déjà vu quatre âges (1) ;
Il sait de tous les temps les différents usages ;
Et son rare savoir, de simple marguillier (2),
L'éleva par degrés au rang de chevecier (3).
A l'aspect du prélat qui tombe en défaillance,
Il devine son mal ; il se ride, il s'avance ;
Et, d'un ton paternel réprimant ses douleurs :
« Laisse au chantre, dit-il, la tristesse et les pleurs,
Prélat ; et, pour sauver tes droits et ton empire,
Écoute seulement ce que le ciel m'inspire.
Vers cet endroit du chœur où le chantre orgueilleux
Montre, assis à ta gauche, un front si sourcilleux ;
Sur ce rang d'ais serrés, qui forment sa clôture
Fut jadis un lutrin d'inégale structure,
Dont les flancs élargis, de leur vaste contour,
Ombrageaient pleinement tous les lieux d'alentour (4).
Derrière ce lutrin, ainsi qu'au fond d'un antre,
A peine sur son banc on discernait le chantre,
Tandis qu'à l'autre banc le prélat radieux,
Découvert au grand jour, attirait tous les yeux.
Mais un démon fatal à cette ample machine,
Soit qu'une main, la nuit, eût hâté sa ruine,
Soit qu'ainsi de tout temps l'ordonnât le destin,
Fit tomber à nos yeux le pupitre un matin.
J'eus beau prendre le ciel et le chantre à partie,
Il fallut l'emporter dans notre sacristie,
Où depuis trente hivers, sans gloire enseveli,
Il languit tout poudreux dans un honteux oubli.
Entends-moi donc, prélat. Dès que l'ombre tranquille
Viendra d'un crêpe noir envelopper la ville,
Il faut que trois de nous, sans tumulte et sans bruit,
Partent à la faveur de la naissante nuit,

(1) A vu renouveler le chapitre quatre fois. Nestor avait vu trois âges : *Tertiam ætatem hominum vixit.* Cic.
(2) C'est celui qui avait soin des reliques, et qui revêtait les chanoines de leurs chapes.
(3) C'est celui qui avait soin des chapes et de la cire, et qui distribuait aux chanoines les bougies à matines.
(4) Virg., *Géorg.*, II, v. 296 :
    Tum fortes late ramos et brachia tendens
    Huc illuc, media ipsa ingentem sustinet umbram.

II

Et, du lutrin rompu réunissant la masse,
Aillent d'un zèle adroit le remettre en sa place.
C'est par là qu'un prélat signale sa vigueur.
Ne borne pas ta gloire à prier dans un chœur :
Ces vertus dans Aleth (1) peuvent être en usage ;
Mais dans Paris, plaidons : c'est là notre partage.
Tes bénédictions dans le trouble croissant,
Tu pourras les répandre et par vingt et par cent ;
Et, pour braver le chantre en son orgueil extrême,
Les répandre à ses yeux, et le bénir lui-même. »
  Ce discours aussitôt frappe tous les esprits,
Et le prélat charmé l'approuve par des cris.
Il veut que, sur-le-champ, dans la troupe on choisisse
Les trois que Dieu destine à ce pieux office :
Mais chacun prétend part à cet illustre emploi.
« Le sort, dit le prélat, vous servira de loi (2).
Que l'on tire au billet ceux que l'on doit élire. »
Il dit : on obéit, on se presse d'écrire.
Aussitôt trente noms, sur le papier tracés (3),
Sont au fond d'un bonnet par billets entassés.
Pour tirer ces billets avec moins d'artifice,
Guillaume, enfant de chœur, prête sa main novice :
Son front nouveau tondu, symbole de candeur,
Rougit, en approchant, d'une honnête pudeur.
Cependant le prélat, l'œil au ciel, la main nue,
Bénit trois fois les noms, et trois fois les remue.
Il tourne le bonnet ; l'enfant tire, et Brontin
Est le premier des noms qu'apporte le destin.
Le prélat en conçoit un favorable augure,
Et ce nom dans la troupe excite un doux murmure (4).
On se tait, et bientôt on voit paraître au jour

    (1) Éloge du vertueux Pavillon, alors évêque d'Aleth, ville du département de l'Aude.
    (2) Iliade, VII, v. 71 : « Généreux guerriers, leur dit le sage roi de Pylos (Nestor), que le sort décide entre vous, et qu'il nomme le vengeur de la Grèce. »
    (3) *Ibid.* : « Il dit, et tous jettent leurs marques dans le casque d'Atride. »
    (4) Comme lorsque le nom d'Ajax sortit le premier du casque d'Agamemnon.

Le nom, le fameux nom du perruquier l'Amour (1).
Ce nouvel Adonis (2), à la blonde crinière,
Est l'unique souci d'Anne sa perruquière.
Ce perruquier superbe est l'effroi du quartier (3),
Et son courage est peint sur son visage altier.
Un des noms reste encore ; et le prélat, par grâce,
Une dernière fois les brouille et les ressasse.
Chacun croit que son nom est le dernier des trois ;
Mais que ne dis-tu point, ô puissant porte-croix !
Boirude (4), sacristain, cher appui de ton maître,
Lorsqu'aux yeux du prélat tu vis ton nom paraître ?
On dit que ton front jaune et ton teint sans couleur
Perdit en ce moment son antique pâleur ;
Et que ton corps goutteux, plein d'une ardeur guerrière,
Pour sauter au plancher fit deux pas en arrière.
Chacun bénit tout haut l'arbitre des humains,
Qui remet leur bon droit en de si bonnes mains.
Aussitôt on se lève, et l'assemblée en foule,
Avec un bruit confus, par les portes s'écoule.
　　Le prélat resté seul calme un peu son dépit,
Et jusques au souper se couche et s'assoupit.

(1) Didier l'*Amour*, perruquier qui demeurait dans la cour du Palais, et dont la boutique était près de l'escalier de la Sainte-Chapelle.

(2) Excellente plaisanterie. On sait qu'Adonis fut aimé de Vénus, mère de l'Amour.

(3) Quand il arrivait quelque tumulte dans la cour du Palais, il y mettait ordre sur-le-champ. Il avait un grand fouet par lequel il chassait les enfants et les chiens du quartier, qui faisaient du bruit.

(4) Sous-marguillier ou sacristain de la Sainte-Chapelle.

CHANT II.

Cependant cet oiseau qui prône les merveilles,
Ce monstre composé de bouches et d'oreilles (1),
Qui, sans cesse volant de climats en climats,
Dit partout ce qu'il sait et ce qu'il ne sait pas ;
La Renommée enfin, cette prompte courrière,
Va d'un mortel effroi glacer la perruquière ;
Lui dit que son époux, d'un faux zèle conduit,
Pour placer un lutrin doit veiller cette nuit.
  A ce triste récit, tremblante, désolée,
Elle accourt, l'œil en feu, la tête échevelée.
Son époux s'en émeut, et son cœur éperdu
Entre deux sentiments demeure suspendu ;
Mais enfin rappelant son audace première :
« Ma femme, lui dit-il d'une voix douce et fière,
Je ne veux point nier les solides bienfaits
Dont ton amour prodigue a comblé mes souhaits
Et le Rhin de ses flots ira grossir la Loire (2)
Avant que les bontés sortent de ma mémoire.
Mais ne présume pas qu'en te donnant ma foi,
L'hymen m'ait pour jamais asservi sous la loi.
Cesse donc à mes yeux d'étaler un vain titre :
Ne m'ôte pas l'honneur d'élever un pupitre ;
Et toi-même, donnant un frein à tes désirs,
Raffermis ma vertu qu'ébranlent tes soupirs.
Que te dirai-je enfin ? c'est le ciel qui m'appelle.
Une église, un prélat m'engage en sa querelle.

---

(1) Virg., *Énéide*, liv. IV, v. 181 :
    Monstrum horrendum, ingens, cui, quot sunt corpore plumæ,
    Tot vigiles oculi subter, mirabile dictu,
    Tot linguæ, totidem ora sonant, tot subrigit aures.

(2) Le Rhin se jette dans la mer du Nord, et la Loire, dans l'océan Atlantique ; ils ne peuvent donc se réunir.

CHANT II.

Il faut partir : j'y cours (1). Dissipe tes douleurs,
Et ne me trouble plus par ces indignes pleurs. »
  Il la quitte à ces mots. Son épouse effarée
Demeure le teint pâle et la vue égarée :
La force l'abandonne ; et sa bouche, trois fois
Voulant le rappeler, ne trouve plus de voix.
Elle fuit, et, de pleurs inondant son visage,
Seule pour s'enfermer vole au cinquième étage ;
Mais, d'un bouge (2) prochain accourant à ce bruit,
Sa servante Alison la rattrape et la suit.
  Les ombres cependant, sur la ville épandues,
Du faîte des maisons descendent dans les rues (3) ;
Le souper hors du chœur chasse les chapelains,
Et de chantres buvants les cabarets sont pleins.
Le redouté Brontin, que son devoir éveille,
Sort à l'instant, chargé d'une triple bouteille
D'un vin dont Gilotin, qui savait tout prévoir,
Au sortir du conseil eut soin de le pourvoir.
L'odeur d'un jus si doux lui rend le faix moins rude.
Il est bientôt suivi du sacristain Boirude ;
Et tous deux de ce pas s'en vont, avec chaleur,
Du trop lent perruquier réveiller la valeur.
  « Partons, lui dit Brontin. Déjà le jour plus sombre,
Dans les eaux s'éteignant, va faire place à l'ombre.
D'où vient ce noir chagrin que je lis dans tes yeux ?
Quoi ! le pardon (4) sonnant te retrouve en ces lieux ?
Où donc est ce grand cœur dont tantôt l'allégresse
Semblait du jour trop long accuser la paresse ?
Marche, et suis-nous du moins où l'honneur nous attend. »
  Le perruquier honteux rougit en l'écoutant.
Aussitôt de longs clous il prend une poignée ;
Sur son épaule il charge une lourde cognée ;

---

(1) Virg., *ib.*, v. 360 :
  Desine meque tuis incendere teque querelis.
(2) Espèce de petit cabinet auprès d'une chambre.
(3) Virgile, églog. 1, v. 84 :
  Majoresque cadunt altis de montibus umbræ.
(4) Ce sont les trois coups de cloche par lesquels on avertit le peuple de réciter l'*Angelus*. Cet avertissement se fait le matin, à midi et de soir. On l'appelle indifféremment *Angelus*, à cause de la prière qu'on dit, ou *pardon*, à cause des indulgences qui y sont attachées.

Et derrière son dos, qui tremble sous le poids,
Il attache une scie en forme de carquois.
Il sort au même instant, il se met à leur tête.
A suivre ce grand chef l'un et l'autre s'apprête :
Leur cœur semble allumé d'un zèle tout nouveau.
Brontin tient un maillet, et Boirude, un marteau.
La lune, qui du ciel voit leur démarche altière,
Retire en leur faveur sa paisible lumière;
La Discorde en sourit, et, les suivant des yeux,
De joie, en les voyant, pousse un cri dans les cieux.
L'air, qui gémit du cri de l'horrible déesse,
Va jusque dans Citeaux (1) réveiller la Mollesse ;
Quand la Nuit, qui déjà va tout envelopper,
D'un funeste récit vient encor la frapper ;
Lui conte du prélat l'entreprise nouvelle :
Au pied des murs sacrés d'une sainte chapelle
Elle a vu trois guerriers, ennemis de la paix,
Marcher à la faveur de ses voiles épais.
La discorde en ce lieu menace de s'accroître ;
Demain avec l'aurore un lutrin va paraître,
Qui doit y soulever un peuple de mutins.
Ainsi le ciel l'écrit au livre des destins.
   A ce triste discours, qu'un long soupir achève,
La Mollesse, en pleurant, sur un bras se relève,
Ouvre un œil languissant, et, d'une faible voix,
Laisse tomber ces mots qu'elle interrompt vingt fois (2) :
« O Nuit ! que m'as-tu dit ? quel démon sur la terre
Souffle dans tous les cœurs la fatigue et la guerre?
Hélas ! qu'est devenu ce temps, cet heureux temps
Où les rois s'honoraient du nom de fainéants (3),
S'endormaient sur le trône, et, me servant sans honte,
Laissaient leur sceptre aux mains ou d'un maire ou d'un
                                    comte (4) ?

(1) Fameuse abbaye de bernardins, en Bourgogne, dont les moines étaient beaucoup déchus de leur ancienne ferveur.
(2) Virg., Æn., liv. VI, v. 686 :
    Effusæque genis lacrymæ, et vox excidit ore.
(3) Sous les derniers rois de la première race, l'autorité royale était exercée par un maire du palais.
(4) Le comte du palais était le second officier de la couronne, qui rendait la justice dans le palais du roi.

Aucun soin n'approchait de leur paisible cour :
On reposait la nuit, on dormait tout le jour.
Seulement au printemps, quand Flore dans les plaines
Faisait taire des vents les bruyantes haleines,
Quatre bœufs attelés, d'un pas tranquille et lent (1),
Promenaient dans Paris le monarque indolent.
Ce doux siècle n'est plus. Le ciel impitoyable
A placé sur le trône un prince infatigable.
Il brave mes douceurs, il est sourd à ma voix :
Tous les jours il m'éveille au bruit de ses exploits.
Rien ne peut arrêter sa vigilante audace :
L'été n'a point de feux, l'hiver n'a point de glace (2).
J'entends à son seul nom tous mes sujets frémir.
En vain deux fois la paix a voulu l'endormir ;
Loin de moi son courage, entraîné par la gloire,
Ne se plait qu'à courir de victoire en victoire.
Je me fatiguerais à te tracer le cours
Des outrages cruels qu'il me fait tous les jours.
Je croyais, loin des lieux d'où ce prince m'exile,
Que l'Église du moins m'assurait un asile :
Mais en vain j'espérais y régner sans effroi ;
Moines, abbés, prieurs, tout s'arme contre moi.
Par mon exil honteux la Trappe est ennoblie (3);
J'ai vu dans Saint-Denis la réforme établie (4).
Le Carme (5), le Feuillant (6), s'endurcit aux travaux,
Et la règle déjà se remet dans Clairvaux (7).

(1) Virg., *Géorg.*, liv. III, v. 536 :
    Contenta cervice trahunt stridentia plaustra.
(2) Allusion à la première conquête de la Franche-Comté, au commencement de février 1668. V. ép. I, v. 128.
(3) Abbaye située dans la commune de Saligni (Orne). En 1663, l'abbé de Rancé y rétablit la première et véritable pratique de la règle de Saint-Benoît.
(4) Le cardinal de la Rochefoucauld, commissaire général pour la réforme des ordres religieux en France, établit la réforme dans l'abbaye de Saint-Denis en 1633.
(5) V. ch. I, v. 47.
(6) Religieux de Citeaux. Les Feuillants furent réformés vers 1577, par Jean de la Barrière, à l'abbaye de Feuillant, dans le diocèse de Rieux, près de Toulouse. En 1587, Henri III leur fit bâtir à Paris un couvent près des Tuileries.
(7) Abbaye fondée par saint Bernard, dans la province de Champagne.

Citeaux dormait encore, et la Sainte-Chapelle
Conservait du vieux temps l'oisiveté fidèle ;
Et voici qu'un lutrin, prêt à tout renverser,
D'un séjour si chéri vient encor me chasser.
O Nuit ! ne permets pas... » La Mollesse oppressée,
Dans sa bouche, à ce mot, sent sa langue glacée,
Et, lasse de parler, succombant sous l'effort,
Soupire, étend les bras, ferme l'œil, et s'endort.

CHANT III.

Mais la Nuit aussitôt, de ses ailes affreuses (1),
Couvre des Bourguignons les campagnes vineuses,
Revole vers Paris, et, hâtant son retour,
Déjà de Montlhéri (2) voit la fameuse tour.
Ses murs, dont le sommet se dérobe à la vue,
Sur la cime d'un roc s'allongent dans la nue ;
Et, présentant de loin leur objet ennuyeux,
Du passant qui le fuit semblent suivre les yeux.
Mille oiseaux effrayants, mille corbeaux funèbres,
De ces murs désertés habitent les ténèbres.
Là, depuis trente hivers, un hibou retiré
Trouvait contre le jour un refuge assuré.
Des désastres fameux ce messager fidèle
Sait toujours des malheurs la première nouvelle ;
Et, tout prêt d'en semer le présage odieux,
Il attendait la Nuit dans ces sauvages lieux.
Aux cris qu'à son abord vers le ciel il envoie,
Il rend tous ses voisins attristés de sa joie :
La plaintive Progné (3) de douleur en frémit,
Et dans les bois prochains Philomèle (4) en gémit.

(1) Virg., Æn., liv. II, v. 360 :
....Nox atra cava circumvolat umbra.
(2) Tour très-haute à 20 kil. de Paris, sur le chemin d'Orléans.
(3 et 4) Filles de Pandion, roi d'Athènes : la première fut changée en hirondelle, la seconde en rossignol, par suite d'aventures tragiques.

« Suis-moi, » lui dit la Nuit. L'oiseau, plein d'allégresse,
Reconnait à ce ton la voix de sa maîtresse.
Il la suit ; et tous deux, d'un cours précipité,
De Paris à l'instant abordent la cité.
Là, s'élançant d'un vol que le vent favorise,
Ils montent au sommet de la fatale église.
La Nuit baisse la vue, et du haut du clocher
Observe les guerriers, les regarde marcher.
Elle voit le barbier qui, d'une main légère,
Tient un verre de vin qui rit dans la fougère (1),
Et chacun, tour à tour s'inondant de ce jus,
Célébrer, en buvant, Gilotin et Bacchus.
« Ils triomphent, dit-elle, et leur âme abusée
Se promet dans mon ombre une victoire aisée :
Mais allons ; il est temps qu'ils connaissent la Nuit. »
A ces mots, regardant le hibou qui la suit,
Elle perce les murs de la voûte sacrée ;
Jusqu'en la sacristie elle s'ouvre une entrée,
Et dans le ventre creux du pupitre fatal
Va placer, de ce pas, le sinistre animal.
Mais les trois champions, pleins de vin et d'audace,
Du Palais cependant passent la grande place ;
Et, suivant de Bacchus les auspices sacrés,
De l'auguste Chapelle ils montent les degrés.
Ils atteignaient déjà le superbe portique
Où Ribou le libraire, au fond de sa boutique (2),
Sous vingt fidèles clefs garde et tient en dépôt
L'amas toujours entier des écrits de Haynaut (3) ;
Quand Boirude, qui voit que le péril approche,

(1) On appelle *verres de fougère* ceux dans la composition desquels il entre du sel tiré de la cendre de fougère.

(2 et 3) Elle était sous le troisième perron de la Sainte-Chapelle, vis-à-vis de la porte de cette église. Ribou était le principal libraire des ennemis de Boileau ; c'est lui qui avait imprimé la *Satire des Satires*, par Boursault. Aussi Boileau, dans les premières éditions du Lutrin, avait-il mis *des écrits de Boursault ;* mais Boursault s'étant réconcilié avec l'auteur, celui-ci effaça son nom, et mit celui de *Perrault* dans l'édition de 1694, parce qu'alors Perrault était brouillé avec Boileau au sujet des anciens et des modernes. Cette brouillerie étant finie, l'auteur mit *Haynaut* (sat. IX, v. 97) dans l'édition de 1701.

Les arrête, et, tirant un fusil de sa poche,
Des veines d'un caillou (1) qu'il frappe au même instant,
Il fait jaillir un feu qui petille en sortant,
Et bientôt, au brasier d'une mèche enflammée,
Montre, à l'aide du soufre, une cire allumée.
Cet astre tremblotant, dont le jour les conduit,
Est pour eux un soleil au milieu de la nuit.
Le temple, à sa faveur, est ouvert par Boirude.
Ils passent de la nef la vaste solitude,
Et dans la sacristie entrant, non sans terreur,
En percent jusqu'au fond la ténébreuse horreur.
  C'est là que du lutrin gît la machine énorme.
La troupe quelque temps en admire la forme;
Mais le barbier, qui tient (2) les moments précieux :
« Ce spectacle n'est pas pour amuser nos yeux (3),
Dit-il, le temps est cher; portons-le dans le temple.
C'est là qu'il faut demain qu'un prélat le contemple. »
Et d'un bras, à ces mots, qui peut tout ébranler,
Lui-même, se courbant, s'apprête à le rouler.
Mais à peine il y touche, ô prodige incroyable !
Que du pupitre sort une voix effroyable (4).
Brontin en est ému; le sacristain pâlit;
Le perruquier commence à regretter son lit.
Dans son hardi projet toutefois il s'obstine;
Lorsque des flancs poudreux de la vaste machine
L'oiseau sort en courroux, et d'un cri menaçant
Achève d'étonner le barbier frémissant.
De ses ailes dans l'air secouant la poussière,
Dans la main de Boirude il éteint la lumière.
Les guerriers à ce coup demeurent confondus;

---

(1) Virg., *Géorg.*, liv. I, v. 137; *Én.*, liv. I, v. 178 :
    Et silicis venis abstrusum excuderet ignem...
    Ac primum silici scintillam excudit Achates,
    Suscepitque ignem foliis, atque arida circum
    Nutrimenta dedit, rapuitque in fomite flammam.
(2) *Tient*, pour, *regarde comme* précieux.
(3) Virg., *Æn.*, liv. VI, v. 37 :
    Non hoc ista sibi tempus spectacula poscit.
(4) Virg., *id.*, liv. III, v. 39 :
    ......Gemitus lacrymabilis imo
    Auditur tumulo.

CHANT III.

Ils regagnent la nef, de frayeur éperdus.
Sous leurs corps tremblotants leurs genoux s'affaiblissent :
D'une subite horreur leurs cheveux se hérissent ;
Et bientôt, au travers des ombres de la nuit,
Le timide escadron se dissipe et s'enfuit.
 Ainsi, lorsqu'en un coin qui leur tient lieu d'asile,
D'écoliers libertins une troupe indocile,
Loin des yeux d'un préfet au travail assidu,
Va tenir quelquefois un brelan (1) défendu ;
Si du veillant Argus la figure effrayante
Dans l'ardeur du plaisir à leurs yeux se présente,
Le jeu cesse à l'instant, l'asile est déserté,
Et tout fuit à grands pas le tyran redouté.
 La Discorde, qui voit leur honteuse disgrâce,
Dans les airs cependant tonne, éclate, menace ;
Et, malgré la frayeur dont leurs cœurs sont glacés,
S'apprête à réunir ses soldats dispersés.
Aussitôt de Sidrac elle emprunte l'image :
Elle ride son front, allonge son visage,
Sur un bâton noueux laisse courber son corps,
Dont la chicane semble animer les ressorts ;
Prend un cierge en sa main, et, d'une voix cassée,
Vient ainsi gourmander la troupe terrassée :
 « Lâches, où fuyez-vous (2) ? quelle peur vous abat ?
Aux cris d'un vil oiseau vous cédez sans combat !
Où sont ces beaux discours jadis si pleins d'audace ?
Craignez-vous d'un hibou l'impuissante grimace ?
Que feriez-vous, hélas ! si quelque exploit nouveau
Chaque jour comme moi vous traînait au barreau ;
S'il fallait, sans amis, briguant une audience,
D'un magistrat glacé soutenir la présence,
Ou, d'un nouveau procès hardi solliciteur,
Aborder sans argent un clerc de rapporteur.
Croyez-moi, mes enfants, je vous parle à bon titre :
J'ai moi seul autrefois plaidé tout un chapitre,
Et le barreau n'a point de monstres si hagards

---

(1) Jeu de cartes.
(2) Parodie d'un discours de l'*Iliade*, liv. V, v. 124, où Nestor reproche aux Grecs leur lâcheté, parce qu'aucun d'eux n'osait se présenter pour combattre Hector, qui les défiait en combat singulier.

Dont mon œil n'ait cent fois soutenu les regards.
Tous les jours sans trembler j'assiégeais leurs passages.
L'Église était alors fertile en grands courages :
Le moindre d'entre nous, sans argent, sans appui,
Eût plaidé le prélat et le chantre avec lui.
Le monde, de qui l'âge avance les ruines,
Ne peut plus enfanter de ces âmes divines ;
Mais que vos cœurs du moins, imitant leurs vertus,
De l'aspect d'un hibou ne soient pas abattus.
Songez quel déshonneur va souiller votre gloire,
Quand le chantre demain entendra sa victoire.
Vous verrez tous les jours le chanoine insolent,
Au seul mot de hibou, vous sourire en parlant.
Votre âme, à ce penser, de colère murmure :
Allez donc de ce pas en prévenir l'injure ;
Méritez les lauriers qui vous sont réservés,
Et ressouvenez-vous quel prélat vous servez.
Mais déjà la fureur dans vos yeux étincelle :
Marchez, courez, volez où l'honneur vous appelle.
Que le prélat, surpris d'un changement si prompt,
Apprenne la vengeance aussitôt que l'affront. »
  En achevant ces mots, la déesse guerrière
De son pied trace en l'air un sillon de lumière,
Rend aux trois champions leur intrépidité,
Et les laisse tout pleins de sa divinité.
  C'est ainsi, grand Condé, qu'en ce combat célèbre (1),
Où ton bras fit trembler le Rhin, l'Escaut et l'Èbre,
Lorsqu'aux plaines de Lens nos bataillons poussés
Furent presque à tes yeux ouverts et renversés,
Ta valeur, arrêtant les troupes fugitives,
Rallia d'un regard leurs cohortes craintives,
Répandit dans leurs rangs ton esprit belliqueux,
Et força la victoire à te suivre avec eux.
  La colère à l'instant succédant à la crainte,
Ils rallument le feu de leur bougie éteinte.
Ils rentrent ; l'oiseau sort : l'escadron raffermi

---

(1) La bataille de Lens (Pas-de-Calais), gagnée par le prince de Condé sur les Espagnols et les Allemands, le 10 août 1648. — Les trois fleuves nommés dans le vers suivant coulaient dans les États de ces deux peuples.

Rit du honteux départ d'un si faible ennemi.
Aussitôt dans le chœur la machine emportée
Est sur le banc du chantre à grand bruit remontée.
Ses ais demi-pourris, que l'âge a relâchés,
Sont à coups de maillet unis et rapprochés.
Sous les coups redoublés tous les bancs retentissent;
Les murs en sont émus, les voûtes en mugissent,
Et l'orgue même en pousse un long gémissement.
 Que fais-tu, chantre, hélas! dans ce triste moment?
Tu dors d'un profond somme, et ton cœur sans alarmes
Ne sait pas qu'on bâtit l'instrument de tes larmes.
Oh! que si quelque bruit, par un heureux réveil,
T'annonçait du lutrin le funeste appareil,
Avant que de souffrir qu'on en posât la masse,
Tu viendrais en apôtre expirer dans ta place;
Et, martyr glorieux d'un point d'honneur nouveau,
Offrir ton corps aux clous et ta tête au marteau.
 Mais déjà sur ton banc la machine enclavée
Est, durant ton sommeil, à ta honte élevée.
Le sacristain achève en deux coups de rabot,
Et le pupitre enfin tourne sur son pivot.

CHANT IV.

 Les cloches, dans les airs, de leurs voix argentines,
Appelaient à grand bruit les chantres à matines;
Quand leur chef (1), agité d'un sommeil effrayant,
Encor tout en sueur, se réveille en criant.
Aux élans redoublés de sa voix douloureuse,
Tous ses valets tremblants quittent la plume oiseuse.
Le vigilant Girot (2) court à lui le premier.

(1) Le chantre.
(2) Brunot, qui regretta que l'auteur ne l'eût pas désigné par son véritable nom. Il était auprès du chantre ce qu'était Gilotin auprès du trésorier.

C'est d'un maître si saint le plus digne officier ;
La porte dans le chœur à sa garde est commise :
Valet souple au logis, fier huissier à l'église (1).
  « Quel chagrin, lui dit-il, trouble votre sommeil ?
Quoi ! voulez-vous au chœur prévenir le soleil ?
Ah ! dormez, et laissez à des chantres vulgaires
Le soin d'aller sitôt mériter leurs salaires. »
  « Ami, lui dit le chantre encor pâle d'horreur,
N'insulte point, de grâce, à ma juste terreur.
Mêle plutôt ici tes soupirs à mes plaintes,
Et tremble en écoutant le sujet de mes craintes.
Pour la seconde fois un sommeil gracieux
Avait sous ses pavots appesanti mes yeux,
Quand, l'esprit enivré d'une douce fumée,
J'ai cru remplir au chœur ma place accoutumée.
Là, triomphant aux yeux des chantres impuissants,
Je bénissais le peuple et j'avalais l'encens (2),
Lorsque, du fond caché de notre sacristie,
Une épaisse nuée à longs flots est sortie,
Qui, s'ouvrant à mes yeux dans son bleuâtre éclat,
M'a fait voir un serpent conduit par le prélat.
Du corps de ce dragon, plein de soufre et de nitre,
Une tête sortait en forme de pupitre,
Dont le triangle affreux, tout hérissé de crins,
Surpassait en grosseur nos plus épais lutrins.
Animé par son guide, en sifflant il s'avance :
Contre moi sur mon banc je le vois qui s'élance.
J'ai crié, mais en vain ; et, fuyant sa fureur,
Je me suis réveillé plein de trouble et d'horreur. »
  Le chantre, s'arrêtant à cet endroit funeste,
A ses yeux effrayés laisse dire le reste.

(1) Bedeau ou porte-verge, dont la principale fonction était de garder la porte du chœur.

(2) En l'absence du trésorier, le chantre était en possession de faire l'office avec tous les ornements pontificaux, de se faire encenser, et de donner la bénédiction au peuple. Le trésorier ne put souffrir que l'on partageât ainsi ses honneurs. Il obtint un arrêt du parlement, qui le maintint dans la prérogative d'être encensé tout seul, et qui condamna le chantre à porter un rochet plus court que le sien ; mais il ne put lui faire défendre de donner la bénédiction en son absence. C'était le sujet de la jalousie du trésorier. (BROSSETTE.)

Girot en vain l'assure (1), et, riant de sa peur,
Nomme sa vision l'effet d'une vapeur.
Le désolé vieillard, qui hait la raillerie,
Lui défend de parler, sort du lit en furie.
On apporte à l'instant ses somptueux habits,
Où sur l'ouate (2) molle éclate le tabis (3).
D'une longue soutane il endosse la moire (4),
Prend ses gants violets, les marques de sa gloire,
Et saisit, en pleurant, ce rochet qu'autrefois
Le prélat trop jaloux lui rogna de trois doigts.
Aussitôt, d'un bonnet ornant sa tête grise,
Déjà, l'aumusse (5) en main, il marche vers l'église;
Et, hâtant de ses ans l'importune langueur,
Court, vole, et le premier arrive dans le chœur.

O toi qui, sur ces bords qu'une eau dormante mouille,
Vis combattre autrefois le rat et la grenouille (6);
Qui, par les traits hardis d'un bizarre pinceau,
Mis l'Italie en feu pour la perte d'un seau (7);
Muse, prête à ma bouche une voix plus sauvage,
Pour chanter le dépit, la colère, la rage,
Que le chantre sentit allumer dans son sang,
A l'aspect du pupitre élevé sur son banc.
D'abord pâle et muet, de colère immobile,
A force de douleur, il demeura tranquille;
Mais sa voix, s'échappant au travers des sanglots,
Dans sa bouche à la fin fit passage à ces mots :
« La voilà donc, Girot, cette hydre épouvantable

(1) Pour *le rassure*.
(2) Espèce de coton plus fin et plus soyeux que le coton ordinaire, et qui sert à garnir des vêtements, des couvertures, etc.
(3) Gros taffetas ondé par la calandre.
(4) Apprêt que reçoivent à la calandre ou au cylindre certaines étoffes, et qui leur communique un éclat changeant, une apparence ondée et chatoyante.
(5) Fourrure dont les chanoines, les chapelains, etc., se couvrent quelquefois la tête, et qu'ils portent ordinairement sur le bras.
(6) Homère, suivant l'opinion commune, a fait le poëme de la *Guerre des rats et des grenouilles*, ou *Batrachomyomachie*.
(7) La *Secchia rapita*, poëme italien de Tassoni, né à Modène en 1565. Ce poëme héroï-comique a pour sujet la guerre que les Bolonais firent aux Modenais, pour recouvrer un seau que ces derniers avaient fait enlever d'un puits public de Bologne.

Que m'a fait voir un songe, hélas! trop véritable!
Je le vois ce dragon, tout prêt à m'égorger,
Ce pupitre fatal qui me doit ombrager!
Prélat, que t'ai-je fait? quelle rage envieuse
Rend, pour me tourmenter, ton âme ingénieuse?
Quoi! même dans ton lit, cruel, entre deux draps,
Ta profane fureur ne se repose pas!
O ciel! quoi! sur mon banc une honteuse masse
Désormais me va faire un cachot de ma place!
Inconnu dans l'église, ignoré dans ce lieu,
Je ne pourrai donc plus être vu que de Dieu!
Ah! plutôt qu'un moment cet affront m'obscurcisse,
Renonçons à l'autel, abandonnons l'office;
Et, sans lasser le ciel par des chants superflus,
Ne voyons plus un chœur où l'on ne nous voit plus.
Sortons... Mais cependant mon ennemi tranquille
Jouira sur son banc de ma rage inutile,
Et verra dans le chœur le pupitre exhaussé
Tourner sur le pivot où sa main l'a placé!
Non, s'il n'est abattu, je ne saurais plus vivre.
A moi, Girot! je veux que mon bras m'en délivre.
Périssons, s'il le faut; mais de ses ais brisés
Entraînons, en mourant, les restes divisés. »

A ces mots, d'une main par la rage affermie,
Il saisissait déjà la machine ennemie,
Lorsqu'en ce lieu sacré, par un heureux hasard,
Entrent Jean le choriste, et le sonneur Girard (1),
Deux Manceaux (2) renommés, en qui l'expérience
Pour les procès est jointe à la vaste science.
L'un et l'autre aussitôt prend part à son affront.
Toutefois, condamnant un mouvement trop prompt:
« Du lutrin, disent-ils, abattons la machine;

---

(1) Jean le choriste, personnage supposé; Girard, sonneur de la Sainte-Chapelle, était mort longtemps avant la composition de ce poëme. Il se noya dans la Seine, ayant gagé qu'il la passerait neuf fois à la nage. Il eut un jour la témérité de monter sur les bords du toit de la Sainte-Chapelle, ayant une bouteille à la main; et là, en présence d'une infinité de gens qui le regardaient d'en bas avec frayeur, il vida d'un trait cette bouteille, et s'en retourna. Boileau, qui était alors écolier, fut un des spectateurs.

2) Voy ép. II, v. 31.

Mais ne nous chargeons pas tout seuls de sa ruine;
Et que tantôt, aux yeux du chapitre assemblé,
Il soit sous trente mains en plein jour accablé »
　　Ces mots des mains du chantre arrachent le pupitre.
« J'y consens, leur dit-il ; assemblons le chapitre.
Allez donc de ce pas, par de saints hurlements,
Vous-mêmes appeler les chanoines dormants.
Partez. » Mais ce discours les surprend et les glace.
« Nous ! qu'en ce vain projet, pleins d'une folle audace,
Nous allions, dit Girard, la nuit nous engager !
De notre complaisance osez-vous l'exiger ?　　　[rues,
Hé ! seigneur, quand nos cris pourraient, du fond des
De leurs appartements percer les avenues,
Réveiller ces valets autour d'eux étendus,
De leur repos sacré ministres assidus,
Et pénétrer des lits au bruit inaccessibles ;
Pensez-vous, au moment que les ombres paisibles
A ces lits enchanteurs ont su les attacher,
Que la voix d'un mortel les en puisse arracher ?
Deux chantres feront-ils, dans l'ardeur de vous plaire,
Ce que depuis trente ans six cloches n'ont pu faire ? »
　　« Ah ! je vois bien où tend tout ce discours trompeur,
Répond le chaud vieillard : le prélat vous fait peur.
Je vous ai vu cent fois sous sa main bénissante
Courber servilement une épaule tremblante.
Eh bien ! allez ; sous lui fléchissez les genoux :
Je saurai réveiller les chanoines sans vous.
Viens, Girot, seul ami qui me reste fidèle ;
Prenons du saint jeudi la bruyante crécelle (1).
Suis-moi. Qu'à son lever le soleil aujourd'hui
Trouve tout le chapitre éveillé devant (2) lui. »
　　Il dit. Du fond poudreux d'une armoire sacrée,
Par les mains de Girot la crécelle est tirée.
Ils sortent à l'instant, et, par d'heureux efforts,
Du lugubre instrument font crier les ressorts.
Pour augmenter l'effroi, la Discorde infernale

---

(1) Instrument de bois en forme de moulinet, qui fait beaucoup de bruit en le tournant. On s'en sert le jeudi et le vendredi saint, au lieu des cloches.

(2) Pour *avant* lui.

Monte dans le Palais, entre dans la grand'salle,
Et du fond de cet antre, au travers de la nuit,
Fait sortir le démon du tumulte et du bruit.
Le quartier alarmé n'a plus d'yeux qui sommeillent :
Déjà de toutes parts les chanoines s'éveillent.
L'un croit que le tonnerre est tombé sur les toits,
Et que l'église brûle une seconde fois (1).
L'autre, encore agité de vapeurs plus funèbres,
Pense être au jeudi saint, croit que l'on dit ténèbres ;
Et déjà tout confus, tenant midi sonné,
En soi-même frémit de n'avoir point dîné.
   Ainsi, lorsque, tout prêt à briser cent murailles,
Louis, la foudre en main, abandonnant Versailles,
Au retour du soleil et des zéphyrs nouveaux (2)
Fait dans les champs de Mars déployer ses drapeaux ;
Au seul bruit répandu de sa marche étonnante,
Le Danube s'émeut, le Tage s'épouvante,
Bruxelle attend le coup qui la doit foudroyer,
Et le Batave encore (3) est prêt à se noyer.
   Mais en vain dans leurs lits un juste effroi les presse :
Aucun ne laisse encor la plume enchanteresse.
Pour les en arracher, Girot, s'inquiétant,
Va crier qu'au chapitre un repas les attend.
Ce mot dans tous les cœurs répand la vigilance :
Tout s'ébranle, tout sort, tout marche en diligence ;
Ils courent au chapitre, et chacun se pressant
Flatte d'un doux espoir son appétit naissant.
Mais, ô d'un déjeuner vaine et frivole attente !
A peine ils sont assis, que, d'une voix dolente,
Le chantre désolé, lamentant son malheur,
Fait mourir l'appétit et naître la douleur.
Le seul chanoine Evrard, d'abstinence incapable,
Ose encor proposer qu'on apporte la table.
Mais il a beau presser, aucun ne lui répond :
Quand le premier, rompant ce silence profond,
Alain tousse et se lève; Alain, ce savant homme (4)

(1) Le toit de la Sainte-Chapelle fut brûlé en 1630.
(2) Au printemps.
(3) Voy. *Art poétique*, ch. IV.
(4) Son nom était Aubéry, chanoine fort opposé aux erreurs des jansénistes.

CHANT IV.

Qui de Bauny (1) vingt fois a lu toute la somme,
Qui possède Abély (2), qui sait tout Raconis (3),
Et même entend, dit-on, le latin d'A-Kempis (4).
 « N'en doutez point, leur dit ce savant canoniste,
Ce coup part, j'en suis sûr, d'une main janséniste.
Mes yeux en sont témoins : j'ai vu moi-même hier (5)
Entrer chez le prélat le chapelain Garnier.
Arnauld, cet hérétique ardent à nous détruire,
Par ce ministre adroit tente de le séduire ;
Sans doute il aura lu dans son saint Augustin
Qu'autrefois saint Louis érigea ce lutrin (6).
Il va nous inonder des torrents de sa plume :
Il faut pour lui répondre ouvrir plus d'un volume.
Consultons sur ce point quelque auteur signalé,
Voyons si des lutrins Bauny n'a point parlé.
Étudions enfin, il en est temps encore ;
Et, pour ce grand projet, tantôt, dès que l'aurore
Rallumera le jour dans l'onde enseveli,
Que chacun prenne en main le moelleux Abély (7). »
 Ce conseil imprévu de nouveau les étonne :
Surtout le gras Évrard d'épouvante en frissonne.
 « Moi, dit-il, qu'à mon âge, écolier tout nouveau,
J'aille pour un lutrin me troubler le cerveau !
O le plaisant conseil ! Non, non, songeons à vivre :
Va maigrir, si tu veux, et sécher sur un livre.
Pour moi, je lis la Bible autant que l'Alcoran ;
Je sais ce qu'un fermier nous doit rendre par an ;
Sur quelle vigne à Reims nous avons hypothèque (8) :

---

(1) *La Somme des péchés qui se commettent en tous états*, par le P. Bauny, jésuite.

(2) Né en 1603, mort en 1691, auteur de la *Moelle théologique*.

(3) Docteur de Sorbonne, prédicateur et aumônier de Louis XIII, qui composa plusieurs ouvrages de philosophie et de théologie.

(4) Auteur présumé de l'*Imitation de Jésus-Christ*, écrite en latin simple et facile.

(5) *Hier, Garnier*, rimes pour l'œil.

(6) Boileau fait faire ici à l'auteur un violent anachronisme ; car il y a un intervalle d'environ 800 ans entre saint Augustin et saint Louis, fondateur de la Sainte-Chapelle.

(7) Voy. la note 2 ci-dessus.

(8) L'abbaye de Saint-Nicaise de Reims, en Champagne, était unie au chapitre de la Sainte-Chapelle.

Vingt muids rangés chez moi font ma bibliothèque.
En plaçant un pupitre on croit nous rabaisser :
Mon bras seul, sans latin, saura le renverser.
Que m'importe qu'Arnauld me condamne ou m'approuve ?
J'abats ce qui me nuit partout où je le trouve.
C'est là mon sentiment. A quoi bon tant d'apprêts ?
Du reste, déjeûnons, messieurs, et buvons frais. »
 Ce discours, que soutient l'embonpoint du visage,
Rétablit l'appétit, réchauffe le courage ;
Mais le chantre surtout en paraît rassuré.
 « Oui, dit-il, le pupitre a déjà trop duré.
Allons sur sa ruine assurer ma vengeance.
Donnons à ce grand œuvre une heure d'abstinence ;
Et qu'au retour, tantôt, un ample déjeuner
Longtemps nous tienne à table et s'unisse au dîner. »
 Aussitôt il se lève, et la troupe fidèle,
Par ces mots attirants sent redoubler son zèle.
Ils marchent droit au chœur d'un pas audacieux,
Et bientôt le lutrin se fait voir à leurs yeux.
A ce terrible objet, aucun d'eux ne consulte :
Sur l'ennemi commun ils fondent en tumulte ;
Ils sapent le pivot qui se défend en vain ;
Chacun sur lui d'un coup veut honorer sa main.
Enfin sous tant d'efforts la machine succombe,
Et son corps entr'ouvert chancelle, éclate et tombe (1).
Tel, sur les monts glacés des farouches Gélons (2),
Tombe un chêne battu des voisins aquilons ;
Ou tel, abandonné de ses poutres usées,
Fond enfin un vieux toit sous ses tuiles brisées.
 La masse est emportée, et ses ais arrachés
Sont aux yeux des mortels chez le chantre cachés.

---

(1) C'est le *procumbit humi bos* de Virgile.
(2) Peuples de la Scythie, entre la Thrace et les Gètes, vers l'embouchure du Borysthène.

CHANT V.

L'Aurore cependant, d'un juste effroi troublée,
Des chanoines levés voit la troupe assemblée,
Et contemple longtemps, avec des yeux confus,
Ces visages fleuris qu'elle n'a jamais vus.
   Chez Sidrac aussitôt Brontin, d'un pied fidèle,
Du pupitre abattu va porter la nouvelle.
Le vieillard de ses soins bénit l'heureux succès,
Et sur un bois détruit bâtit mille procès.
L'espoir d'un doux tumulte échauffant son courage,
Il ne sent plus le poids ni les glaces de l'âge,
Et chez le trésorier, de ce pas, à grand bruit,
Vient étaler au jour les crimes de la nuit.
   Au récit imprévu de l'horrible insolence,
Le prélat hors du lit, impétueux, s'élance.
Vainement d'un breuvage, à deux mains apporté (1),
Gilotin avant tout le veut voir humecté;
Il veut partir à jeun. Il se peigne, il s'apprête;
L'ivoire, trop hâté, deux fois rompt sur sa tête,
Et deux fois de sa main le buis tombe en morceaux :
Tel Hercule filant (2) rompait tous les fuseaux.
Il sort demi-paré. Mais déjà sur sa porte
Il voit de saints guerriers une ardente cohorte,
Qui tous, remplis pour lui d'une égale vigueur,
Sont prêts, pour le servir, à déserter le chœur.
Mais le vieillard condamne un projet inutile :
« Nos destins sont, dit-il, écrits chez la Sibylle (3) ;

---

(1) Un bouillon.
(2) Chez Omphale, reine de Lydie, où il était esclave. Déjanire dit à Hercule (Ov., *héroïde* IX) :
    Ah! *quoties, digitis dum torques stamina duris,*
       Prævalidæ fusos comminuere manus!
(3) Le palais de justice est ici métamorphosé en un temple où la Chicane est la sibylle qui rend les oracles.

Son antre n'est pas loin ; allons la consulter,
Et subissons la loi qu'elle nous va dicter. »
Il dit : à ce conseil, où la raison domine,
Sur ses pas au barreau la troupe s'achemine,
Et bientôt dans le temple entend, non sans frémir,
De l'antre redouté les soupiraux gémir (1).

Entre ces vieux appuis dont l'affreuse grand'salle
Soutient l'énorme poids de sa voûte infernale,
Est un pilier fameux (2), des plaideurs respecté,
Et toujours de Normands à midi fréquenté.
Là, sur des tas poudreux de sacs et de pratique,
Hurle tous les matins une Sibylle étique :
On l'appelle Chicane, et ce monstre odieux
Jamais pour l'équité n'eut d'oreilles ni d'yeux.
La Disette au teint blême et la triste Famine,
Les Chagrins dévorants et l'infâme Ruine,
Enfants infortunés de ses raffinements,
Troublent l'air d'alentour de longs gémissements
Sans cesse feuilletant les lois et la coutume (3),
Pour consumer autrui, le monstre se consume ;
Et, dévorant maisons, palais, châteaux entiers,
Rend pour des monceaux d'or de vains tas de papiers
Sous le coupable effort de sa noire insolence,
Thémis a vu cent fois chanceler sa balance.
Incessamment il va de détour en détour ;
Comme un hibou souvent il se dérobe au jour.
Tantôt, les yeux en feu, c'est un lion superbe ;
Tantôt, humble serpent, il se glisse sous l'herbe (4)

---

(1) Virg., *Énéide*, VI, v. 255 :

> Ecce autem, primi sub lumina solis et ortus,
> Sub pedibus mugire solum, et juga cœpta moveri
> Silvarum, visæque canes ululare per umbram,
> Adventante dea.

(2) Le pilier des consultations, où les anciens avocats s'assemblaient.

(3) Il y avait des pays de *lois* écrites, et des pays de *coutume* ou de lois non écrites.

(4) Comme Protée, Virg., *Georg.* IV, v. 405 :

> Tum variæ eludent species atque ora ferarum :
> Fiet enim subito sus horridus, atraque tigris,
> Squamosusque draco et fulva cervice leæna.

En vain, pour le dompter, le plus juste des rois (1)
Fit régler le chaos des ténébreuses lois.
Ses griffes, vainement par Pussort (2) accourcies,
Se rallongent déjà, toujours d'encre noircies ;
Et ses ruses, perçant et digues et remparts,
Par cent brèches déjà rentrent de toutes parts.
 Le vieillard humblement l'aborde et la salue ;
Et faisant, avant tout, briller l'or à sa vue :
« Reine des longs procès, dit-il, dont le savoir
Rend la force inutile et les lois sans pouvoir ;
Toi, pour qui dans le Mans le laboureur moissonne,
Pour qui naissent à Caen tous les fruits de l'automne (3);
Si, dès mes premiers ans, heurtant tous les mortels,
L'encre a toujours pour moi coulé sur tes autels,
Daigne encor me connaître en ma saison dernière.
D'un prélat qui t'implore exauce la prière.
Un rival orgueilleux, de ma gloire offensé,
A détruit le lutrin par nos mains redressé.
Épuise en sa faveur ta science fatale ;
Du Digeste et du Code ouvre-nous le dédale,
Et montre-nous cet art, connu de tes amis,
Qui dans ses propres lois embarrasse Thémis. »
 La Sibylle, à ces mots, déjà hors d'elle-même (4),
Fait lire sa fureur sur son visage blême ;
Et, pleine du démon qui la vient oppresser,
Par ces mots étonnants tâche à le repousser :
Chantres, ne craignez plus une audace insensée.
Je vois, je vois au chœur la masse replacée.
Mais il faut des combats. Tel est l'arrêt du sort ;
Et surtout évitez un dangereux accord.
Là bornant son discours, encor tout écumante,
Elle souffle aux guerriers l'esprit qui la tourmente ;
Et dans leurs cœurs, brûlants de la soif de plaider,

---

(1) Allusion aux ordonnances de Louis XIV, publiées en 1676 et 1677, pour abréger les procédures.

(2) Oncle maternel de Colbert, conseiller d'État, qui eut une grande part à la rédaction de ces ordonnances.

(3) Les Manceaux et les Normands sont accusés d'aimer les procès et la chicane.

(4) Les vers qui suivent sont empruntés et même traduits de l'Énéide, IV, v. 77-87.

Verse l'amour de nuire et la peur de céder.
　Pour tracer à loisir une longue requête,
A retourner chez soi leur brigade s'apprête.
Sous leurs pas diligents le chemin disparoit,
Et le pilier loin d'eux déjà baisse et décroit.
　Loin du bruit cependant les chanoines à table
Immolent trente mets à leur faim indomptable ;
Leur appétit fougueux, par l'objet excité,
Parcourt tous les recoins d'un monstrueux pâté.
Par le sel irritant la soif est allumée ;
Lorsque d'un pied léger la prompte Renommée,
Semant partout l'effroi, vient au chantre éperdu
Conter l'affreux détail de l'oracle rendu.
I se lève enflammé de muscat et de bile,
Et prétend à son tour consulter la Sibylle.
Évrard a beau gémir du repas déserté,
Lui-même est au barreau par le nombre emporté.
Par les détours étroits d'une barrière oblique,
　Ils gagnent les degrés et le perron antique,
Où sans cesse, étalant bons et méchants écrits,
Barbin vend aux passants des auteurs à tout prix.
　Là le chantre à grand bruit arrive et se fait place,
Dans le fatal instant que, d'une égale audace,
Le prélat et sa troupe, à pas tumultueux,
Descendaient du Palais l'escalier tortueux.
L'un et l'autre rival, s'arrêtant au passage,
Se mesure des yeux, s'observe, s'envisage :
Tels deux fougueux taureaux (1), embrasés, furieux,
Déjà, le front baissé, se menacent des yeux.
Mais Évrard, en passant, coudoyé par Boirude,
Ne sait point contenir son aigre inquiétude ;
Il entre chez Barbin, et, d'un bras irrité,
Saisissant du Cyrus (2) un volume écarté,
Il lance au sacristain le tome épouvantable.
Boirude fuit le coup : le volume effroyable
Lui rase le visage, et, droit dans l'estomac,
Va frapper en sifflant l'infortuné Sidrac.

　　(1) Virg., *Géorg.*, III, v. 219 et suiv.
　　(2) Roman de mademoiselle de Scudéry, intitulé : *Artamène, ou le grand Cyrus.*

CHANT V.   205

Le vieillard, accablé de l'horrible Artamène,
Tombe aux pieds du prélat, sans pouls et sans haleine.
Sa troupe le croit mort, et chacun empressé
Se croit frappé du coup dont il le voit blessé.
Aussitôt contre Évrard vingt champions s'élancent :
Pour soutenir leur choc les chanoines s'avancent.
La Discorde triomphe, et du combat fatal
Par un cri donne en l'air l'effroyable signal.

Chez le libraire absent tout entre, tout se mêle :
Les livres sur Évrard tombent comme la grêle
Qui, dans un grand jardin, à coups impétueux (1),
Abat l'honneur naissant des rameaux fructueux.
Chacun s'arme au hasard du livre qu'il rencontre :
L'un tient l'Édit d'Amour(2), l'autre en saisit la Montre(3),
L'un prend le seul Jonas (4) qu'on ait vu relié,
L'autre un Tasse français (5), en naissant oublié.
L'élève de Barbin, commis à la boutique,
Veut en vain s'opposer à leur fureur gothique (6) ;
Les volumes, sans choix à la tête jetés,
Sur le perron poudreux volent de tous côtés.
Là, près d'un Guarini (7), Térence tombe à terre ;
Là, Xénophon dans l'air heurte contre un la Serre (8).
Oh ! que d'écrits obscurs, de livres ignorés,
Furent en ce grand jour de la poudre tirés !
Vous en fûtes tirés, Almérinde et Simandre (9),
Et toi, rebut du peuple, inconnu Caloandre (10),

----

(1) Virg., *Georg.* I, v. 449 :
  Tam multa in tectis crepitans salit horrida grando.
(2) Petit poëme de Regnier-Desmarets.
(3) Ouvrage de Bonnecorse.
(4) *Jonas*, ou *Ninive pénitente*, poëme de Coras.
(5) Poëme du Tasse, la *Jérusalem délivrée*, traduite en vers français par le Clerc.
(6) En se battant à coups de livres, ils sembloient vouloir imiter les Goths, peuples barbares, qui avaient détruit les sciences et les beaux-arts dans toute l'Europe.
(7) Auteur du *Pastor fido*, pastorale italienne, remplie d'affectation et de sentiments peu naturels.
(8) Misérable écrivain. V. sat. III.
(9) Petit roman insipide, publié en 1664.
(10) *La Caloandre fidèle*, roman traduit de l'italien, par Scudéry.

Dans ton repos, dit-on, saisi par Gaillerbois (1),
Tu vis le jour alors pour la première fois.
Chaque coup sur la chair laisse une meurtrissure;
Déjà plus d'un guerrier se plaint d'une blessure.
D'un le Vayer épais (2) Girot est renversé;
Marineau, d'un Brébeuf à l'épaule blessé,
En sent par tout le bras une douleur amère,
Et maudit la Pharsale aux provinces si chère :
D'un Pinchêne (3) in-quarto Dodillon (4) étourdi
A longtemps le teint pâle et le cœur affadi.
Au plus fort du combat, le chapelain Garagne (5),
Vers le sommet du front, atteint d'un Charlemagne (6)
Des vers de ce poëme effet prodigieux !)
Tout prêt à s'endormir, bâille et ferme les yeux.
A plus d'un combattant la Clélie (7) est fatale :
Girou (8) dix fois par elle éclate et se signale.
Mais tout cède aux efforts du chanoine Fabri.
Ce guerrier, dans l'Église aux querelles nourri,
Est robuste de corps, terrible de visage,
Et de l'eau dans son vin n'a jamais su l'usage.
Il terrasse lui seul et Guibert et Grasset (9),
Et Gorillon la basse, et Grandin le fausset,
Et Gerbais l'agréable, et Guérin l'insipide.
Des chantres désormais la brigade timide
S'écarte, et du Palais regagne les chemins.

(1) *Gaillerbois*, et plus bas *Marineau* et *Dodillon*, noms de chanoines ou de chantres morts avant que Boileau eût fait son *Lutrin*. Il emploie leurs noms parce qu'ils étaient fort connus.

(2) Toutes les œuvres de la Mothe-le-Vayer ont été recueillies en deux volumes *in-folio*. L'épithète d'*épais* désigne et la grosseur du volume et le style de l'auteur.

(3) Pinchêne, neveu de Voiture. Le caractère de ses poésies est exprimé dans le vers suivant par ces mots : *a le cœur affadi*.

(4) Chantre de la Sainte-Chapelle, mort avant l'événement du *Lutrin*.

(5) Personnage supposé.

(6) Poëme héroïque de le Laboureur. V. ép. VIII, v. 57.

(7) Roman de mademoiselle de Scudéry, en dix volumes. V. *Art poétique*, ch. III, v. 115 et suiv.

(8) Personnage supposé.

(9) Tous ces noms de chantres sont des noms inventés.

CHANT V.

Telle, à l'aspect d'un loup, terreur des champs voisins,
Fuit d'agneaux effrayés une troupe bêlante ;
Ou tels devant Achille (1), aux campagnes du Xanthe,
Les Troyens se sauvaient à l'abri de leurs tours ;
Quand Brontin à Boirude adresse ce discours :
« Illustre porte-croix, par qui notre bannière
N'a jamais en marchant fait un pas en arrière,
Un chanoine lui seul, triomphant du prélat,
Du rochet à nos yeux ternira-t-il l'éclat ?
Non, non : pour te couvrir de sa main redoutable,
Accepte de mon corps l'épaisseur favorable (2).
Viens, et, sous ce rempart, à ce guerrier hautain
Fais voler ce Quinault qui me reste à la main. »
A ces mots il lui tend le doux et tendre ouvrage.
Le sacristain, bouillant de zèle et de courage,
Le prend, se cache, approche, et, droit entre les yeux,
Frappe du noble écrit l'athlète audacieux.
Mais c'est pour l'ébranler une faible tempête :
Le livre sans vigueur mollit contre sa tête.
Le chanoine les voit, de colère embrasé :
« Attendez, leur dit-il, couple lâche et rusé ;
Et jugez si ma main, aux grands exploits novice,
Lance à mes ennemis un livre qui mollisse. »
A ces mots il saisit un vieil *Infortiat* (3),
Grossi des visions d'Accurse et d'Alciat (4),
Inutile ramas de gothique écriture,
Dont quatre ais mal unis formaient la couverture,
Entourée à demi d'un vieux parchemin noir,
Où pendait à trois clous un reste de fermoir.
Sur l'ais qui le soutient auprès d'un Avicenne (5),

(1) *Iliade*, ch. XXI, derniers vers.
(2) *Iliade*, ch. VIII, v. 260 et suiv. Caché sous le bouclier du grand Ajax, Teucer ajuste ses flèches ; puis, à découvert, il cherche des yeux sa victime, la frappe, l'étend sur la poussière, etc.
(3) Livre de droit d'une grosseur énorme. L'*Infortiatum* est la seconde partie du Digeste ou Pandectes de Justinien.
(4) Deux jurisconsultes célèbres, l'un de Florence et l'autre de Milan.
(5) Médecin et philosophe arabe, dont les œuvres sont fort considérables.

Deux des plus forts mortels l'ébranleraient à peine (1) :
Le chanoine pourtant l'enlève sans effort,
Et, sur le couple pâle et déjà demi-mort,
Fait tomber à deux mains l'effroyable tonnerre.
Les guerriers de ce coup vont mesurer la terre,
Et, du bois et des clous meurtris et déchirés,
Longtemps, loin du perron, roulent sur les degrés.
   Au spectacle étonnant de leur chute imprévue,
Le prélat pousse un cri qui pénètre la nue.
Il maudit dans son cœur le démon des combats,
Et de l'horreur du coup il recule six pas.
Mais bientôt, rappelant son antique prouesse,
Il tire du manteau sa dextre vengeresse ;
Il part, et de ses doigts saintement allongés,
Bénit tous les passants, en deux files rangés.
Il sait que l'ennemi, que ce coup va surprendre,
Désormais sur ses pieds ne l'oserait attendre,
Et déjà voit pour lui tout le peuple en courroux
Crier aux combattants : Profanes, à genoux !
Le chantre, qui de loin voit approcher l'orage,
Dans son cœur éperdu cherche en vain du courage :
Sa fierté l'abandonne, il tremble, il cède, il fuit ;
Le long des sacrés murs sa brigade le suit :
Tout s'écarte à l'instant ; mais aucun n'en réchappe.
Partout le doigt vainqueur les suit et les rattrape.
Évrard seul, en un coin prudemment retiré,
Se croyait à couvert de l'insulte sacré (2) ;
Mais le prélat vers lui fait une marche adroite ;
Il l'observe de l'œil, et, tirant vers la droite,
Tout d'un coup tourne à gauche, et, d'un bras fortuné,
Bénit subitement le guerrier consterné.
Le chanoine, surpris de la foudre mortelle,
Se dresse (3), et lève en vain une tête rebelle ;

(1) Virg., Æn., liv. XII, v. 897 :
   Vix illud lecti bis sex cervice subirent,
   Qualia nunc hominum producit corpora tellus.
(2) *Insulte* était alors, par abus, plutôt masculin que féminin.
(3) Virg., Æn., liv. IX, v. 347 :
   Pectore in adverso totum cui cominus ensem
   Condidit assurgenti....

Sur ses genoux tremblants il tombe à cet aspect,
Et donne à la frayeur ce qu'il doit au respect.
 Dans le temple aussitôt le prélat, plein de gloire,
Va goûter les doux fruits de sa sainte victoire ;
Et de leur vain projet les chanoines punis
S'en retournent chez eux éperdus et bénis.

CHANT VI.

Tandis que tout conspire à la guerre sacrée,
La Piété sincère, aux Alpes retirée (1),
Du fond de son désert entend les tristes cris
De ses sujets cachés dans les murs de Paris.
Elle quitte à l'instant sa retraite divine :
La Foi, d'un pas certain, devant elle chemine
L'Espérance au front gai l'appuie et la conduit ;
Et, la bourse à la main, la Charité la suit.
Vers Paris elle vole, et, d'une audace sainte,
Vient aux pieds de Thémis proférer cette plainte :
 « Vierge, effroi des méchants, appui de mes autels,
Qui, la balance en main, règles tous les mortels,
Ne viendrai-je jamais en tes bras salutaires
Que pousser des soupirs et pleurer mes misères !
Ce n'est donc pas assez qu'au mépris de tes lois
L'Hypocrisie ait pris et mon nom et ma voix ;
Que sous ce nom sacré partout ses mains avares
Cherchent à me ravir crosses, mitres, tiares !
Faudra-t-il voir encor cent monstres furieux
Ravager mes États usurpés à tes yeux ?
Dans les temps orageux de mon naissant empire,
Au sortir du baptême on courait au martyre ;
Chacun, plein de mon nom, ne respirait que moi ;
Le fidèle, attentif aux règles de sa loi,

 (1) Dans la grande Chartreuse, située au pied des Alpes, à 20 kil. de Grenoble.

Fuyant des vanités la dangereuse amorce,
Aux honneurs appelé, n'y montait que par force.
Ces cœurs, que les bourreaux ne faisaient point frémir,
A l'offre d'une mitre étaient prêts à gémir ;
Et, sans peur des travaux, sur mes traces divines,
Couraient chercher le ciel au travers des épines.
Mais depuis que l'Église eut, aux yeux des mortels,
De son sang en tous lieux cimenté ses autels,
Le calme dangereux succédant aux orages,
Une lâche tiédeur s'empara des courages.
De leur zèle brûlant l'ardeur se ralentit ;
Sous le joug des péchés leur foi s'appesantit.
Alors de tous les cœurs l'union fut détruite.
Dans mes cloîtres sacrés la Discorde introduite
Y bâtit de mon bien ses plus sûrs arsenaux ;
Traîna tous mes sujets au pied des tribunaux.
En vain à ses fureurs j'opposai mes prières ;
L'insolente à mes yeux marcha sous mes bannières.
Pour éviter l'affront de ces noirs attentats,
Je vins chercher le calme au séjour des frimas,
Sur ces monts entourés d'une éternelle glace,
Où jamais au printemps les hivers n'ont fait place ;
Mais, jusque dans la nuit de mes sacrés déserts,
Le bruit de mes malheurs fait retentir les airs.
Aujourd'hui même encore une voix trop fidèle
M'a d'un triste désastre apporté la nouvelle :
J'apprends que dans ce temple, où le plus saint des rois (1)
Consacra tout le fruit de ses pieux exploits,
Et signala pour moi sa pompeuse largesse (2),
L'implacable Discorde et l'infâme Mollesse,
Foulant aux pieds les lois, l'honneur et le devoir,
Usurpent en mon nom le souverain pouvoir.
Souffriras-tu, ma sœur, une action si noire ?
Quoi ! ce temple, à ta porte élevé pour ma gloire,
Où jadis des humains j'attirais tous les vœux,
Sera de leurs combats le théâtre honteux ?
Non, non : il faut enfin que ma vengeance éclate ;
Assez et trop longtemps l'impunité les flatte.

(1) Saint Louis, fondateur de la Sainte-Chapelle.
(2) Ses dépenses s'élevèrent à plus de 7 millions, valeur actuelle.

CHANT VI.

Prends ton glaive, et, fondant sur ces audacieux,
Viens aux yeux des mortels justifier les cieux. »
    Ainsi parle à sa sœur cette vierge enflammée :
La grâce est dans ses yeux d'un feu pur allumée.
Thémis sans différer lui promet son secours,
La flatte, la rassure, et lui tient ce discours :
    « Chère et divine sœur, dont les mains secourables
Ont tant de fois séché les pleurs des misérables,
Pourquoi toi-même, en proie à tes vives douleurs,
Cherches-tu sans raison à grossir tes malheurs?
En vain de tes sujets l'ardeur est ralentie :
D'un ciment éternel ton Église est bâtie;
Et jamais de l'enfer les noirs frémissements
N'en sauraient ébranler les fermes fondements (1).
Au milieu des combats, des troubles, des querelles,
Ton nom encor chéri vit au sein des fidèles.
Crois-moi, dans ce lieu même où l'on veut t'opprimer,
Le trouble qui t'étonne est facile à calmer ;
Et, pour y rappeler la paix tant désirée,
Je vais t'ouvrir, ma sœur, une route assurée.
Prête-moi donc l'oreille, et retiens tes soupirs.
Vers ce temple fameux (2), si cher à tes désirs,
Où le ciel fut pour toi si prodigue en miracles,
Non loin de ce palais (3) où je rends mes oracles (4),
Est un vaste séjour des mortels révéré,
Et de clients soumis à toute heure entouré.
Là, sous le faix pompeux de ma pourpre honorable,
Veille au soin de ma gloire un homme incomparable (5),
Ariste, dont le ciel et Louis ont fait choix
Pour régler ma balance et dispenser mes lois.
Par lui dans le barreau sur mon trône affermie,
Je vois hurler en vain la Chicane ennemie;
Par lui la vérité ne craint plus l'imposteur,

---

(1) Ce sont les paroles mêmes de Jésus-Christ à saint Pierre : « Tu es
Pierre, et sur cette pierre je bâtirai mon église, et les portes de l'enfer
ne prévaudront point contre elle. » (S. Matthieu, ch. XVI, v. 18.)
    (2) La Sainte-Chapelle.
    (3) Le palais de justice.
    (4) Arrêts.
    (5) M. de Lamoignon, premier président. Son hôtel était quai des
Orfèvres, à la préfecture actuelle de police.

Et l'orphelin n'est plus dévoré du tuteur.
Mais pourquoi vainement t'en retracer l'image ?
Tu le connais assez ; Ariste est ton ouvrage.
C'est toi qui le formas dès ses plus jeunes ans :
Son mérite sans tache est un de tes présents.
Tes divines leçons, avec le lait sucées,
Allumèrent l'ardeur de ses nobles pensées.
Va le trouver, ma sœur : à ton auguste nom,
Tout s'ouvrira d'abord en sa sainte maison.
Ton visage est connu de sa noble famille ;
Tout y garde tes lois, enfants, sœurs, femme, fille ;
Tes yeux d'un seul regard sauront le pénétrer,
Et, pour obtenir tout, tu n'as qu'à te montrer. »
　　Là s'arrête Thémis. La Piété charmée
Sent renaître la joie en son âme calmée.
Elle court chez Ariste, et s'offrant à ses yeux :
　« Que me sert, lui dit-elle, Ariste, qu'en tous lieux
Tu signales pour moi ton zèle et ton courage,
Si la Discorde impie à ta porte m'outrage ?
Deux puissants ennemis, par elle envenimés,
Dans ces murs autrefois si saints, si renommés,
A mes sacrés autels font un profane insulte (1),
Remplissent tout d'effroi, de trouble et de tumulte.
De leur crime à leurs yeux va-t'en peindre l'horreur :
Sauve-moi, sauve-les de leur propre fureur. »
　　Elle sort à ces mots. Le héros en prière
Demeure tout couvert de feux et de lumière.
De la céleste fille il reconnaît l'éclat,
Et mande au même instant le chantre et le prélat.
　　Muse, c'est à ce coup que mon esprit timide
Dans sa course élevée a besoin qu'on le guide,
Pour chanter par quels soins, par quels nobles travaux
Un mortel sut fléchir ces superbes rivaux.
　　Mais plutôt, toi qui fis ce merveilleux ouvrage,
Ariste, c'est à toi d'en instruire notre âge.
Seul tu peux révéler par quel art tout-puissant
Tu rendis tout à coup le chantre obéissant.
Tu sais par quel conseil rassemblant le chapitre,
Lui-même, de sa main, reporta le pupitre ;

(1. V. page 206.

Et comment le prélat, de ses respects content,
Le fit du banc fatal enlever à l'instant (1).
Parle donc : c'est à toi d'éclaircir ces merveilles.
Il me suffit pour moi d'avoir su, par mes veilles,
Jusqu'au sixième chant pousser ma fiction,
Et fait d'un vain pupitre un second Ilion.
Finissons. Aussi bien, quelque ardeur qui m'inspire,
Quand je songe au héros qu'il me reste à décrire,
Qu'il faut parler de toi, mon esprit éperdu
Demeure sans parole, interdit, confondu.

Ariste, c'est ainsi qu'en ce sénat illustre,
Où Thémis par tes soins reprend son premier lustre,
Quand, la première fois, un athlète nouveau
Vient combattre en champ clos aux joûtes du barreau,
Souvent, sans y penser (2), ton auguste présence
Troublant par trop d'éclat sa timide éloquence,
Le nouveau Cicéron, tremblant, décoloré,
Cherche en vain son discours sur sa langue égaré ;
En vain, pour gagner temps, dans ses transes affreuses,
Traîne d'un dernier mot les syllabes honteuses :
Il hésite, il bégaye, et le triste orateur
Demeure enfin muet aux yeux du spectateur (3).

(1) Le premier président fit comprendre au trésorier que ce pupitre n'ayant été anciennement érigé devant la place du chantre que pour la commodité de ses prédécesseurs, il n'était pas juste qu'on l'obligeât à le souffrir s'il lui était incommode. Néanmoins, pour accorder quelque chose à la satisfaction du trésorier, le premier président fit consentir le chantre à remettre le pupitre devant son siège, où il demeurerait un jour, et le trésorier à le faire enlever le lendemain : ce qui fut exécuté de part et d'autre.

(2) Sans que tu y penses, involontairement.

(3) L'orateur demeurant muet, il n'y a plus d'auditeurs; il reste seulement des spectateurs. (BOILEAU.)

FIN DU LUTRIN.

ODES

SONNETS

ÉPIGRAMMES

ET

AUTRES POÉSIES DIVERSES

DISCOURS SUR L'ODE.

L'ODE suivante a été composée à l'occasion de ces étranges dialogues (1) qui ont paru depuis quelque temps, où tous les plus grands écrivains de l'antiquité sont traités d'esprits médiocres, de gens à être mis en parallèle avec les Chapelain et avec les Cotin ; et où, voulant faire honneur à notre siècle, on l'a en quelque sorte diffamé, en faisant voir qu'il s'y trouve des hommes capables d'écrire des choses si peu sensées. Pindare est des plus maltraités. Comme les beautés de ce poëte sont extrêmement renfermées dans sa langue, l'auteur de ces dialogues, qui vraisemblablement ne sait point le grec, et qui n'a lu Pindare que dans des traductions latines, assez défectueuses, a pris pour galimatias tout ce que la faiblesse de ses lumières ne lui permettait pas de comprendre. Il a surtout traité de ridicule ces endroits merveilleux où le poëte, pour marquer un esprit entièrement hors de soi, rompt quelquefois, de dessein formé, la suite de son discours ; et, afin de mieux entrer dans la raison, sort, s'il faut ainsi parler, de la raison même, évitant avec grand soin cet ordre méthodique et ces exactes liaisons de sens qui ôteraient l'âme à la poésie lyrique. Le censeur dont je parle n'a pas pris garde

---

(1) Parallèles des anciens et des modernes, en forme de dialogues, par Perrault, de l'Académie française. Il y en avait trois volumes quand Boileau composa cette ode en 1693 ; le quatrième ne parut qu'en 1696.

qu'en attaquant ces nobles hardiesses de Pindare, il donnait lieu de croire qu'il n'a jamais conçu le sublime des psaumes de David, où, s'il est permis de parler de ces saints cantiques à propos de choses si profanes, il y a beaucoup de ces sens rompus qui servent même quelquefois à en faire sentir la divinité. Ce critique, selon toutes les apparences, n'est pas fort convaincu du précepte que j'ai avancé dans mon *Art poétique*, à propos de l'ode :

> Son style impétueux souvent marche au hasard :
> Chez elle un beau désordre est un effet de l'art.

Ce précepte effectivement, qui donne, pour règle de ne point garder quelquefois de règle, est un mystère de l'art qu'il n'est pas aisé de faire entendre à un homme sans aucun goût, qui croit que la Clélie et nos opéras sont les modèles du genre sublime ; qui trouve Térence fade, Virgile froid, Homère de mauvais sens, et qu'une espèce de bizarrerie d'esprit rend insensible à tout ce qui frappe ordinairement les hommes. Mais ce n'est pas ici le lieu de lui montrer ses erreurs. On le fera peut-être plus à propos un de ces jours, dans quelque autre ouvrage.

Pour revenir à Pindare, il ne serait pas difficile d'en faire sentir les beautés à des gens qui se seraient un peu familiarisé le grec. Mais comme cette langue est aujourd'hui assez ignorée de la plupart des hommes, et qu'il n'est pas possible de leur faire voir Pindare dans Pindare même, j'ai cru que je ne pouvais mieux justifier ce grand poëte qu'en tâchant de faire une ode en français à sa manière, c'est-à-dire, pleine de mouvements et de transports, où l'esprit parût plutôt entraîné du démon de la poésie que guidé par la raison. C'est le but que je me suis proposé dans l'ode qu'on va voir. J'ai pris pour sujet la prise de Namur, comme la plus grande action de guerre qui se soit faite de nos jours, et comme la matière la plus propre à échauffer l'imagination d'un poëte. J'y ai jeté, autant que j'ai pu, la magnificence des mots; et, à l'exemple des anciens poëtes dithyrambiques, j'y ai employé les figures les plus audacieuses, jusqu'à y faire un astre de la plume blanche que le roi porte ordinairement à son chapeau, et qui est en effet comme une espèce de comète fatale à nos ennemis, qui se jugent perdus dès qu'ils l'aperçoivent. Voilà le dessein de cet ouvrage : je ne réponds pas d'y avoir réussi; et je ne sais si le public, accoutumé aux sages emportements de Malherbe, s'accommodera de ces saillies et de ces excès pindariques. Mais, supposé que j'y aie échoué, je m'en consolerai du moins par le commencement de cette fameuse ode latine d'Horace : *Pindarum quisquis studet æmulari, etc.*, où Horace donne assez à entendre que, s'il eût voulu lui-même s'élever à la hauteur de Pindare, il se serait cru en grand hasard de tomber.

Au reste, comme parmi les épigrammes qui sont imprimées à la suite de cette ode on trouvera encore une autre petite ode de ma façon, que je n'avais point jusqu'ici insérée dans mes écrits, je suis bien aise, pour ne point me brouiller avec les Anglais d'aujourd'hui, de faire ici ressouvenir le lecteur que les Anglais que j'attaque dans ce petit poëme, qui est un ouvrage de ma première jeunesse, ce sont les Anglais du temps de Cromwell.

J'ai joint aussi à ces épigrammes un arrêt burlesque donné au Parnasse, que j'ai composé autrefois, afin de prévenir un arrêt très-sérieux que l'université songeait à obtenir du parlement contre ceux qui enseigneraient dans les écoles de philosophie d'autres principes que ceux d'Aristote. La plaisanterie y descend un peu bas, et est toute dans les termes de la pratique; mais il fallait qu'elle fût ainsi pour faire son effet, qui fut très-heureux, et obligea, pour ainsi dire, l'université à supprimer la requête qu'elle allait présenter.

Ridiculum acri
Fortius ac melius magnas plerumque secat res.

ODE

SUR LA PRISE DE NAMUR (1).

Quelle docte et sainte ivresse
Aujourd'hui me fait la loi ?
Chastes nymphes du Permesse,
N'est-ce pas vous que je voi ?
Accourez, troupe savante;
Des sons que ma lyre enfante
Ces arbres sont réjouis.
Marquez-en bien la cadence :
Et vous, vents, faites silence
Je vais parler de Louis.

Dans ses chansons immortelles,
Comme un aigle audacieux,
Pindare, étendant ses ailes,
Fuit loin des vulgaires yeux.
Mais, ô ma fidèle lyre,
Si, dans l'ardeur qui m'inspire,
Tu peux suivre mes transports,

---

(1) Louis XIV assiégea Namur le 26 mai 1692. La ville fut prise le 3 juin, et le château se rendit le dernier jour du même mois. Cette ode était d'abord de dix-huit stances. L'auteur en retrancha une qui était la seconde. La voici :

> Un torrent dans les prairies
> Roule à flots précipités :
> Malherbe, dans ses furies,
> Marche à pas trop concertés.
> J'aime mieux, nouvel Icare,
> Dans les airs cherchant Pindare,
> Tomber du ciel le plus haut,
> Que, loué de Fontenelle,
> Raser, timide hirondelle,
> La terre comme Perrault.

Les chênes des monts de Thrace
N'ont rien ouï que n'efface
La douceur de tes accords.

Est-ce Apollon et Neptune
Qui, sur ces rocs sourcilleux,
Ont, compagnons de fortune,
Bâti ces murs orgueilleux (1) ?
De leur enceinte fameuse,
La Sambre unie à la Meuse
Défend le fatal abord ;
Et par cent bouches horribles
L'airain, sur ces monts terribles,
Vomit le fer et la mort.

Dix mille vaillants Alcides
Les bordant de toutes parts,
D'éclairs, au loin homicides,
Font pétiller leurs remparts ;
Et dans son sein infidèle
Partout la terre y recèle
Un feu prêt à s'élancer.
Qui, soudain perçant son gouffre,
Ouvre un sépulcre de soufre
A quiconque ose avancer.

Namur, devant tes murailles,
Jadis la Grèce eût vingt ans
Sans fruit vu les funérailles
De ses plus fiers combattants.
Quelle effroyable puissance
Aujourd'hui pourtant s'avance,
Prête à foudroyer tes monts ?
Quel bruit, quel feu l'environne?
C'est Jupiter en personne,
Ou c'est le vainqueur de Mons (2)

N'en doute point, c'est lui-même.

(1) Apollon et Neptune, disgraciés par Jupiter, avaient loué leurs services à Laomédon, roi de Troie, pour bâtir les murs de cette ville.
(2) Louis XIV avait pris la ville de Mons l'année précédente, 1691.

Tout brille en lui, tout est roi.
Dans Bruxelles Nassau (1) blême
Commencé à trembler pour toi.
En vain il voit le Batave,
Désormais docile esclave,
Rangé sous ses étendards;
En vain au lion belgique
Il voit l'aigle germanique
Uni sous les léopards :

Plein de la frayeur nouvelle
Dont ses sens sont agités,
A son secours il appelle
Les peuples les plus vantés.
Ceux-là viennent du rivage
Où s'enorgueillit le Tage
De l'or qu'il roule en ses eaux;
Ceux-ci, des champs où la neige
Des marais de la Norwége
Neuf mois couvre les roseaux.

Mais qui fait enfler la Sambre?
Sous les Jumeaux effrayés,
Des froids torrents de décembre
Les champs partout sont noyés.
Cérès s'enfuit éplorée
De voir en proie à Borée
Ses guérets d'épis chargés,
Et sous les urnes fangeuses
Des Hyades orageuses
Tous ses trésors submergés.

Déployez toutes vos rages,
Princes, vents, peuples, frimas;
Ramassez tous vos nuages,
Rassemblez tous vos soldats :
Malgré vous, Namur en poudre
S'en va tomber sous la foudre

---

(1) Le prince d'Orange, Guillaume de Nassau, roi d'Angleterre, commandait l'armée des alliés.

Qui dompta Lille, Courtrai,
Gand la superbe Espagnole,
Saint-Omer, Besançon, Dôle,
Ypres, Maestricht et Cambrai.

Mes présages s'accomplissent :
Il commence à chanceler ;
Sous les coups qui retentissent
Ses murs s'en vont s'écrouler.
Mars en feu, qui les domine,
Souffle à grand bruit leur ruine ;
Et les bombes dans les airs,
Allant chercher le tonnerre,
Semblent, tombant sur la terre,
Vouloir s'ouvrir les enfers.

Accourez, Nassau, Bavière,
De ses murs l'unique espoir ;
A couvert d'une rivière,
Venez, vous pouvez tout voir.
Considérez ces approches ;
Voyez grimper sur ces roches
Ces athlètes belliqueux ;
Et dans les eaux, dans la flamme,
Louis, à tout donnant l'âme,
Marcher, courir avec eux.

Contemplez dans la tempête
Qui sort de ces boulevards
La plume qui sur sa tête (1)
Attire tous les regards :
A cet astre redoutable
Toujours un sort favorable
S'attache dans les combats ;
Et toujours avec la gloire
Mars amenant la victoire,
Vole, et le suit à grands pas.

Grands défenseurs de l'Espagne,

---

(1) Louis XIV portait toujours, à l'armée, une plume blanche sur son chapeau.

DE NAMUR.

Montrez-vous, il en est temps.
Courage! vers la Méhagne (1)
Voilà vos drapeaux flottants.
Jamais ses ondes craintives
N'ont vu sur leurs faibles rives
Tant de guerriers s'amasser.
Courez donc. Qui vous retarde?
Tout l'univers vous regarde :
N'osez-vous la traverser?

Loin de fermer le passage
A vos nombreux bataillons,
Luxembourg a du rivage
Reculé ses pavillons.
Quoi! leur seul aspect vous glace!
Où sont ces chefs pleins d'audace
Jadis si prompts à marcher,
Qui devaient, de la Tamise
Et de la Drave (2) soumise,
Jusqu'à Paris nous chercher?

Cependant l'effroi redouble
Sur les remparts de Namur :
Son gouverneur qui se trouble
S'enfuit sous son dernier mur.
Déjà jusques à ses portes
Je vois monter nos cohortes,
La flamme et le fer en main :
Et sur les monceaux de piques,
De corps morts, de rocs, de briques,
S'ouvrir un large chemin.

C'en est fait. Je viens d'entendre
Sur ces rochers éperdus
Battre un signal pour se rendre;
Le feu cesse, ils sont rendus.
Dépouillez votre arrogance,

(1) Rivière près de Namur.
(2) Rivière qui se jette dans le Danube, près d'Eszek, en Esclavonie (empire d'Autriche).

Fiers ennemis de la France ;
Et, désormais gracieux,
Allez à Liége, à Bruxelles,
Porter les humbles nouvelles
De Namur pris à vos yeux.

Pour moi, que Phébus anime
De ses transports les plus doux,
Rempli de ce dieu sublime,
Je vais, plus hardi que vous,
Montrer que sur le Parnasse,
Des bois fréquentés d'Horace
Ma muse dans son déclin
Sait encor les avenues,
Et des sources inconnues
A l'auteur du *Saint-Paulin* (1).

ODE
CONTRE LES ANGLAIS (2).

Quoi ! ce peuple aveugle en son crime
Qui, prenant son roi pour victime (3),
Fit du trône un théâtre affreux,
Pense-t-il que le ciel, complice
D'un si funeste sacrifice,
N'a pour lui ni foudre ni feux ?

Déjà sa flotte à pleines voiles,
Malgré les vents et les étoiles,

---

(1) Poëme héroïque de Perrault.
(2) Cette ode fut faite sur un bruit qui courut, en 1656, que Cromwell et les Anglais allaient faire la guerre à la France. Boileau n'avait que vingt ans quand il fit cette pièce : mais il l'a retouchée.
(3) Charles 1er, mis à mort par ses sujets rebelles, en 1649.

ODE CONTRE LES ANGLAIS.

Veut maîtriser tout l'univers,
Et croit que l'Europe étonnée
A son audace forcenée
Va céder l'empire des mers.

Arme-toi, France, prends la foudre :
C'est à toi de réduire en poudre
Ces sanglants ennemis des lois.
Suis la Victoire qui t'appelle,
Et va sur ce peuple rebelle
Venger la querelle des rois.

Jadis on vit ces parricides,
Aidés de nos soldats perfides,
Chez nous au comble de l'orgueil,
Briser tes plus fortes murailles,
Et par le gain de vingt batailles
Mettre tous les peuples en deuil.

Mais bientôt le ciel en colère,
Par la main d'une humble bergère (1)
Renversant tous leurs bataillons,
Borna leurs succès et nos peines ;
Et leurs corps, pourris dans nos plaines,
N'ont fait qu'engraisser nos sillons.

(1) Jeanne d'Arc, ou la Pucelle d'Orléans

STANCES

A MOLIÈRE,

SUR SA COMÉDIE DE L'ÉCOLE DES FEMMES.

En vain mille jaloux esprits,
Molière, osent avec mépris
Censurer ton plus bel ouvrage :
Sa charmante naïveté
S'en va pour jamais d'âge en âge
Divertir la postérité.

Que tu ris agréablement !
Que tu badines savamment !
Celui qui sut vaincre Numance (1),
Qui mit Carthage sous sa loi,
Jadis sous le nom de Térence
Sut-il mieux badiner que toi ?

Ta muse avec utilité
Dit plaisamment la vérité.
Chacun profite à ton école :
Tout en est beau, tout en est bon ;
Et ta plus burlesque parole
Est souvent un docte sermon.

Laisse gronder tes envieux ;
Ils ont beau crier en tous lieux
Qu'en vain tu charmes le vulgaire,
Que tes vers n'ont rien de plaisant.
Si tu savais un peu moins plaire,
Tu ne leur déplairais pas tant.

(1) Scipion l'Africain.

SONNET

SUR LA MORT D'UNE PARENTE.

1651.

Nourri dès le berceau près de la jeune Orante,
Et non moins par le cœur que par le sang lié,
A ses jeux innocents enfant associé,
Je goûtais les douceurs d'une amitié charmante :

Quand un faux Esculape, à cervelle ignorante,
A la fin d'un long mal vainement pallié,
Rompant de ses beaux jours le fil trop délié,
Pour jamais me ravit mon aimable parente.

Oh! qu'un si rude coup me fit verser de pleurs !
Bientôt, la plume en main, signalant mes douleurs,
Je demandai raison d'un acte si perfide.

Oui, j'en fis dès quinze ans ma plainte à l'univers,
Et l'ardeur de venger ce barbare homicide
Fut le premier démon qui m'inspira des vers.

ÉPIGRAMMES
ET INSCRIPTIONS.

I.

A UN MÉDECIN (1).

Oui, j'ai dit dans mes vers qu'un célèbre assassin,
Laissant de Galien la science infertile,
D'ignorant médecin devint maçon habile ;
Mais de parler de vous je n'eus jamais dessein,
    Perrault, ma muse est trop correcte.
Vous êtes, je l'avoue, ignorant médecin,
    Mais non pas habile architecte.

(1) Cette épigramme fut composée après la publication de l'*Art poétique*, où Boileau avait fait, au commencement du quatrième chant, la métamorphose d'un médecin en architecte.

II.

A RACINE.

Racine, plains ma destinée :
C'est demain la triste journée
Où le prophète Desmarets (1)
Va me percer de mille traits.
C'en est fait ! mon heure est venue ;
Non que ma muse, soutenue

(1) Desmarets de Saint-Sorlin avait entrepris une critique générale des œuvres de Boileau ; le poëte, qui en fut averti, prévint la critique par cette épigramme. Saint-Sorlin s'était érigé en homme inspiré et en prophète.

De tes judicieux avis,
N'ait assez de quoi le confondre :
Mais, cher ami, pour lui répondre,
Hélas! il faut lire Clovis (1).

(1) Poëme de Desmarets, ennuyeux à la mort. (BOILEAU.)

III.

CONTRE SAINT-SORLIN.

1670.

Dans le Palais, hier, Bilain (1)
Voulait gager contre Ménage
Qu'il était faux que Saint-Sorlin
Contre Arnauld eût fait un ouvrage.
« Il en a fait, j'en sais le temps,
Dit un des plus fameux libraires.
Attendez... C'est depuis vingt ans ;
On en tira cent exemplaires. »
« C'est beaucoup, dis-je en m'approchant ;
La pièce n'est pas si publique. »
« Il faut compter, dit le marchand ;
Tout est encor dans ma boutique. »

(1) Avocat, alors célèbre.

IV.

A PRADON ET BONNECORSE (1).

1686.

Venez, Pradon et Bonnecorse,
Grands écrivains de même force,
De vos vers recevoir le prix :
Venez prendre dans mes écrits
La place que vos noms demandent ;
Linière et Perrin vous attendent.

(1) Pradon et Bonnecorse avaient publié chacun un volume d'injures contre l'auteur. Le premier avait fait une mauvaise critique des œuvres de Boileau, sous ce titre : *Le triomphe de Pradon* ; et le second avait composé *le Lutrigot*, qui est une sotte imitation du *Lutrin*, contre l'auteur du *Lutrin* même.

V.

SUR UNE MAUVAISE SATIRE QUE L'ABBÉ COTIN AVAIT FAITE, ET QU'IL FAISAIT COURIR SOUS MON NOM.

Avant 1670.

En vain par mille et mille outrages
Mes ennemis, dans leurs ouvrages,
Ont cru me rendre affreux aux yeux de l'univers ;
Cotin, pour décrier mon style,
A pris un chemin plus facile :
C'est de m'attribuer ses vers.

VI.

CONTRE LE MÊME (1).

Avant 1670.

A quoi bon tant d'efforts, de larmes et de cris,
Cotin, pour faire ôter ton nom de mes ouvrages ?
Si tu veux du public éviter les outrages,
Fais effacer ton nom de tes propres écrits.

(1) Originairement cette épigramme avait été faite contre Quinault, parce qu'il avait imploré l'autorité du roi pour obtenir que son nom fût ôté des satires de l'auteur ; mais ce moyen-là n'ayant pas réussi, il rechercha l'amitié de Boileau, qui mit *Cotin* à la place de *Quinault* dans cette épigramme.

VII.

CONTRE UN ATHÉE (1).

Avant 1670.

ALIDOR, assis dans sa chaise,
Médisant du ciel à son aise,
Peut bien médire aussi de moi.
Je ris de ses discours frivoles :
On sait fort bien que ses paroles
Ne sont pas articles de foi.

(1) Boileau avait mis la conversion de Saint-Pavin au rang des impossibilités morales, dans ces mots de la satire I : *Et Saint-Pavin bigot.* Saint-Pavin se vengea par un sonnet auquel Boileau répondit par cette épigramme. On lisait dans le premier vers : *Saint-Pavin grimpé sur sa chaise.* Il était tellement goutteux qu'il ne pouvait marcher, et il était toujours assis dans un fauteuil fort élevé.

VIII.

VERS EN STYLE DE CHAPELAIN, POUR METTRE A LA FIN DE SON POEME DE LA PUCELLE.

Avant 1677.

MAUDIT soit l'auteur dur, dont l'âpre et rude verve,
Son cerveau tenaillant, rima malgré Minerve ;
Et, de son lourd marteau martelant le bon sens,
A fait de méchants vers douze fois douze cents (1) !

(1) La *Pucelle* contenait 24 chants, chacun de 1200 vers ; Il n'en parut que 12 chants. Chapelain, découragé par la chute subite de son poëme, n'osa pas en publier la suite.

IX.

IMITATION DE MARTIAL (1).

PAUL, ce grand médecin, l'effroi de son quartier,
Qui causa plus de maux que la peste et la guerre,
Est curé maintenant, et met les gens en terre :
  Il n'a point changé de métier.

(1) Martial, liv. I, v. 48 :
  Nuper erat medicus, nunc est vespillo Diaulus.
  Quod vespillo facit, fecerat et medicus.

X.

SUR UNE HARANGUE D'UN MAGISTRAT, DANS LAQUELLE LES PROCUREURS ÉTAIENT FORT MALTRAITÉS.

LORSQUE dans ce sénat, à qui tout rend hommage,
  Vous haranguez en vieux langage,

Paul, j'aime à vous voir en fureur
Gronder maint et maint procureur ;
Car leurs chicanes sans pareilles
Méritent bien ce traitement :
Mais que vous ont fait nos oreilles,
Pour les traiter si rudement ?

XI.

SUR L'AGÉSILAS DE CORNEILLE.

1666.

J'AI vu l'Agésilas.
   Hélas !

XII.

SUR L'ATTILA DU MÊME AUTEUR.

1667.

APRÈS l'Agésilas,
   Hélas !
Mais après l'Attila,
   Holà !

XIII.

SUR LA MANIÈRE DE RÉCITER DU POETE SANTEUL (1).

Avant 1690.

QUAND j'aperçois sous ce portique
Ce moine au regard fanatique,

---

(1) Jean-Baptiste Santeul, chanoine régulier de Saint-Victor, a été

Lisant ses vers audacieux
Faits pour les habitants des cieux,
Ouvrir une bouche effroyable,
S'agiter, se tordre les mains ;
Il me semble en lui voir le diable,
Que Dieu force à louer les saints.

un des plus fameux poëtes latins du xviie siècle. Il a fait surtout de très-belles hymnes à la louange des saints. Quand il eut fait celle de saint Louis, il alla les présenter au roi, et les récita de la manière qu'il récitait tous ses vers, c'est-à-dire en s'agitant comme un possédé, et faisant des contorsions et des grimaces qui firent beaucoup rire les courtisans. Boileau, qui se trouva là, fit cette épigramme sur-le-champ ; et, étant sorti pour l'écrire, il la remit au duc de..., qui la porta au roi comme si c'eût été un papier d'importance. Le roi la lut et la rendit en souriant à ce même seigneur, qui eut la malice de la lire à d'autres courtisans en présence de Santeul même. Elle était ainsi :

A voir de quel air effroyable,
Roulant les yeux, tordant les mains,
Santeul nous lit ses hymnes vains,
Dirait-on pas que c'est le diable
Que Dieu force à louer les saints ?

XIV.

A LA FONTAINE DE BOURBON (1).

1687.

Oui, vous pouvez chasser l'humeur apoplectique,
Rendre le mouvement au corps paralytique,
Et guérir tous les maux les plus invétérés :
Mais quand je lis ces vers par votre onde inspirés,
Il me paraît, admirable fontaine,
Que vous n'eûtes jamais la vertu d'Hippocrène.

(1) Bourbon-l'Archambault, où l'auteur était allé prendre les eaux, et où il trouva un poëte médiocre qui lui montra des vers de sa façon.

XV.

L'AMATEUR D'HORLOGES (1).

Sans cesse autour de six pendules,
De deux montres, de trois cadrans,
Lubin, depuis trente et quatre ans,
Occupe ses soins ridicules.
Mais à ce métier, s'il vous plaît,
A-t-il acquis quelque science?
Sans doute; et c'est l'homme de France
Qui sait le mieux l'heure qu'il est.

(1) *Lettre de l'auteur, du 6 mars 1705.*

« Lubin est un de mes parents, qui est mort il y a plus de vingt ans. et qui avait la folie que j'attaque dans mon épigramme. Il était secrétaire du roi, et s'appelait M. Targas. J'avais dit, lui vivant, le mot dont j'ai composé le sel de cette épigramme, qui n'a été faite que depuis environ deux mois, chez moi, à Auteuil, où couchait l'abbé de Châteauneuf. Le soir, en m'entretenant avec lui, je m'étais souvenu du mot dont il est question. Il l'avait trouvé fort plaisant; et sur cela nous étions convenus l'un et l'autre qu'avant tout, pour faire une bonne épigramme, il fallait dire en conversation le mot qu'on veut y mettre à la fin, et voir s'il frapperait. Celui-ci donc l'ayant frappé, je le lui rapportai le lendemain au matin, construit en épigramme telle que je vous l'ai envoyée, etc. »

XVI.

SUR CE QU'ON AVAIT LU A L'ACADÉMIE DES VERS CONTRE HOMÈRE ET CONTRE VIRGILE (1).

1687.

Clio vint l'autre jour se plaindre au dieu des vers
    Qu'en certain lieu de l'univers

(1) C'était un poëme de Perrault, intitulé *Le siècle de Louis le Grand*, dans lequel Homère, Virgile, et la plupart des meilleurs écrivains de l'antiquité, étaient fort maltraités.

On traitait d'auteurs froids, de poëtes stériles,
  Les Homères et les Virgiles.
Cela ne saurait être, on s'est moqué de vous,
  Reprit Apollon en courroux.
Où peut-on avoir dit une telle infamie ?
Est-ce chez les Hurons (1), chez les Topinambous (2)?
— C'est à Paris. — C'est donc dans l'hôpital des fous ?
  — Non, c'est au Louvre, en pleine Académie.

(1) Peuples sauvages de l'Amérique septentrionale.
(2) Peuples sauvages du Brésil, dans une île de la rivière des Amazones. On les appelle aussi *Tupinambas*.

XVII.

SUR LE MÊME SUJET.

1687.

J'ai traité de Topinambous
 Tous ces beaux censeurs, je l'avoue,
Qui, de l'antiquité si follement jaloux,
Aiment tout ce qu'on hait, blâment tout ce qu'on loue ;
  Et l'Académie, entre nous,
  Souffrant chez soi de si grands fous,
  Me semble un peu Topinamboue.

XVIII.

SUR LE MÊME SUJET.

Ne blâmez pas Perrault de condamner Homère,
  Virgile, Aristote, Platon ;
  Il a pour lui monsieur son frère,
 G..., N..., Lavau, Caligula, Néron (1) ;
  Et le gros Charpentier (2), dit-on.

(1) Néron et Caligula proscrivirent ces auteurs anciens.
(2) Littérateur placé par Colbert à la tête de l'Académie des inscriptions, lors de sa fondation.

XIX.

A PERRAULT, SUR LE MÊME SUJET.

1962.

Pour quelque vain discours sottement avancé
Contre Homère, Platon, Cicéron ou Virgile,
Caligula partout fut traité d'insensé (1),
Néron de furieux, Adrien d'imbécile (2).
    Vous donc qui, dans la même erreur,
Avec plus d'ignorance et non moins de fureur,
Attaquez ces héros de la Grèce et de Rome,
    Perrault, fussiez-vous empereur,
    Comment voulez-vous qu'on vous nomme?

(1) Suétone, *Vie de Caligula*, c. 34.
(2) *Dion*, liv. LXIX.

XX.

SUR LE MÊME SUJET.

D'où vient que Cicéron, Platon, Virgile, Homère,
Et tous ces grands auteurs que l'univers révère,
Traduits dans vos écrits nous paraissent si sots?
Perrault, c'est qu'en prêtant à ces esprits sublimes
Vos façons de parler, vos bassesses, vos rimes,
    Vous les faites tous des Perraults.

XXI.

AU MÊME.

Ton oncle, dis-tu, l'assassin (1),
    M'a guéri d'une maladie.
La preuve qu'il ne fut jamais mon médecin,
    C'est que je suis encore en vie.

(1) Voy. plus haut, p. 230.

XXII.

AU MÊME.

Le bruit court que Bacchus, Junon, Jupiter, Mars,
    Apollon, le dieu des beaux-arts,
Les Ris même, les Jeux, les Grâces et leur mère (1),
    Et tous les dieux enfants d'Homère,
    Résolus de venger leur père,
Jettent déjà sur vous de dangereux regards.
Perrault, craignez enfin quelque triste aventure.
Comment soutiendrez-vous un choc si violent ?
    Il est vrai, Visé vous assure
    Que vous avez pour vous Mercure;
    Mais c'est le *Mercure galant* (2).

(1) Vénus.
(2) Mauvais journal littéraire, fondé et rédigé par Visé.

XXIII.

PARODIE BURLESQUE DE LA PREMIÈRE ODE DE PINDARE A LA LOUANGE DE PERRAULT (1).

MALGRÉ son fatras obscur,
Souvent Brébeuf (2) étincelle.
Un vers noble, quoique dur,
Peut s'offrir dans la Pucelle (3).
Mais, ô ma lyre fidèle !
Si du parfait ennuyeux
Tu veux trouver le modèle,
Ne cherche point dans les cieux
D'astre au soleil préférable ;
Ni, dans la foule innombrable
De tant d'écrivains divers
Chez Coignard (4) rongés des vers,
Un poëte comparable
A l'auteur inimitable
De Peau-d'Ane mis en vers (5).

(1) Boileau avait résolu de parodier toute l'ode ; mais Perrault et lui se raccommodèrent, et il n'y eut que ce couplet de fait.
(2) Traducteur de la Pharsale de Lucain.
(3) Le poëme de Chapelain.
(4) Libraire de Perrault.
(5) Perrault avait rimé le conte de Peau-d'Ane.

XXIV.

SUR LA RÉCONCILIATION DE L'AUTEUR ET DE PERRAULT.

TOUT le trouble poétique
A Paris s'en va cesser :
Perrault l'anti-pindarique
Et Despréaux l'homérique
Consentent de s'embrasser.

Quelque aigreur qui les anime,
Quand, malgré l'emportement,
Comme eux l'un l'autre on s'estime,
L'accord se fait aisément.
Mon embarras est comment
On pourra finir la guerre
De Pradon et du parterre.

XXV.

FABLE D'ÉSOPE.

LE BUCHERON ET LA MORT.

Avant 1670.

Le dos chargé de bois, et le corps tout en eau,
Un pauvre bûcheron, dans l'extrême vieillesse,
Marchait en haletant de peine et de détresse.
Enfin, las de souffrir, jetant là son fardeau,
Plutôt que de s'en voir accablé de nouveau,
Il souhaite la Mort, et cent fois il l'appelle.
La Mort vint à la fin : Que veux-tu? cria-t-elle.
Qui? moi! dit-il alors, prompt à se corriger :
  Que tu m'aides à me charger

XXVI.

LE DÉBITEUR RECONNAISSANT.

1681.

Je l'assistai dans l'indigence ;
Il ne me rendit jamais rien.
Mais, quoiqu'il me dût tout son bien,
Sans peine il souffrait ma présence.
Oh ! la rare reconnaissance !

XXVII.

VERS POUR METTRE AU-DEVANT DE LA MACARISE, ROMAN ALLÉGORIQUE DE L'ABBÉ D'AUBIGNAC, OU L'ON EXPLIQUAIT TOUTE LA MORALE DES STOICIENS.

Laches partisans d'Épicure,
Qui, brûlant d'une flamme impure,
Du Portique fameux (1) fuyez l'austérité,
Souffrez qu'enfin la raison vous éclaire.
Ce roman, plein de vérité,
Dans la vertu la plus sévère
Vous peut faire aujourd'hui trouver la volupté.

(1) L'école de Zénon, qui se trouvait sous un portique d'Athènes.

XXVIII.

SUR UN PORTRAIT DE ROSSINANTE, CHEVAL DE DON QUICHOTTE (1).

Avant 1660.

Tel fut ce roi des bons chevaux,
Rossinante, la fleur des coursiers d'Ibérie,
Qui, trottant jour et nuit et par monts et par vaux,
Galopa, dit l'histoire, une fois en sa vie.

(1) Roman de l'Espagnol Michel de Cervantes.

XXIX.

SUR HOMÈRE

Ἤειδον μὲν ἐγών· ἐχάρασσε δὲ θεῖος Ὅμηρος (1).

Cantabam quidem ego ; scribebat autem dius Homerus.

1702.

Quand la dernière fois, dans le sacré vallon,
La troupe des neuf Sœurs, par l'ordre d'Apollon,
   Lut l'Iliade et l'Odyssée,
Chacune à les louer se montrant empressée :
« Apprenez un secret qu'ignore l'univers,
   Leur dit alors le dieu des vers :
Jadis avec Homère, aux rives du Permesse,
Dans ce bois de lauriers où seul il me suivait,
Je les fis toutes deux, plein d'une douce ivresse :
   Je chantais, Homère écrivait. »

(1) Vers grec de l'Anthologie.

XXX.

VERS POUR METTRE SOUS LE BUSTE DU ROI (1)

1687.

C'est ce roi si fameux dans la paix, dans la guerre,
Qui seul fait à son gré le destin de la terre.
Tout reconnaît ses lois, ou brigue son appui.
De ses affreux combats le Rhin frémit encore ;
Et l'Europe, en cent lieux, a vu fuir devant lui
Tous ces héros si fiers, que l'on voit aujourd'hui
Faire fuir l'Ottoman au delà du Bosphore.

(1) Ces vers furent destinés à servir d'inscription au buste de Louis XIV, fait par le fameux Girardon, l'année que les Allemands prirent Belgrade, en 1687.

XXXI.

VERS POUR METTRE AU BAS DU PORTRAIT DE Mlle DE LAMOIGNON (1), SOEUR DU PREMIER PRÉSIDENT.

1687.

Aux sublimes vertus nourrie en sa famille,
    Cette admirable et sainte fille
En tous lieux signala son humble piété ;
Jusqu'aux climats où naît et finit la clarté (2),
Fit ressentir l'effet de ses soins secourables ;
Et, jour et nuit, pour Dieu pleine d'activité,
Consuma son repos, ses biens et sa santé
A soulager les maux de tous les misérables.

(1) Voy. le *Lutrin*, ch. VI, v. 126.
(2) Elle faisait avoir de l'argent à beaucoup de missionnaires dans les Indes orientales et occidentales.

XXXII.

VERS POUR METTRE AU BAS DU PORTRAIT DE TAVERNIER, LE CÉLÈBRE VOYAGEUR.

1670.

De Paris à Delhi (1), du couchant à l'aurore,
Ce fameux voyageur courut plus d'une fois ;
De l'Inde et de l'Hydaspe (2) il fréquenta les rois,
Et sur les bords du Gange on le révère encore.
En tous lieux sa vertu fut son plus sûr appui ;
Et, bien qu'en nos climats de retour aujourd'hui,
    En foule à nos yeux il présente

(1) Capitale de l'empire du grand Mogol, dans les Indes orientales.
(2) Fleuve du même pays.

Les plus rares trésors que le soleil enfante (1),
Il n'a rien rapporté de si rare (2) que lui.

(1) Il était revenu des Indes avec près de trois millions en pierreries.
(2) Ce mot a deux sens. Tavernier, quoique homme de mérite, était grossier, et même un peu original.

XXXIII.

VERS POUR METTRE AU BAS DU PORTRAIT DE MON PÈRE (1).

1690.

Ce greffier, doux et pacifique,
De ses enfants au sang critique
N'eut point le talent redouté ;
Mais, fameux par sa probité,
Reste de l'or du siècle antique,
Sa conduite dans le Palais,
Partout pour exemple citée,
Mieux que leur plume si vantée
Fit la satire des Rolets (2).

(1) Gilles Boileau, greffier de la grand'chambre du parlement. Voy. ép. X.
(2) Voy. sat. I, v. 52.

XXXIV.

ÉPITAPHE DE LA MÈRE DE L'AUTEUR (1).

1670.

Épouse d'un mari doux, simple, officieux,
Par la même douceur je sus plaire à ses yeux :
Nous ne sûmes jamais ni railler ni médire.
Passant, ne t'enquiers point si de cette bonté
Tous mes enfants ont hérité :
Lis seulement ces vers, et garde-toi d'écrire.

(1) Anne de Nyélé, seconde femme de Boileau le greffier. Voy. ép. X, v. 97. C'est elle-même qui parle ici.

XXXV.

SUR UN FRÈRE AÎNÉ (1) QUE J'AVAIS, ET AVEC QUI J'ÉTAIS BROUILLÉ.

De mon frère, il est vrai, les écrits sont vantés :
Il a cent belles qualités ;
Mais il n'a point pour moi d'affection sincère.
En lui je trouve un excellent auteur,
Un poëte agréable, un très-bon orateur,
Mais je n'y trouve point de frère.

(1) Gilles Boileau, de l'Académie française.

XXXVI.

VERS POUR METTRE SOUS LE PORTRAIT DE LA BRUYÈRE, AU-DEVANT DE SON LIVRE DES CARACTÈRES DE CE SIÈCLE.

1687.

Tout esprit orgueilleux qui s'aime
Par mes leçons se voit guéri,
Et dans mon livre si chéri
Apprend à se haïr soi-même.

XXXVII.

VERS POUR METTRE AU BAS DU PORTRAIT DE RACINE.

1699.

Du théâtre français l'honneur et la merveille,
Il sut ressusciter Sophocle en ses écrits ;
Et, dans l'art d'enchanter les cœurs et les esprits,
Surpasser Euripide et balancer Corneille.

XXXVIII.

VERS POUR METTRE AU BAS DE MON PORTRAIT.

1704.

M. le Verrier (1), mon illustre ami, ayant fait graver mon portrait par Drevet, célèbre graveur, fit mettre au bas de ce portrait quatre vers où l'on me fait ainsi parler :

Au joug de la raison asservissant la rime,
Et, même en imitant, toujours original,
J'ai su dans mes écrits, docte, enjoué, sublime,
Rassembler en moi Perse, Horace et Juvénal.

(1) C'était un financier, connu par quelques travers, mais ami dévoué.

XXXIX.

RÉPONSE AUX VERS DU PORTRAIT.

1704.

Oui, le Verrier, c'est là mon fidèle portrait ;
    Et le graveur, en chaque trait,
A su très-finement tracer sur mon visage
De tout faux bel-esprit l'ennemi redouté.
Mais, dans les vers pompeux qu'au bas de cet ouvrage
Tu me fais prononcer avec tant de fierté,
    D'un ami de la vérité
    Qui peut reconnaître l'image ?

XL.

POUR UN AUTRE PORTRAIT DU MÊME.

1699.

Ne cherchez point comment s'appelle
L'écrivain peint dans ce tableau :
A l'air dont il regarde et montre la Pucelle,
Qui ne reconnaîtrait Boileau ?

XLI.

VERS POUR METTRE AU BAS D'UNE MÉCHANTE GRAVURE QU'ON A FAITE DE MOI.

1704.

Du célèbre Boileau tu vois ici l'image (1).
Quoi ! c'est là, diras-tu, ce critique achevé !
D'où vient le noir chagrin qu'on lit sur son visage ?
C'est de se voir si mal gravé.

(1) Cette gravure était faite sur un portrait de l'auteur, peint par Bouis. Le graveur ayant achevé son ouvrage, vint trouver Boileau, et le pria de lui donner des vers pour mettre au bas de sa gravure. Boileau lui répondit qu'il n'était pas assez fat pour dire du bien de lui-même, ni assez sot pour en dire du mal. Cependant, quand le graveur fut sorti, ayant fait réflexion sur l'air renfrogné du portrait, la pensée de cette épigramme lui vint à l'esprit, et il la rima sur-le-champ.

XLII.

SUR MON BUSTE DE MARBRE FAIT PAR M. GIRARDON, PREMIER SCULPTEUR DU ROI.

Grace au Phidias (1) de notre âge,
Me voilà sûr de vivre autant que l'univers ;
Et, ne connût-on plus ni mon nom ni mes vers,
Dans ce marbre fameux, taillé sur (2) mon visage,
De Girardon (3) toujours on vantera l'ouvrage.

(1) Célèbre statuaire d'Athènes (ve siècle avant J.-C.).
(2) Pour *d'après*.
(3) Né en 1630 et mort en 1715, le même jour que Louis XIV.

XLIII.

CONTRE LES SIEURS BOYER (1) ET DE LA CHAPELLE (2).

J'approuve que chez vous, messieurs, on examine
Qui, du pompeux Corneille ou du tendre Racine,
Excita dans Paris plus d'applaudissements ;
    Mais je voudrais qu'on cherchât tout d'un temps
        (La question n'est pas moins belle)
Qui, du fade Boyer ou du sec la Chapelle,
        Excita plus de sifflements.

(1) Voy. *Art poétique*, c. IV, v. 34.
(2) Jean de la Chapelle (1655-1723), auteur de plusieurs ouvrages en prose, et de tragédies, entre autres *Cléopâtre*, qui eut vingt-neuf représentations consécutives.

CHAPELAIN DÉCOIFFÉ,

ou

PARODIE (1) DE QUELQUES SCÈNES DU CID,

SUR CHAPELAIN, CASSAIGNE ET LA SERRE.

SCÈNE PREMIÈRE.

LA SERRE, CHAPELAIN.

LA SERRE.
Enfin vous l'emportez, et la faveur du roi
Vous accable des dons qui n'étaient dus qu'à moi :
On voit rouler chez vous tout l'or de la Castille.
CHAPELAIN.
Les trois mille francs qu'il met dans ma famille
Témoignent mon mérite, et font connaître assez
Qu'on ne hait pas mes vers, pour être un peu forcés.
LA SERRE.
Pour grands que soient les rois, ils sont ce que nous sommes :
Ils se trompent en vers comme les autres hommes ;

---

(1) Cette parodie fut faite lorsque Louis XIV eut commencé à donner des pensions aux gens de lettres. Chapelain en eut une de 3000 livres, et Cassaigne une moins considérable. La Serre n'en put point obtenir. La scène est au carrefour de la rue Plâtrière, au retour de l'Académie française, dont les assemblées se tenaient alors chez le chancelier Seguier, son protecteur.

Boileau n'était pas l'auteur de cette parodie. [Voici comment il s'en explique dans une lettre du 10 décembre 1701 : « A l'égard de *Chapelain décoiffé*, c'est une pièce où je confesse que M. Racine et moi « avons eu quelque part ; mais nous n'y avons jamais travaillé qu'à ta-« ble, le verre à la main. Il n'a pas été proprement fait *currente ca-« lamo*, mais *currente lagena*, et nous n'en avons jamais écrit un seul « mot. Il n'était point comme celui que vous m'avez envoyé, qui a été « vraisemblablement composé après coup par des gens qui avaient re-

Et ce choix sert de preuve à tous les courtisans
Qu'à de méchants auteurs ils font de beaux présents.

CHAPELAIN.

Ne parlons point du choix dont votre esprit s'irrite :
La cabale l'a fait, plutôt que le mérite.
Vous choisissant peut-être, on eût pu mieux choisir ;
Mais le roi m'a trouvé plus propre à son désir.
A l'honneur qu'il me fait ajoutez-en un autre :
Unissons désormais ma cabale à la vôtre ;
J'ai mes prôneurs aussi ; quoiqu'un peu moins fréquents,
Depuis que mes sonnets ont détrompé les gens.
Si vous me célébrez, je dirai que la Serre
Volume sur volume incessamment desserre (1) ;
Je parlerai de vous avec monsieur Colbert (2) ;
Et vous éprouverez si mon amitié sert :
Ma nièce même en vous peut rencontrer un gendre.

LA SERRE.

A de plus hauts partis Philippote peut prétendre ;
Et le nouvel éclat de cette pension
Lui doit bien mettre au cœur une autre ambition.
Exerce nos rimeurs, et vante notre prince ;
Va te faire admirer chez les gens de province ;
Fais marcher en tous lieux les rimeurs sous ta loi ;
Sois des flatteurs l'amour, et des railleurs l'effroi ;

« tenu quelques-unes de nos pensées, mais qui y ont mêlé des bassesses
« insupportables. Je n'y ai reconnu de moi que ce trait :

    Mille et mille papiers dont la table est couverte
    Semblent porter écrit le dessein de ma perte.

« Et celui-ci :

    En cet affront la Serre est le tondeur,
    Et le tondu, père de la Pucelle.

« Celui qui avait le plus de part à cette pièce, c'était Furetière, et
« c'est de lui qu'est :

    O perruque ma mie,
    N'as-tu donc tant vécu que pour cette infamie !

« Voilà, monsieur, toutes les lumières que je puis donner sur cet ou-
« vrage, qui n'est ni de moi, ni digne de moi. »

(1) Expression tirée de Saint-Amand, qui avait dit, dans son *Poète
crotté* :

    Et même depuis peu la Serre,
    Qui livre sur livre desserre.

(2) Ce grand ministre avait inspiré à Louis XIV de donner des pensions aux gens de lettres, et Chapelain fut chargé d'en faire la liste.

Joins à ces qualités celles d'une âme vaine :
Montre-leur comme il faut endurcir une veine,
Au métier de Phébus bander tous les ressorts,
Endosser nuit et jour un rouge justaucorps (1) ;
Pour avoir de l'encens donner une bataille ;
Ne laisser de sa bourse échapper une maille.
Surtout sers-leur d'exemple, et ressouviens-toi bien
De leur former un style aussi dur que le tien.

CHAPELAIN.

Pour s'instruire d'exemple, en dépit de Linière (2),
Ils liront seulement ma Jeanne tout entière ;
Là, dans un long tissu d'amples narrations,
Ils verront comme il faut berner les nations ;
Duper d'un grave ton gens de robe et d'armée,
Et sur l'erreur des sots bâtir sa renommée.

LA SERRE.

L'exemple de la Serre a bien plus de pouvoir ;
Un auteur, dans ton livre, apprend mal son devoir.
Et qu'a fait, après tout, ce grand nombre de pages,
Que ne puisse égaler un de mes cent ouvrages ?
Si tu fus grand flatteur, je le suis aujourd'hui ;
Et ce bras de la presse est le plus ferme appui.
Bilaine et de Serci sans moi seraient des drilles ;
Mon nom seul au Palais nourrit trente familles :
Les marchands fermeraient leur boutique sans moi,
Et, s'ils ne m'avaient plus, ils n'auraient plus d'emploi.
Chaque heure, chaque instant fait sortir de ma plume
Cahier dessus (3) cahier, volume sur volume.
Mon valet, écrivant ce que j'aurais dicté,
Ferait un livre entier, marchant à mon côté ;
Et, loin de ces durs vers qu'à mon style on préfère,
Il deviendrait auteur en me regardant faire.

CHAPELAIN.

Tu me parles en vain de ce que je connoi ;
Je t'ai vu rimailler et traduire sous moi :

---

(1) Quand Chapelain était chez lui, il portait toujours un justaucorps rouge, en guise de robe de chambre.
(2) Il avoit écrit contre le poëme de *la Pucelle* de Chapelain.
(3) Pour *sur*.

Si j'ai traduit Gusman (1), si j'ai fait sa préface,
Ton galimatias a bien rempli ma place.
Enfin, pour m'épargner ces discours superflus,
Si je suis grand flatteur, tu l'es, et tu le fus.
Tu vois bien cependant qu'en cette concurrence
Un monarque entre nous met de la différence.

LA SERRE.

Ce que je méritais, tu me l'as emporté.

CHAPELAIN.

Qui l'a gagné sur toi l'avait mieux mérité.

LA SERRE.

Qui sait mieux composer en est bien le plus digne.

CHAPELAIN.

En être refusé n'en est pas un bon signe.

LA SERRE.

Tu l'as gagné par brigue, étant vieux courtisan.

CHAPELAIN.

L'éclat de mes grands vers fut seul mon partisan.

LA SERRE.

Parlons-en mieux : le roi fait honneur à ton âge.

CHAPELAIN.

Le roi, quand il en fait, le mesure à l'ouvrage.

LA SERRE.

Et par là je devais emporter ces ducats.

CHAPELAIN.

Qui ne les obtient point ne les mérite pas.

LA SERRE.

Ne les mérite pas ! moi !

CHAPELAIN.
Toi.

LA SERRE.
Ton insolence,
Téméraire vieillard, aura sa récompense.

(*Il lui arrache sa perruque.*)

CHAPELAIN.

Achève, et prends ma tête après un tel affront,
Le premier dont ma muse a vu rougir son front.

LA SERRE.

Et que penses-tu faire avec tant de faiblesse ?

(1) Chapelain avait traduit de l'espagnol le roman de Gusman d'Alfarache.

PARODIE.

CHAPELAIN.
O dieux ! mon Apollon en ce besoin me laisse.
LA SERRE.
Ta perruque est à moi ; mais tu serais trop vain,
Si ce sale trophée avait souillé ma main.
Adieu ; fais lire au peuple, en dépit de Linière,
De tes fameux travaux l'histoire tout entière :
D'un insolent discours ce juste châtiment
Ne lui servira pas d'un petit ornement.
CHAPELAIN.
Rends-moi donc ma perruque.
LA SERRE.
     Elle est trop malhonnête.
De tes lauriers sacrés va te couvrir la tête.
CHAPELAIN.
Rends la calotte au moins.
LA SERRE.
    Va, va, tes cheveux d'ours
Ne pourraient sur ta tête encor durer trois jours.

SCÈNE II.

CHAPELAIN seul.

O rage ! ô désespoir ! ô perruque ma mie !
N'as-tu donc tant vécu que pour cette infamie ?
N'as-tu trompé l'espoir de tant de perruquiers
Que pour voir en un jour flétrir tant de lauriers ?
Nouvelle pension fatale à ma calotte,
Précipice élevé qui te jette en la crotte,
Cruel ressouvenir de tes honneurs passés,
Services de vingt ans en un jour effacés !
Faut-il de ton vieux poil voir triompher la Serre,
Et te mettre crottée, ou te laisser à terre ?
La Serre, sois d'un roi maintenant régalé ;
Ce haut rang n'admet pas un poëte pelé ;
Et ton jaloux orgueil, par cet affront insigne,
Malgré le choix du roi, m'en a su rendre indigne.

Et toi, de mes travaux glorieux instrument,
Mais d'un esprit de glace inutile ornement,
Plume jadis vantée, et qui, dans cette offense,
M'as servi de parade et non pas de défense,
Va, quitte désormais le dernier des humains ;
Passe pour me venger en de meilleures mains.
Si Cassaigne a du cœur, et s'il est mon ouvrage,
Voici l'occasion de montrer son courage ;
Son esprit est le mien, et le mortel affront
Qui tombe sur mon chef rejaillit sur son front.

SCÈNE III.

CHAPELAIN, CASSAIGNE.

CHAPELAIN.

CASSAIGNE, as-tu du cœur ?
CASSAIGNE.
       Tout autre que mon maître
L'éprouverait sur l'heure.
CHAPELAIN.
       Ah ! c'est comme il faut être.
Digne ressentiment à ma douleur bien doux !
Je reconnais ma verve à ce noble courroux.
Ma jeunesse revit en cette ardeur si prompte.
Mon disciple, mon fils, viens réparer ma honte,
Viens me venger.
CASSAIGNE.
  De quoi ?
CHAPELAIN.
      D'un affront si cruel,
Qu'à l'honneur de tous deux il porte un coup mortel ;
D'une insulte.... Le traître eût payé la perruque
Un quart d'écu du moins sans mon âge caduque (1).
Ma plume, que mes doigts ne peuvent soutenir,
Je la remets aux tiens pour écrire et punir.

---

(1) On disait autrefois *caduque* tant au masculin qu'au féminin. Le poëte faisant parler ici Chapelain, auteur suranné, a fort bien pu, conformément à l'ancien usage, lui faire dire *âge caduque*.

Va contre un insolent faire un bon gros ouvrage ;
C'est dedans l'encre seul (1) qu'on lave un tel outrage.
Rime, ou crève. Au surplus, pour ne point te flatter,
Je te donne à combattre un homme à redouter ;
Je l'ai vu fort poudreux, au milieu des libraires,
Se faire un beau rempart de deux mille exemplaires.

CASSAIGNE.

Son nom ? C'est perdre temps en discours superflus.

CHAPELAIN.

Donc, pour te dire encor quelque chose de plus,
Plus enflé que Boyer (2), plus bruyant qu'un tonnerre,
C'est...

CASSAIGNE.

De grâce, achevez.

CHAPELAIN

Le terrible la Serre.

CASSAIGNE.

Le...

CHAPELAIN.

Ne réplique point ; je connais ton fatras (3).
Combats sur ma parole, et tu l'emporteras.
Donnant pour des cheveux ma Pucelle en échange,
J'en vais chercher. Barbouille, écris, rime, et nous venge.

SCÈNE IV.

CASSAIGNE seul.

Percé jusques au fond du cœur
D'une insulte imprévue aussi bien que mortelle,
Misérable vengeur d'une sotte querelle,
D'un avare écrivain chétif imitateur,
Je demeure stérile, et ma veine abattue
    Inutilement sue.
Si près de voir couronner mon ardeur,

(1) Encre *seul* pour *seule* ; faute de français laissée à dessein pour mieux imiter le langage de Chapelain.
(2) Boyer, de l'Académie française.
(3) Le fatras dont tu es capable.

PARODIE.

   Oh ! la peine cruelle !
 En cet affront la Serre est le tondeur,
 Et le tondu, père de la Pucelle.

   Que je sens de rudes combats !
Comme ma pension, mon honneur me tourmente !
Il faut faire un poëme, ou bien perdre une rente :
L'un échauffe mon cœur, l'autre retient mon bras.
Réduit au triste état ou de trahir mon maitre,
   Ou d'aller à Bicêtre (1);
Des deux côtés mon mal est infini.
   Oh ! la peine cruelle !
 Faut-il laisser un la Serre impuni ?
 Faut-il venger l'auteur de la Pucelle ?

   Auteur, perruque, honneur, argent,
Impitoyable loi, cruelle tyrannie,
Je vois gloire perdue, ou pension finie.
D'un côté je suis lâche, et de l'autre indigent.
Cher et chétif espoir d'une veine flatteuse
   Et tout ensemble gueuse,
 Noir instrument, unique gagne-pain,
   Et ma seule ressource,
 M'es-tu donné pour venger Chapelain ?
 M'es-tu donné pour me couper la bourse ?

   Il vaut mieux courir chez Conrart (2);
Il peut me conserver ma gloire et ma finance,
Mettant ces deux rivaux en bonne intelligence.
On sait comme en traités excelle ce vieillard.
S'il n'en vient pas à bout, que Sapho la pucelle (3)
   Vide notre querelle.
 Si pas un d'eux ne me veut secourir,
   Et si l'on me balotte,
 Cherchons la Serre, et, sans tant discourir,
 Traitons du moins, et payons la calotte.

   Traiter sans en tirer raison !

(1) Aller à Bicêtre, c'est aller à l'hôpital, parce que le château de Bicêtre, au-dessus de Gentilly, servait d'hôpital à renfermer les pauvres.
(2) Secrétaire de l'Académie française.
(3) Mademoiselle Scudéry, surnommée Sapho.

Rechercher un marché si funeste à ma gloire !
Souffrir que Chapelain impute à ma mémoire
D'avoir mal soutenu l'honneur de sa toison !
Respecter un vieux poil dont mon âme égarée
      Voit la perte assurée !
N'écoutons plus ce dessein négligent,
      Qui passerait pour crime.
Allons, ma main, du moins sauvons l'argent,
Puisque aussi bien il faut perdre l'estime.

    Oui, mon esprit s'était déçu.
Autant que mon honneur, mon intérêt me presse.
Que je meure en rimant, ou meure de détresse,
J'aurai mon style dur comme je l'ai reçu.
Je m'accuse déjà de trop de négligence.
      Courons à la vengeance ;
Et, tout honteux d'avoir tant de froideur,
      Rimons à tire-d'aile,
Puisque aujourd'hui la Serre est le tondeur,
Et le tondu, père de la Pucelle.

SCÈNE V.

CASSAIGNE, LA SERRE.

CASSAIGNE.

A moi, la Serre, un mot.

LA SERRE.

    Parle.

CASSAIGNE.

          Ote-moi d'un doute.
Connais-tu Chapelain ?

LA SERRE.

    Oui.

CASSAIGNE.

          Parlons bas, écoute.
Sais-tu que ce vieillard fut la même vertu,
Et l'effroi des lecteurs de son temps ? le sais-tu ?

LA SERRE.

Peut-être.

CASSAIGNE.
La froideur qu'en mon style je porte,
Sais-tu que je la tiens de lui seul?
LA SERRE.
Que m'importe?
CASSAIGNE.
A quatre vers d'ici je te le fais savoir.
LA SERRE.
Jeune présomptueux !
CASSAIGNE.
Parle sans t'émouvoir :
Je suis jeune, il est vrai ; mais aux âmes bien nées
La rime n'attend pas le nombre des années.
LA SERRE.
Mais t'attaquer à moi ! Qui t'a rendu si vain,
Toi qu'on ne vit jamais une plume à la main?
CASSAIGNE.
Mes pareils avec toi sont dignes de combattre,
Et pour leurs coups d'essai veulent des Henri-Quatre (1).
LA SERRE.
Sais-tu bien qui je suis?
CASSAIGNE.
Oui. Tout autre que moi,
En comptant tes écrits, pourrait trembler d'effroi.
Mille et mille papiers, dont ta table est couverte,
Semblent porter écrit le dessein de ma perte.
J'attaque en téméraire un gigantesque auteur ;
Mais j'aurai trop de force, ayant assez de cœur.
Je veux venger mon maître ; et ta plume indomptable,
Pour ne se point lasser, n'est point infatigable.
LA SERRE.
Ce phébus qui paraît aux discours que tu tiens
Souvent par tes écrits se découvrit aux miens ;
Et, te voyant encor tout frais sorti de classe,
Je disais : Chapelain lui laissera sa place.
Je sais ta pension, et suis ravi de voir
Que ces bons mouvements excitent ton devoir ;
Qu'ils te font sans raison mettre rime sur rime,
Étayer d'un pédant l'agonisante estime ;

(1) Allusion à un poëme de Cassaigne, intitulé *Henri IV*.

Et que, voulant pour singe un écolier parfait,
Il ne se trompait point au choix qu'il avait fait.
Mais je sens que pour toi ma pitié s'intéresse :
J'admire ton audace, et je plains ta jeunesse.
Ne cherche point à faire un coup d'essai fatal :
Dispense un vieux routier d'un combat inégal ;
Trop peu de gain pour moi suivrait cette victoire ;
A moins d'un gros volume, on compose sans gloire ;
Et j'aurais le regret de voir que tout Paris
Te croirait accablé du poids de mes écrits.

CASSAIGNE.

D'une indigne pitié ton orgueil s'accompagne :
Qui pèle Chapelain craint de tondre Cassaigne ?

LA SERRE.

Retire-toi d'ici.

CASSAIGNE.

Hâtons-nous de rimer.

LA SERRE.

Es-tu si près d'écrire ?

CASSAIGNE.

Es-tu las d'imprimer ?

LA SERRE.

Viens, tu fais ton devoir. L'écolier est un traître,
Qui souffre sans cheveux la tête de son maître.

LA MÉTAMORPHOSE
DE LA PERRUQUE DE CHAPELAIN
EN COMÈTE.

La plaisanterie que l'on va voir est une suite de la parodie précédente. Elle fut imaginée par les mêmes auteurs, à l'occasion de la comète qui parut à la fin de l'année 1664. Ils étaient à table chez M. Hessein, frère de madame de la Sablière.

On feignait que Chapelain, ayant été décoiffé par la Serre, avait laissé sa perruque à calotte dans le ruisseau où la Serre l'avait jetée

> Dans un ruisseau bourbeux la calotte enfoncée
> Parmi de vieux chiffons allait être entassée,
> Quand Phébus l'aperçut; et du plus haut des airs
> Jetant sur les railleurs un regard de travers:
> Quoi! dit-il, je verrai cette antique calotte
> D'un sale chiffonnier remplir l'indigne hotte!

Ici devait être la description de cette fameuse perruque,

> Qui, de tous ses travaux la compagne fidèle,
> A vu naître Gusman et mourir la Pucelle;
> Et qui, de front en front passant à ses neveux,
> Devait avoir plus d'ans qu'elle n'eut de cheveux.

Enfin, Apollon changeait cette perruque en comète. *Je veux,* disait ce dieu, *que tous ceux qui naîtront sous ce nouvel astre soient poëtes,*

> Et qu'ils fassent des vers même en dépit de moi.

Furetière, l'un des auteurs de la pièce, remarqua

LA MÉTAMORPHOSE DE LA PERRUQUE.

pourtant que cette métamorphose manquait de justesse en un point : *C'est*, dit-il, *que les comètes ont des cheveux, et que la perruque de Chapelain est si usée qu'elle n'en a plus*. Cette badinerie n'a jamais été achevée.

Chapelain souffrit, dit-on, avec beaucoup de patience les satires que l'on fit contre sa perruque. On lui a attribué l'épigramme suivante, qui n'est pas de lui :

> Railleurs, en vain vous m'insultez,
> Et la pièce vous emportez;
> En vain vous découvrez ma nuque :
> J'aime mieux la condition
> D'être défroqué de perruque
> Que défroqué de pension.

FIN.

TABLE DES MATIÈRES.

	Pages.
Vie abrégée de Boileau.	v
Éloge de Boileau.	xvij
Discours au roi.	1

SATIRES.

Satire I. Adieux à Paris.	6
Satire II. A M. de Molière. Difficulté de trouver la rime.	13
Satire III. Le Repas ridicule.	17
Satire IV. A M. l'abbé le Vayer. Les Folies humaines.	26
Satire V. A M. le marquis de Dangeau. La Noblesse.	30
Satire VI. Les Embarras de Paris.	36
Satire VII. Le Genre satirique.	41
Satire VIII. A M. Morel, docteur de Sorbonne. L'Homme.	45
Satire IX. A son Esprit.	55
Satire XI. A M. de Valincour. L'Honneur.	67

ÉPITRES.

Épitre I. Au roi. Les Avantages de la paix.	74
Épitre II. A M. l'abbé des Roches. Les Plaideurs.	81
Épitre III. A M. Arnauld, docteur de Sorbonne. La Fausse honte.	83
Épitre IV. Au roi. Le Passage du Rhin.	87
Épitre V. A M. de Guilleragues. La Connaissance de soi-même.	93
Épitre VI. A M. de Lamoignon, avocat-général. Les Plaisirs des champs.	99
Épitre VII. A M. Racine. L'Utilité des ennemis.	105
Épitre VIII. Au roi. Ses Délassements pendant la paix.	110
Épitre IX. A M. le marquis de Seignelay, secrétaire d'État. Rien n'est beau que le vrai.	114
Épitre X. A mes Vers.	120
Épitre XI. A mon Jardinier.	125
Épitre XII. A M. l'abbé Renaudot. L'Amour de Dieu.	129

L'ART POÉTIQUE.

Chant premier.	134
Chant II.	143
Chant III.	150
Chant IV.	164

LE LUTRIN.

Extrait de l'avis au lecteur, par Boileau.	173
Argument.	174
Chant premier.	175
Chant II.	184
Chant III.	188
Chant IV.	193
Chant V.	201
Chant VI.	209

ODES, STANCES, etc.

Discours sur l'Ode.	217
Ode sur la prise de Namur.	221
Ode contre les Anglais.	226
Stances à Molière, sur sa comédie de l'*École des femmes*.	228
Sonnet sur la mort d'une parente.	229

ÉPIGRAMMES ET INSCRIPTIONS.

I. A un Médecin.	230
II. A Racine.	Ib.
III. Contre Saint-Sorlin.	231
IV. A Pradon et Bonnecorse.	232
V. Sur une mauvaise satire	

TABLE DES MATIÈRES.

Pages.

que l'abbé Cotin avait faite, et qu'il faisait courir sous mon nom. *Ib.*
VI. Contre le même. 233
VII. Contre un Athée. *Ib.*
VIII. Vers en style de Chapelain, pour mettre à la fin de son poëme de la Pucelle. 234
IX. Imitation de Martial. *Ib.*
X. Sur une harangue d'un magistrat, dans laquelle les procureurs étaient fort maltraités. *Ib.*
XI. Sur l'Agésilas de Corneille. 235
XII. Sur l'Attila du même auteur. *Ib.*
XIII. Sur la manière de réciter du poëte Santeul. *Ib.*
XIV. A la fontaine de Bourbon. 236
XV. L'Amateur d'horloges. 237
XVI. Sur ce qu'on avait lu à l'Académie des vers contre Homère et contre Virgile. *Ib.*
XVII. Sur le même sujet. 238
XVIII. Sur le même sujet. *Ib.*
XIX. A Perrault, sur le même sujet. 239
XX. Sur le même sujet. *Ib.*
XXI. Au même. 240
XXII. Au même. *Ib.*
XXIII. Parodie burlesque de la première ode de Pindare à la louange de Perrault. 241
XXIV. Sur la réconciliation de l'auteur et de Perrault. *Ib.*
XXV. Fable d'Ésope. Le Bûcheron et la Mort. 242
XXVI. Le Débiteur reconnaissant. *Ib.*
XXVII. Vers pour mettre au-devant de la Macarise, roman allégorique de l'abbé d'Aubignac, où l'on expliquait toute la morale des stoïciens. 243

Pages.

XXVIII. Sur un portrait de Rossinante, cheval de don Quichotte. *Ib.*
XIX. Sur Homère. 244
XXX. Vers pour mettre sous le buste du roi. *Ib.*
XXXI. Vers pour mettre au bas du portrait de mademoiselle de Lamoignon, sœur du premier président. 245
XXXII. Vers pour mettre au bas du portrait de Tavernier, le célèbre voyageur. *Ib.*
XXXIII. Vers pour mettre au bas du portrait de mon père. 246
XXXIV. Épitaphe de la mère de l'auteur. 247
XXXV. Sur un frère aîné que j'avais, et avec qui j'étais brouillé. *Ib.*
XXXVI. Vers pour mettre sous le portrait de la Bruyère, au-devant de son livre des Caractères de ce siècle. *Ib.*
XXXVII. Vers pour mettre au bas du portrait de Racine. *Ib.*
XXXVIII. Vers pour mettre au bas de mon portrait. 248
XXXIX. Réponse aux vers du portrait. *Ib.*
XL. Pour un autre portrait du même. 249
XLI. Vers pour mettre au bas d'une méchante gravure qu'on a faite de moi. *Ib.*
XLII. Sur mon buste de marbre fait par M. Girardon, premier sculpteur du roi. 250
XLIII. Contre les sieurs Boyer et de la Chapelle. *Ib.*
Chapelain décoiffé, ou Parodie de quelques scènes du Cid, sur Chapelain, Cassaigne et la Serre. 251
La Métamorphose de la perruque de Chapelain en comète. 252

FIN DE LA TABLE.

MÊME LIBRAIRIE

ATHALIE, par J. Racine. In-18 Prix : 0 35
BIBLIOTHÈQUE POÉTIQUE DE LA JEUNESSE, par l'abbé Reyre. 2 vol. in-12. Prix : 2 00
CHEFS-D'ŒUVRE D'ÉLOQUENCE POÉTIQUE tirés des auteurs tragiques les plus célèbres. 1 fort vol. in-12, cart. Prix : 1 90
ESTHER, par J. Racine. In-18. Prix : 0 35
FABLES ET MORCEAUX CHOISIS DE J. LA FONTAINE, avec les jugements des meilleurs critiques et des notes explicatives. 1 vol. in-18. Prix : 0 90
ŒUVRES CHOISIES de J.-B. Rousseau, avec notes. 1 vol. in-18, cart. Prix : 0 80
POÉSIES DÉDIÉES A LA JEUNESSE, par Al. Guiraud. 1 vol. in-18. Prix : 0 80
POLYEUCTE, tragédie, par P. Corneille. In-18. Prix : 0 40
RECUEIL DE POÉSIES SACRÉES. 1 vol. in-18, cart. Prix : 1 30
LA RELIGION, par L. Racine. 1 vol. in-18, cart. Prix : 60
RUCHE DU PARNASSE FRANÇAIS. 1 vol. in-18, cart. Prix : 1 30
THÉATRE CLASSIQUE. 1 vol in-18, cart. Prix : 80
THÉATRE CLASSIQUE, contenant : Polyeucte, le Cid, Horace, Cinna, Esther, Athalie, le Misanthrope et Mérope. 1 très-fort vol. in-18, cart. 3 00
Chaque pièce se vend séparément.

PARIS. — IMP. SIMON RAÇON ET COMP., RUE D'ERFURTH, 1.

www.ingramcontent.com/pod-product-compliance
Lightning Source LLC
Chambersburg PA
CBHW050626170426
43200CB00008B/906